Guttentag'sche Sammlung
Nr. 9a. Deutscher Reichsgesetze. Nr. 9a.
Text-Ausgaben mit Anmerkungen.

Sammlung kleinerer privatrechtlicher Reichsgesetze.

Ergänzungsband
zu den im J. Guttentag'schen Verlage erschienenen
Einzel-Ausgaben Deutscher Reichsgesetze.

Text-Ausgabe mit Anmerkungen und Sachregister

von

F. Vierhaus,
Oberlandesgerichtsrath.

Berlin.
Verlag von J. Guttentag
(D. Collin).
1890.

Vorbemerkung.

In der „Guttentag'schen Sammlung Deutscher Reichsgesetze (Textausgaben mit Anmerkungen)" diente bisher als Ergänzung der in Einzelausgaben erschienenen Gesetze die „Sammlung kleinerer Reichsgesetze", welche mit einigen Ausnahmen (Abgabenwesen, Heerwesen) alle nicht in die Einzelausgaben aufgenommenen Gesetze und Verordnungen enthielt. Bei dem Anschwellen des Stoffs und bei der gleichzeitigen Vermehrung der Einzelausgaben drohte jene Sammlung immer mehr den Karakter einer schwer handlichen Anhäufung verschiedenartigsten Stoffs zu erhalten.

Als die Nothwendigkeit einer neuen Auflage sich herausstellte, beschloß die Verlagshandlung daher, die Sammlung in eine solche privatrechtlicher und in eine solche strafrechtlicher Reichsgesetze zu trennen, unter Ausscheidung der ausschließlich dem Staats- und Verwaltungsrecht angehörigen Gesetze, dagegen den Stoff durch anmerkungsweise Beifügung der Rechtsprechung des Reichsoberhandelsgerichts und des Reichsgerichts zu vermehren.

Der Herausgeber der privatrechtlichen Hälfte ist bei der Arbeit von folgenden Gesichtspunkten ausgegangen:

Es handelte sich einerseits um eine Auswahl des privatrechtlichen Gesetzesstoffs, andererseits um Festhaltung des Karakters der Sammlung als einer Ergänzung der Einzelausgaben (wodurch sich das Bändchen u. a. grundsätzlich von der verdienstlichen Sehling'schen „Sammlung der Reichsgesetze civilrechtlichen Inhalts" unterscheidet).

In ersterer Richtung durfte der Begriff des „Privatrechts" nicht zu eng aufgefaßt werden. Bezüglich der zahlreichen, anderen Rechtsgebieten angehörigen Gesetze, welche vereinzelte privatrechtliche Bestimmungen enthalten, ist geprüft worden, ob dieselben sich aus dem Zusammenhang loslösen ließen; war dies der Fall, sind sie aufgenommen worden (so beim Unterstützungswohnsitzgesetz, beim Reichsmilitärgesetz u. s. w.). Ging dies nicht an, so ist das Gesetz ausgeschieden, insbesondere wenn dasselbe in einer Einzelausgabe vorlag (so beim Reichsbeamtengesetz, bei der Gewerbeordnung u. s. w.). Andererseits ist bei überwiegend privatrechtlichen Gesetzen der in ihnen enthaltene, anderen Rechtsgebieten angehörige Stoff mit aufgenommen worden, wenn er mit dem Privatrechtsinhalt in untrennbarem Zusammenhange stand.

Bei der Abgrenzung des Stoffes gegenüber den Einzelausgaben ist der Herausgeber von der Annahme ausgegangen, daß nicht von jedem Fachgenossen der Besitz der ganzen Sammlung zu erwarten sei. Von der ausschließlichen Verweisung auf eine Einzelausgabe ist daher nur Gebrauch gemacht worden, soweit größere organische Gesetze (im Gegensatz zu den „kleineren" Reichsgesetzen) oder Reichsgesetze wesentlich nicht privatrechtlichen Inhalts in Frage standen[1]). Dagegen sind die privatrechtlichen kleineren Reichsgesetze auch dann aufgenommen, wenn sie zugleich in einer der Einzelausgaben enthalten waren (z. B. Markenschutzgesetz, Musterschutzgesetz, Patentgesetz, Münzgesetz, Bankgesetz u. s. w.). Es sollte eben eine für den Civilrichter handliche Sammlung der von ihm zu benutzenden kleineren Reichsgesetze hergestellt werden.

Es sind sonach wesentlich praktische, nicht grundsätzliche Erwägungen, welche die Auswahl des Stoffes bestimmt haben. Der Herausgeber hofft, das Bedürfniß der Praxis getroffen zu haben, würde aber für jeden Wink dankbar sein, den er benutzen könnte, falls etwa eine neue Auflage nöthig werden sollte.

Grundsätzlich ausgeschlossen worden sind — abgesehen von aufgehobenen Gesetzen oder solchen von nur vorübergehender Geltung — die Gesetze über die Reichsabgaben, auch soweit sie den Civilrechtsweg eröffnen, sowie die nur für Elsaß-Lothringen bestimmten reichsrechtlichen Vorschriften.

[1]) Beispiele: Reichsverfassung, Handelsgesetzbuch nebst der Aktiennovelle von 1884, Wechselordnung, Gewerbeordnung, Reichsbeamtengesetz, Gerichtsverfassungsgesetz, Civilprozeßordnung, Konkursordnung, Gerichtskostengesetz und Gebührenordnung für Rechtsanwälte, Rechtsanwaltsordnung, die Seegesetzgebung (Seemannsordnung, Strandungsordnung, Seeunfallgesetz), Konsulargesetz, sowie die Gesetzgebung über Kranken-, Unfall-, Invaliditäts- und Altersversicherung.

Ausführungsbestimmungen (auch im Reichsgesetzblatt veröffentlichte) sind nicht aufgenommen, doch ist auf solche verwiesen worden, unter gleichzeitiger Anführung der bezüglichen Stelle der Einzelausgabe und des im gleichen Verlage erschienenen Werkes „Die Gesetzgebung des Deutschen Reiches".

Auch von den nicht abgedruckten Gesetzen mit privatrechtlichem Inhalt ist die Ueberschrift aufgenommen, meist mit einer Anmerkung, welche auf den privatrechtlichen Inhalt des Gesetzes und zutreffenden Falls auf die betreffende Einzelausgabe hinweist; doch ist die Ueberschrift von Novellen zu solchen nicht abgedruckten Gesetzen der Raumersparniß halber weggelassen.

Gesetze, welche privatrechtliche und strafrechtliche Bestimmungen vereinigen, sind lediglich vom Standpunkt des ersteren Rechtsgebiets aus mit Anmerkungen versehen worden; dabei ist dort, wo der privatrechtliche und der strafrechtliche Thatbestand sich decken (wie in dem Urheberrechtsgesetz, dem Wuchergesetz u. s. w.) die Rechtsprechung der Strafsenate des Reichsgerichts mit verwerthet, wenn sie auch für die Auslegung der civilrechtlichen Vorschriften bedeutsam war.

Das Reichsgesetzblatt ist bis einschließlich 1889, die Reichsgerichtsentscheidungen (jedoch nur die von den Räthen des Gerichtshofes herausgegebene Sammlung) sind benutzt: in Civilsachen bis mit Bd. 23, in Strafsachen bis mit Bd. 19.

Bezüglich der Auszüge aus Entscheidungen betont der Herausgeber nachdrücklichst, daß seine Excerpte nur die Frage, welche in dem Urtheile entschieden ist, und die Richtung der Entscheidung andeuten solle, um zeitraubendes Suchen in den Registern zu ersparen. Eine Einsicht des Wortlauts der Entscheidungsgründe selbst soll dadurch nicht ersetzt werden.

Das in Sondergesetzen niedergelegte Reichscivilrecht wird auch nach dem Inkrafttreten eines bürgerlichen Gesetzbuchs seine Bedeutung behalten. Daher hofft der Herausgeber, die Sammlung möge sich dauernd als nützlich erweisen.

Cassel, 15. April 1890.

Der Herausgeber.

Inhaltsverzeichniß.

(Die Ueberschriften der Gesetze, deren Text ganz oder theilweise in die Sammlung aufgenommen worden sind, sind mit Petitschrift, die der anderen Gesetze mit Nonpareilleschrift gedruckt.)

Seite

Erläuterungen.

BGBl. = Bundesgesetzblatt.
RGBl. = Reichsgesetzblatt.
CBl. oder Centr.-Bl. = Centralblatt für das Deutsche Reich.

Wo eine Jahreszahl nicht beigefügt ist, ist der Jahrgang gemeint, welcher der Jahreszahl des vorher angeführten Gesetzes 2c. entspricht.

RH I 25. Jan. 75 E. **16**, 219 (246) = Entscheidung des I. Senats des Reichsoberhandelsgerichts vom 25. Januar 1875, Entscheidungen des Reichsoberhandelsgerichts, Band 16 S. 219 ff., insbesondere S. 246.

R. III 14. Dez. 86 E. **17**, 45 (51) = Entscheidung des III. Civilsenats des Reichsgerichts vom 14. Dezember 1886, Entscheidungen des Reichsgerichts in Civilsachen Band 17 S. 45 ff., insbesondere S. 51. (IH. bedeutet „erster Hülfssenat".)

R. I 22. Dez. 84 E. **11**, 333 = Entscheidung des I. Strafsenats des Reichsgerichts vom 22. Dezember 1884, Entscheidungen in Strafsachen Band 11 Seite 333.

GVG. = Gerichtsverfassungsgesetz.
CPO. = Civilprozeßordnung.

StPO. = Strafprozeßordnung.

KO. = Konkursordnung.

EG. oder Einf.=G. z. = Einführungsgesetz zu.

Einzelausg. = Guttentag'sche Sammlung Deutscher Reichsgesetze, Textausgaben mit Anmerkungen. Berlin. Verlag von J. Guttentag (D. Collin). — Die Nr. bezeichnet das Bändchen der Sammlung, jedesmal in der neuesten Auflage.

Gesetzg. = Die Gesetzgebung des Deutschen Reiches von der Gründung des Norddeutschen Bundes bis auf die Gegenwart. Mit Erläuterungen und Registern herausgegeben von B. Gaupp und Anderen. Berlin und Leipzig. Verlag von J. Guttentag (D. Collin). 5 Bände. — Die römischen Ziffern bezeichnen den Band.

Wo bei einem Gesetze nicht ausdrücklich etwas Anderes bemerkt ist, gilt dasselbe im ganzen Reich.

Bei den in diese Sammlung aufgenommenen Gesetzen, welche nicht selbst den Anfangspunkt ihrer Geltung bestimmen, ist mit Rücksicht auf Art. 2 der Reichsverfassung der Tag der Ausgabe des betreffenden Stücks des Reichs=(Bundes=)Gesetzblatts beigefügt.

Auf die in diese Sammlung aufgenommenen Gesetze ist lediglich durch Anführung ihres Datums (ohne Angabe der Seite des Reichsgesetzblattes) verwiesen; die in die Seitenüberschriften aufgenommenen Daten erleichtern die Auffindung.

Publikandum vom 26. Juli 1867. (BGBl S. 1).[1])

[1]) Dasselbe betraf die Verfassung des Norddeutschen Bundes. An Stelle derselben ist später die Verfassung des Deutschen Reichs vom 16. April 1871 getreten.

Verordnung, betreffend die Einführung des Bundesgesetzblattes für den Norddeutschen Bund. Vom 26. Juli 1867. (BGBl. S. 24; ausgegeben am 2. August 1867.)

Wir Wilhelm, von Gottes Gnaden König von Preußen ꝛc. verordnen zur Ausführung der Artikel 2. und 17. der Verfassungsurkunde des Norddeutschen Bundes im Namen des Bundes, was folgt:

§. 1. Für das ganze Gebiet des Norddeutschen Bundes wird in Berlin ein „Bundesgesetzblatt des Norddeutschen Bundes“ [1]) erscheinen, durch welches sämmtliche Bundesgesetze (Artikel 2. der Verfassungsurkunde des Norddeutschen Bundes) und Anordnungen und Verfügungen des Bundespräsidiums (Artikel 17.) verkündet werden sollen.

[1]) Dasselbe führte diesen Namen bis zu Nr. 3 von 1871; die Nr. 4 bis 18 von 1871 tragen den Titel „Bundesgesetzblatt des Deutschen Bundes“, die Nr. 19 von 1871 und alle folgenden den Titel „Reichs-Gesetzblatt“.

§. 2. Der Tag der Ausgabe des Bundesgesetzblattes in Berlin (Artikel 2. der Verfassungsurkunde des Norddeutschen Bundes) ist auf dem Blatte anzugeben.

§. 3. Die Herausgabe des Bundesgesetzblattes erfolgt im Bureau des Bundeskanzlers.[1])

[1]) Jetzt: im Reichsamt des Innern.

Gesetz, betreffend die Nationalität der Kauffahrteischiffe und ihre Befugniß zur Führung der Bundesflagge. Vom 25. Oktober 1867. (BGBl. S. 35.)[1])

[1]) Dieses Gesetz ist überwiegend öffentlich-rechtlichen (völkerrechtlichen, staatsrechtlichen und strafrechtlichen) Inhalts. Doch hat es auch, insofern es die Art. 432 bis 438 des Handelsgesetzbuchs abändert und ergänzt, privatrechtliche Bedeutung. S. den Abdruck Einzelausgabe Nr. 19 S. 4 ff. Die dort wiedergegebene Fassung ist in § 17 durch Gesetz v. 28. Juni 1873 (RGB S. 184), in § 2 Abs. 2, § 6 Nr. 5 und § 12 Abs. 2 Nr. 2 durch Gesetz vom 23. Dez. 1888 (RGBl. S. 300) geändert; ausgedehnt ist das Gesetz durch Gesetz v. 15. April 1885 (RGBl. S. 89).

Verordnung, betr. die Bundesflagge für Kauffahrteischiffe. Vom 25. Oktober 1867. (BGBl. S. 39.)[1])

[1]) S. Einzelausgabe Nr. 19 S. 13. Vgl. auch den Allerhöchsten Erlaß vom 2. März 1886 (RGBl. S. 50).

Gesetz über die Freizügigkeit. Vom 1. November 1867. (BGBl. S. 55.)[1])

[1]) Dies Gesetz, überwiegend öffentlich-rechtlichen Inhalts, hat privatrechtliche Bedeutung durch seinen

§. 1. Jeder Bundesangehörige hat das Recht, innerhalb des Bundesgebietes:

1) an jedem Orte sich aufzuhalten oder niederzulassen,

wo er eine eigene Wohnung oder ein Unterkommen sich zu verschaffen im Stande ist;

2) an jedem Orte Grundeigenthum aller Art zu erwerben;

3) umherziehend oder an dem Orte des Aufenthalts, beziehungsweise der Niederlassung, Gewerbe aller Art zu betreiben, unter den für Einheimische geltenden gesetzlichen Bestimmungen.

In der Ausübung dieser Befugnisse darf der Bundesangehörige, soweit nicht das gegenwärtige Gesetz Aus nahmen zuläßt, weder durch die Obrigkeit seiner Heimath, noch durch die Obrigkeit des Ortes, in welchem er sich aufhalten oder niederlassen will, gehindert oder durch lästige Bedingungen beschränkt werden.

Keinem Bundesangehörigen darf um des Glaubensbekenntnisses willen oder wegen fehlender Landes- oder Gemeindeangehörigkeit der Aufenthalt, die Niederlassung der Gewerbebetrieb oder der Erwerb von Grundeigenthum verweigert werden.

Das Gesetz ist vollständig abgedruckt in Einzelausgabe Nr. 8 S. 10–16. — An Stelle der Bundesangehörigen sind die Reichsangehörigen getreten.

Gesetz, betreffend die Organisation der Bundeskonsulate, sowie die Amtsrechte und Pflichten der Bundeskonsuln. Vom 8. November 1867. (BGBl. S 137. Ausgegeben am 19. November 1867.)[1]

[1]) Dieses Gesetz überwiegend öffentlich-rechtlichen Inhalts, welches indessen in §§. 13 bis 21, 32, 35 bis 37 auch in das Privatrecht eingereift, ist abgedruckt Einzelausgabe Nr. 21 S. 2 bis 14.

Gesetz, betreffend die vertragsmäßigen Zinsen. Vom 14. November 1867. (BGBl. S. 159. Ausgegeben am 19. November 1867.)[1])

[1]) Gilt nicht in Bayern (wo ein entsprechendes Landesgesetz vom 5. Dez. 1867 in Kraft steht) und in Elsaß-Lothringen.

§. 1. Die Höhe der Zinsen, sowie die Höhe und die Art der Vergütung für Darlehne und für andere kreditirte Forderungen, ferner Konventionalstrafen, welche für die unterlassene Zahlung eines Darlehns oder einer sonst kreditirten Forderung zu leisten sind,[1]) unterliegen der freien Vereinbarung.[2])

Die entgegenstehenden privatrechtlichen und strafrechtlichen Bestimmungen werden aufgehoben.[3])

[1]) Zulässig ist die Einräumung des Rechts zur Disposition über eine zur Sicherung bestellte Hypothek im Falle nicht pünktlicher Einhaltung der Verfallzeit. RH. 6. Okt. 70, E. 1, 45. — Das Verbot der lex commissoria beim Pfandvertrage ist nicht beseitigt. R. I H. 5. Okt. 1880 E. 3, 388; I 2. Apr. 81 E. 4, 51.

[2]) Das Bedingen übermäßiger Zinsen für sich allein, ohne besondere Nebenumstände, kann auch nicht unter dem Gesichtspunkte, daß es wider die Ehrbarkeit und die guten Sitten verstoße, für unverbindlich erklärt werden. RH. I 8. Sept. 76 E. 21, 72.

[3]) Neue privatrechtliche und strafrechtliche Beschränkungen der Zinsfreiheit sind eingeführt durch das Gesetz, betr. den Wucher, vom 24. Mai 1880.

§. 2. Derjenige, welcher für eine Schuld dem Gläubiger einen höheren Zinssatz als jährlich sechs vom Hundert gewährt oder zusagt, ist zu einer halbjährlichen Kündigung des Vertrages befugt. Jedoch kann er von dieser Befugniß nicht unmittelbar bei Eingehung des Vertrages, sondern erst nach Ablauf eines halben Jahres Gebrauch machen.

Vertragsbestimmungen, durch welche diese Vorschrift zum Nachtheil des Schuldners beschränkt oder aufgehoben wird, sind ungültig.

Auf Schuldverschreibungen, welche unter den gesetzlichen Voraussetzungen auf jeden Inhaber gestellt werden, sowie auf Darlehne, welche ein Kaufmann empfängt und auf Schulden eines Kaufmanns aus seinen Handelsgeschäften leiden die in diesem Paragraphen enthaltenen Vorschriften keine Anwendung.

§. 3. Wird die Zahlung[1]) eines Darlehns oder einer andern kreditirten Forderung verzögert, so bleibt auch für die Zögerungszinsen der bedungene Zinssatz maaßgebend, sofern derselbe höher ist, als die gesetzlich bestimmten Zögerungszinsen.

[1]) d. h. die vertragsmäßige Zahlung; Verzögerung der Rückzahlung eines Kapitals nach Aufhebung des Vertrages wegen Unmöglichkeit der Erfüllung fällt nicht unter § 3. RG. I 28. Juni 76 E. 20, 348.

§. 4. Die privatrechtlichen Bestimmungen in Betreff der Zinsen von Zinsen[1]) und die Vorschriften für die gewerblichen Pfandleih-Anstalten werden durch dieses Gesetz nicht geändert.

[1]) Auch das gemeinrechtliche Verbot des Anschwellens der Zinsen über die Höhe des Kapitals ist, wenigstens für die gesetzlichen Zinsen, nicht beseitigt. R. III 3. Okt. 82 E. 7, 161.

§. 5. Den Landesgesetzen bleibt vorbehalten, zu bestimmen, daß die im §. 2 dieses Gesetzes eingeräumte Kündigungsbefugniß des Schuldners gänzlich wegfalle, oder daß ein höherer Zinssatz, als sechs Prozent, oder eine längere Kündigungsfrist, als sechs Monate, für die bezeichnete Befugniß maaßgebend sei.

Soweit einzelne Landesgesetze Bestimmungen enthalten, welche die erwähnte Kündigungsbefugniß des Schuldners ausschließen, oder in der bezeichneten Weise beschränken, bleiben dieselben in Gültigkeit, bis sie auf dem verfassungsmäßigen Wege des betreffenden Landes, oder durch ein Bundesgesetz abgeändert werden.

Gesetz über die Aufhebung der polizeilichen Beschränkungen der Eheschließung. Vom 4. Mai 1868. (BGBl. S. 149.)[1])

[1]) Gilt nicht in Bayern und in Elsaß-Lothringen. — Bezieht sich jetzt auf Reichsangehörige.

§. 1. Bundesangehörige bedürfen zur Eingehung einer Ehe oder zu der damit verbundenen Gründung eines eigenen Haushaltes weder des Besitzes, noch des Erwerbes einer Gemeindeangehörigkeit (Gemeindemitgliedschaft) oder des Einwohnerrechtes, noch der Genehmigung der Gemeinde (Gutsherrschaft) oder des Armenverbandes, noch einer obrigkeitlichen Erlaubniß.

Insbesondere darf die Befugniß zur Verehelichung nicht beschränkt werden wegen Mangels eines bestimmten, die Großjährigkeit übersteigenden Alters oder des Nachweises einer Wohnung, eines hinreichenden Vermögens oder Erwerbes, wegen erlittener Bestrafung, bösen Rufes, vorhandener oder zu befürchtender Verarmung, bezogener Unterstützung oder aus anderen polizeilichen Gründen. Auch darf von der ortsfremden Braut ein Zuzugsgeld oder eine sonstige Abgabe nicht erhoben werden.

§. 2. Die polizeilichen Beschränkungen der Befugniß zur Eheschließung, welche in Ansehung der Ehen zwischen Juden und für die Angehörigen einzelner bürgerlichen Berufsstände bestehen, werden aufgehoben.

Die Bestimmungen über die Genehmigung der Eheschließung der Militairpersonen, Beamten, Geistlichen und Lehrer durch die Vorgesetzten werden hiervon nicht betroffen.

§. 3. Die für Geistliche und Civilstandsbeamte bestehenden Verbote, bei der Schließung einer Ehe ohne vorherige Beibringung einer obrigkeitlichen Bescheinigung amtlich mitzuwirken, bleiben in Beziehung auf Bundesangehörige nur soweit in Kraft, als diese Bescheinigung das Vorhandensein der durch dieses Gesetz nicht berührten Voraussetzungen der Eheschließung oder die im §. 2. Alinea 2. erwähnten Bestimmungen zum Gegenstande hat.

§. 4. Die Vorschriften der Landesgesetze über die Zulassung von Ausländern zur Eingehung einer Ehe finden auf Bundesangehörige keine Anwendung.

§. 5. Die Bestimmungen des bürgerlichen Eherechtes werden durch dieses Gesetz nicht berührt.

§. 6. Dies Gesetz tritt am 1. Juli d. J. in Kraft.

Gesetz, betreffend die Aufhebung der Schuldhaft. Vom 29. Mai 1868. (BGBl. S. 237. Ausgegeben am 31. Mai 1868.)[1])

[1]) Gilt nicht in Elsaß-Lothringen.

§. 1. Der Personalarrest ist als Exekutionsmittel

in bürgerlichen Rechtssachen insoweit nicht mehr statthaft, als dadurch die Zahlung einer Geldsumme oder die Leistung einer Quantität vertretbarer Sachen oder Werthpapiere erzwungen werden soll.[1])

[1]) Fälle, in welchen die Haft als Zwangsmittel in bürgerlichen Rechtsstreitigkeiten gegenwärtig noch zulässig ist: §§ 774, 782 C. P. O.

§. 2. Die gesetzlichen Vorschriften, welche den Personalarrest gestatten, um die Einleitung oder Fortsetzung des Prozeßverfahrens, oder die gefährdete Exekution in das Vermögen des Schuldners zu sichern (Sicherungsarrest), bleiben unberührt.[1])

[1]) Aufgehoben durch § 13 Nr. 1 des Einf.-Ges. zur C. P. O. S. statt dessen jetzt § 798 C. P. O.

§. 3. Die Bestimmung des §. 1. findet auch auf die vor Erlassung dieses Gesetzes entstandenen Verbindlichkeiten Anwendung, selbst wenn auf Personalarrest rechtskräftig erkannt oder mit dessen Vollstreckung begonnen ist.

§. 4. Alle diesem Gesetze entgegenstehenden Vorschriften treten außer Kraft.

§. 5. Das Gesetz tritt in Kraft an dem Tage, an welchem es durch das Bundes-Gesetzblatt verkündet wird.

Maaß- und Gewichtsordnung für den Norddeutschen Bund. Vom 17. August 1868. (BGBl. S. 473.)[1])

[1]) Gilt jetzt für das Deutsche Reich.

Art. 1.[1]) Die Grundlage des Maaßes und Gewichtes ist das Meter.

Das Meter ist die Einheit des Längenmaaßes. Aus

[1]) Fassung des Gesetzes vom 11. Juli 1884 (RGBl. S. 115).

demselben werden die Einheiten des Flächenmaaßes und des Körpermaaßes — Quadratmeter und Kubikmeter gebildet.

Das Gewicht des in einem Würfel von einem Zehntel des Meter Seitenlänge enthaltenen destillirten Wassers im luftleeren Raume und bei der Temperatur von + 4 Grad des hunderttheiligen Thermometers bildet die Einheit des Gewichtes und heißt das Kilogramm.

Art. 2. Als Urmaaß gilt derjenige Platinstab, welcher im Besitze der Königlich Preußischen Regierung sich befindet, im Jahre 1863. durch eine von dieser und der Kaiserlich Französischen Regierung bestellte Kommission mit dem in dem Kaiserlichen Archive zu Paris aufbewahrten Mètre des Archives verglichen und bei der Temperatur des schmelzenden Eises gleich 1,00000301 Meter befunden worden ist.

Art. 3.[1]) Es gelten außer den im Artikel 1 aufgeführten Namen der Maaßeinheiten zu Bezeichnung von Theilen und Vielfachen derselben folgende Namen.

A. Längenmaaße.

Der tausendste Theil des Meter heißt das Millimeter.

Der hundertste Theil des Meter heißt das Centimeter.

Tausend Meter heißen das Kilometer.

B. Flächenmaaße.

Hundert Quadratmeter heißen das Ar.

Zehntausend Quadratmeter oder hundert Ar heißen das Hektar.

C. Körpermaaße.

Der tausendste Theil des Kubikmeter heißt das Liter.

Der zehnte Theil des Kubikmeter oder hundert Liter heißen das Hektoliter.

Zulässig ist auch die Bezeichnung von Flächen oder Räumen durch die Quadrate oder Würfel des Centimeter und des Millimeter.

[1]) Fassung des Gesetzes vom 11. Juli 1884 (RGBl. S. 115).

Art. 4. Als Entfernungsmaaß dient die Meile von 7500 Metern.[1])

[1]) Aufgehoben durch Gesetz vom 7. Dezember 1873 (RGBl. S. 377).

Art. 5. Als Urgewicht gilt das im Besitze der Königlich Preußischen Regierung befindliche Platinkilogramm, welches mit Nr. 1. bezeichnet, im Jahre 1860. durch eine von der Königlich Preußischen und der Kaiserlich Französischen Regierung niedergesetzte Kommission mit dem in dem Kaiserlichen Archive zu Paris aufbewahrten Kilogramme prototype verglichen und gleich 0,999999842 Kilogramm befunden worden ist.

Art. 6.[1]) Es gelten für Theile und Vielfache der im Artikel 1 genannten Gewichtseinheit folgende Namen:

Der tausendste Theil des Kilogramm heißt das Gramm.

Der tausendste Theil des Gramm heißt das Milligramm.

Tausend Kilogramm heißen die Tonne.

[1]) Fassung des Gesetzes vom 11. Juli 1884 (RGBl. S. 115).

Art. 7. Ein von diesem Gewichte (Artikel 6.) abweichendes Medizinalgewicht findet nicht statt.

Art. 8. In Betreff des Münzgewichts verbleibt es bei den im Artikel 1. des Münzvertrages vom 24. Januar 1857. gegebenen Bestimmungen.[1])

[1]) Gegenstandslos geworden durch das Münzges. v. 9. Juli 1873.

Art. 9. Nach beglaubigten Kopien des Urmaaßes (Artikel 2.) und der Urgewichts (Artikel 5.) werden die Normalmaaße und Normalgewichte hergestellt und richtig erhalten.

Art. 10. Zum Zumessen und Zuwägen im öffentlichen Verkehre dürfen nur in Gemäßheit dieser Maaß- und Gewichtsordnung gehörig gestempelte Maaße, Gewichte und Waagen angewendet werden.

Der Gebrauch unrichtiger Maaße, Gewichte und Waagen ist untersagt, auch wenn dieselben im Uebrigen den Bestimmungen dieser Maaß- und Gewichtsordnung entsprechen. Die näheren Bestimmungen über die äußersten Grenzen der im öffentlichen Verkehr noch zu duldenden Abweichungen von der absoluten Richtigkeit erfolgen nach Vernehmung der im Artikel 18. bezeichneten technischen Behörde durch den Bundesrath.[1])

[1]) S. Bekanntm. v. 27. Juli 1885 (RGBl. S. 263).

Art. 11. Bei dem Verkaufe weingeistiger Flüssigkeiten nach Stärkegraden dürfen zur Ermittelung des Alkoholgehaltes nur gehörig gestempelte Alkoholometer und Thermometer angewendet werden.

Art. 12. Der in Fässern zum Verkauf kommende Wein darf dem Käufer nur in solchen Fässern, auf welchen die den Raumgehalt bildende Zahl der Liter durch Stempelung beglaubigt ist, überliefert werden.

Eine Ausnahme hiervon findet nur bezüglich desjenigen ausländischen Weines statt, welcher in den Originalgebinden weiter verkauft wird [1])

[1]) Vgl. jetzt auch noch Gesetz, betreffend die Bezeichnung des Raumgehalts der Schankgefäße, v. 20. Juli 1881 (RGBl. S. 233).

Art. 13. Gasmesser, nach welchen die Vergütung für den Verbrauch von Leuchtgas bestimmt wird, sollen gehörig gestempelt sein.

Art. 14.[1]) Zur Aichung und Stempelung sind zuzulassen:

diejenigen Längenmaaße, welche dem Meter oder seinen ganzen Vielfachen, oder seiner Hälfte, seinem fünften oder seinem zehnten Theile entsprechen;

diejenigen Körpermaaße, welche dem Kubikmeter, dem Hektoliter, dem halben Hektoliter oder den ganzen Vielfachen dieser Maaßgrößen, oder dem Liter, seinem Zwei-, Fünf-, Zehn- oder Zwanzigfachen, oder seiner Hälfte, seinem fünften, zehnten, zwanzigsten, fünfzigsten oder hundertsten Theile entsprechen;

diejenigen Gewichte, welche dem Kilogramm, dem Gramm oder dem Milligramm oder dem Zwei-, Fünf-, Zehn-, Zwanzig-, oder Fünfzigfachen dieser Größen oder der Hälfte, dem fünften oder dem zehnten Theile des Kilogramm oder des Gramm entsprechen.

[1]) Fassung des Gesetzes v. 11. Juli 1884 (RGBl S. 115).

Zulässig ist ferner die Aichung und Stempelung des Viertel-Hektoliter, sowie des Viertel-Liter.

Art. 15.[1]) Das Geschäft der Eichung und Stempelung wird ausschließlich durch Eichungsämter ausgeübt, deren Personal von der Obrigkeit bestellt wird. Diese Aemter werden mit den erforderlichen, nach den Normalmaaßen und Gewichten (Artikel 9.) hergestellten Eichungsnormalen, beziehungsweise mit den erforderlichen Normalapparaten versehen. Die für die Eichung und Stempelung zu erhebenden Gebühren werden durch eine allgemeine Taxe geregelt (Artikel 18.).

[1]) Art. 15 bis 20 finden auf Bayern keine Anwendung. Ges. v. 26. Nov. 1871 (RGBl. S. 397).

Art. 16. Die Errichtung der Eichungsämter (Artikel 15.) steht den Bundesregierungen zu und erfolgt nach den Landesgesetzen. Dieselben können auf einen einzelnen Zweig des Eichungsgeschäfts beschränkt sein, oder mehrere Zweige desselben umfassen.

Art. 17. Die Bundesregierungen haben, jede für sich oder mehrere gemeinschaftlich, zum Zweck der Aufsicht über die Geschäftsführung und die ordnungsmäßige Unterhaltung der Eichungsämter die erforderlichen Anordnungen zu treffen. In gleicher Weise liegt ihnen die Fürsorge für eine periodisch wiederkehrende Vergleichung der im Gebrauche der Eichungsämter befindlichen Eichungsnormale (Artikel 15.) mit den Normalmaaßen und Gewichten ob.

Art. 18. Es wird eine Normal-Eichungskommission

vom Bunde bestellt und unterhalten. Dieselbe hat ihren Sitz in Berlin.[1])

Die Normal-Eichungskommission hat darüber zu wachen, daß im gesammten Bundesgebiete das Eichungswesen nach übereinstimmenden Regeln und dem Interesse des Verkehrs entsprechend gehandhabt werde. Ihr liegt die Anfertigung und Verabfolgung der Normale (Artikel 9.), soweit nöthig auch der Eichungsnormale (Artikel 15.) an die Eichungsstellen des Bundes ob, und ist sie daher mit den für ihren Geschäftsbetrieb nöthigen Instrumenten und Apparaten auszurüsten.

Die Normal-Eichungskommission hat die näheren Vorschriften über Material, Gestalt, Bezeichnung und sonstige Beschaffenheit der Maaße und Gewichte, ferner über die von Seiten der Eichungsstellen innezuhaltenden Fehlergrenzen zu erlassen. Sie bestimmt, welche Arten von Waagen im öffentlichen Verkehr oder nur zu besonderen gewerblichen Zwecken angewendet werden dürfen und setzt die Bedingungen ihrer Stempelfähigkeit fest. Sie hat ferner das Erforderliche über die Einrichtung der sonst in dieser Maaß- und Gewichtsordnung aufgestellten Meßwerkzeuge vorzuschreiben, sowie über die Zulassung anderweiter Geräthschaften zur Eichung und Stempelung zu entscheiden. Der Normal-Eichungskommission liegt es ob, das bei der Eichung und Stempelung zu beobachtende Verfahren und die Taxen für die von den Eichungsstellen zu erhebenden Gebühren (Artikel 15.) festzusetzen und überhaupt alle die technische

[1]) S. Bekanntm. v. 16. Febr. 1869 (BGBl. S. 46).

Seite des Eichungswesens betreffenden Gegenstände zu regeln.[1])

[1]) S. Aichordnung v. 27. Dez. 1884 (RGBl. 1885, Beil. zu Nr. 5; abg. durch Bekanntm. v. 4. Mai 1888 (RGBl. 1888, Beil. zu Nr. 24) vgl. auch Bekanntm. v. 21. Jan. 1887 (RGBl. Beil. zu Nr. 4); Aichgebührentaxe v. 28. Dez. 1884 (RGBl. 1885 Beil. zu Nr. 5), abg. durch Bekannt. v. 4. Mai 1888 (RGBl. 1888 Beil. zu Nr. 24); vgl. auch Bekanntm. v. 21. Jan. 1887 (RGBl. Beil. zu Nr. 4).

Art. 19. Sämmtliche Eichungsstellen des Bundesgebiets haben sich, neben dem jeder Stelle eigenthümlichen Zeichen, eines übereinstimmenden Stempelzeichens zur Beglaubigung der von ihnen geeichten Gegenstände zu bedienen.

Diese Stempelzeichen werden von der Normal-Eichungskommission bestimmt.

Art. 20. Maaße, Gewichte und Meßwerkzeuge, welche von einer Eichungsstelle des Bundesgebiets geeicht und mit dem vorschriftsmäßigen Stempelzeichen beglaubigt sind, dürfen im ganzen Umfange des Bundesgebiets im öffentlichen Verkehr angewendet werden.[1])

[1]) Das Gesetz v. 10. März 1870 (RGBl S. 46), welches auf die Zulassung von Gewichten und Meßwerkzeugen sich bezog, die an der Eichungsstelle eines nicht zum Norddeutschen Bunde gehörenden Deutschen Staates geaicht waren, ist nunmehr gegenstandlos geworden.

Art. 21. Diese Maaß- und Gewichtsordnung tritt mit dem 1. Januar 1872 in Kraft.

Die Landesregierungen haben die Verhältnißzahlen für die Umrechnung der bisherigen Landesmaaße und Gewichte in die neuen festzustellen und bekannt zu machen, und sonst alle Anordnungen zu treffen, welche, außer den nach Artikel 18. der technischen Bundes-Centralbehörde vorbehaltenen Vorschriften, zur Sicherung der Ein- und Durchführung der in dieser Maaß- und Gewichtsordnung, namentlich in Artikel 10., 11., 12. und und 13. enthaltenen Bestimmungen erforderlich sind.

Art. 22. Die Anwendung der dieser Maaß- und Gewichtsordnung entsprechenden Maaße und Gewichte ist bereits vom 1. Januar 1870. an gestattet, insofern die Betheiligten hierüber einig sind.

Art. 23. Die Normal-Eichungskommission (Artikel 18.) tritt alsbald nach Verkündung der Maaß- und Gewichtsordnung in Thätigkeit, um die Eichungsbehörden bis zu dem im Artikel 22. angegebenen Zeitpunkt zur Eichung und Stempelung der ihnen vorgelegten Maaße und Gewichte in den Stand zu setzen.

Gesetz, Maaßregeln gegen die Rinderpest betreffend. Vom 7. April 1869. (BGBl. S. 105. Ausgegeben am 13. April 1869.)[1])

[1]) Von diesem Gesetz sind nachstehend nur die civilrechtlichen Bestimmungen abgedruckt.

§. 1. Wenn die Rinderpest (Löserdürre) in einem Bundesstaate oder in einem an das Gebiet des Norddeutschen Bundes[1]) angrenzenden oder mit demselben im direkten Verkehre stehenden Lande ausbricht, so sind die zuständigen Verwaltungsbehörden der betreffenden Bundesstaaten verpflichtet und ermächtigt, alle Maaßregeln zu ergreifen, welche geeignet sind, die Einschleppung und beziehentlich die Weiterverbreitung der Seuche zu verhüten und die im Lande selbst ausgebrochene Seuche zu unterdrücken.

[1]) jetzt: des Deutschen Reichs.

§. 2. Die Maaßregeln, auf welche sich die im §. 1. ausgesprochene Verpflichtung und Ermächtigung je nach den Umständen zu erstrecken hat, sind folgende:

1) ....

2) ....

3) Tödtung selbst gesunder Thiere und Vernichtung von giftfangenden Sachen, ingleichen, wenn die Desinfektion nicht als ausreichend befunden wird, von Transportmitteln, Geräthschaften und dergl. im erforderlichen Umfange;

4) ....

5) Enteignung des Grund und Bodens für die zum Verscharren getödteter Thiere und giftfangender Dinge nöthigen Gruben.

§ 3. Für die auf Anordnung der Behörde getödteten Thiere, vernichteten Sachen[1]) und enteigneten Plätze, sowie für die nach rechtzeitig erfolgter Anzeige des Besitzers gefallenen Thiere wird der durch unparteiische Taxatoren festzustellende gemeine Werth[2]) aus der Bundeskasse vergütet.[1])

Diese Entschädigung wird jedoch nicht gewährt für solches Vieh, welches innerhalb zehn Tage nach erfolgter Einfuhr oder nach Eintrieb über die Bundesgrenze an der Seuche fällt.

[1]) auch für das vernichtete Fleisch eines vom Besitzer geschlachteten seuchenverdächtigen Thieres. R. I H. 10. Sept. 82 E. 7, 114.

[2]) ohne Rücksicht auf die durch die Infektion entstandene Werthsverminderung. R. a. a. O.

[3]) jetzt: Reichskasse.

§ 4. Jeder, der zuverlässige Kunde davon erlangt, daß ein Stück Vieh an der Rinderpest krank oder gefallen ist oder daß auch nur der Verdacht einer solchen Krankheit vorliegt, hat ohne Verzug der Ortspolizeibehörde Anzeige davon zu erstatten. Die Unterlassung schleunigster Anzeige hat für den Viehbesitzer selbst, welcher sich dieselbe zu Schulden kommen läßt, jedenfalls den Verlust des Anspruches auf Entschädigung für die ihm gefallenen oder getödteten Thiere zur Folge.

Gesetz, betreffend die Kautionen der Bundesbeamten. Vom 2. Juni 1869. (BGBl. S. 161.)[1])

[1]) Das überwiegend öffentlich-rechtliche Gesetz enthält privatrechtliche Bestimmungen in den Vorschriften über die Bestellung der Kaution (§§ 5 bis 7), über die Haftung der Kaution (§§ 10 bis 12) und über deren Rückgabe (§§ 13, 14). S. Einzelausg. Nr. 10 S. 225 bis 234.

Gesetz, betreffend die Portofreiheiten im Gebiete des Norddeutschen Bundes. Vom 5. Juni 1869. (BGBl. S. 141.)[1])

[1]) Das Gesetz enthält in den Bestimmungen über die Entschädigungen für aufgehobene Portofreiheiten (§§ 6—9) auch privatrechtliche Vorschriften, welche aber nur vorübergehende Bedeutung hatten, da die Präklusivfristen für Anmeldung der Entschädigungsansprüche längst abgelaufen sind. S. das Gesetz in Einzelausg. Nr. 7 S. 118—127.

Gesetz, betr. die Einführung der Allgemeinen Deutschen Wechsel-Ordnung, der Nürnberger Wechsel-Novellen und des Allgemeinen Deutschen Handelsgesetzbuches

als Bundesgesetze. Vom 5. Juni 1869. (BGBl. S. 379.)[1])

[1]) Das Gesetz und die durch dasselbe eingeführten Gesetzbücher sind in den Einzelausgaben Nr. 4 (Handelsgesetzbuch) und 5 (Wechselordnung) abgedruckt.

Gesetz, betreffend die Errichtung eines obersten Gerichtshofes für Handelssachen. Vom 12. Juni 1869. (BGBl S. 201.)[1])

[1]) Aus diesem Gesetze, welches mit dem Reichsoberhandelsgerichte in Wegfall gekommen ist, sind die §§ 12—15 noch jetzt mit Rücksicht auf § 8 des Einf.-Ges. zum GVG. von Bedeutung, welcher bestimmt:

> Durch die Gesetzgebung eines Bundesstaates, in welchem mehrere Oberlandesgerichte errichtet werden, kann die Verhandlung und Entscheidung der zur Zuständigkeit des Reichsgerichts gehörenden Revisionen und Beschwerden in bürgerlichen Rechtsstreitigkeiten einem obersten Landesgerichte zugewiesen werden.
>
> Diese Vorschrift findet jedoch auf bürgerliche Rechtsstreitigkeiten, welche zur Zuständigkeit des Reichs-Oberhandelsgerichts gehören oder durch besondere Reichsgesetze dem Reichsgerichte zugewiesen werden, keine Anwendung.

§. 12. Das Bundes-Oberhandelsgericht tritt in Handelssachen an die Stelle des für das Gebiet, in welchem die Sache in erster Instanz anhängig geworden ist, nach den Landesgesetzen bestehenden obersten Gerichtshofes mit derjenigen Zuständigkeit, welche nach diesen Landesgesetzen dem obersten Gerichtshofe gebührt.

Die Zuständigkeit des Bundes-Oberhandelsgerichts kann durch Aktenversendung an juristische Spruchkollegien und Fakultäten nicht ausgeschlossen werden.

§ 13. Handelssachen im Sinne dieses Gesetzes sind

diejenigen bürgerlichen Rechtsstreitigkeiten, in welchen durch die Klage ein Anspruch

1) gegen einen Kaufmann (Art. 4. des Allgemeinen Deutschen Handelsgesetzbuchs) aus dessen Handelsgeschäften (Art. 271—276. des Allgemeinen Deutschen Handelsgesetzbuchs),

2) aus einem Wechsel im Sinne der Allgemeinen Deutschen Wechsel-Ordnung,

3) aus einem der nachstehend bezeichneten Rechtsverhältnisse geltend gemacht wird:

a) aus dem Rechtsverhältnisse zwischen den Mitgliedern einer Handelsgesellschaft, zwischen dem stillen Gesellschafter und dem Inhaber des Handelsgewerbes, sowie zwischen den Theilnehmern einer Vereinigung zu einzelnen Handelsgeschäften oder einer Vereinigung zum Handelsbetriebe (Art. 10. des Allgemeinen Deutschen Handelsgesetzbuchs), sowohl während des Bestehens, als nach Auflösung des geschäftlichen Verhältnisses, ingleichen aus dem Rechtsverhältnisse zwischen den Liquidatoren oder den Vorstehern einer Handelsgesellschaft, und der Gesellschaft oder den Mitgliedern derselben;

b) aus dem Rechtsverhältnisse, welches das Recht zum Gebrauche der Handelsfirma betrifft;

c) aus dem Rechtsverhältnisse, welches durch die Veräußerung eines bestehenden Handelsgeschäfts zwischen den Kontrahenten entsteht;

d) aus dem Rechtsverhältnisse zwischen dem Prokuristen, dem Handlungsbevollmächtigten oder dem Handlungsgehülfen und dem Eigenthümer der Handelsniederlassung, sowie aus dem Rechtsverhältnisse zwischen einer dritten Person und demjenigen, welcher ihr als Prokurist oder Handlungsbevollmächtigter aus einem Handelsgeschäfte haftet (Art. 55. des Allgemeinen Deutschen Handelsgesetzbuchs);

e) aus dem Rechtsverhältnisse, welches aus den Berufsgeschäften des Handelsmäklers im Sinne des Allgemeinen Deutschen Handelsgesetzbuchs zwischen diesem und den Parteien entsteht;

f) aus den Rechtsverhältnissen des Seerechts, insbesondere aus denjenigen, welche auf die Rhederei, die Rechte und Pflichten des Rheders, des Korrespondent-Rheders und der Schiffsbesatzung, auf die Bodmerei und die Haverei, auf den Schadensersatz im Falle des Zusammenstoßens von Schiffen, auf die Bergung und Hülfeleistung in Seenoth und auf die Ansprüche der Schiffsgläubiger sich beziehen.

Ist nach den Landesgesetzen die Klage noch in anderen, als den vorstehend unter Nr. 1. bis 3. bezeichneten bürgerlichen Rechtsstreitigkeiten vor das Handelsgericht erster Instanz gewiesen, so sind auch diese Rechtsstreitigkeiten als Handelssachen im Sinne dieses Gesetzes anzusehen.

§. 14. Ist in Folge einer Klagenhäufung über eine Handelssache und über eine andere Sache durch ein

Erkenntniß zu entscheiden, so ist die Zuständigkeit des Oberhandelsgerichts nur dann begründet, wenn der Werth der Handelssache der höhere ist.

Dasselbe gilt, wenn in Folge einer Widerklage, welche mit der Klage in einem und demselben Rechtsstreite zu erledigen ist, Handelssachen und andere Sachen den Gegenstand der Entscheidung bilden.

§. 15. Wird in einem zur Zuständigkeit des Bundes-Oberhandelsgerichts gehörigen Rechtsstreite in Folge eines Sicherheitsarrestes oder einer Zwangsvollstreckung von einem Dritten Widerspruch erhoben, so ist für den aus einem solchen Widerspruche entstehenden Rechtsstreit das Bundes-Oberhandelsgericht nur dann zuständig, wenn dieser Rechtsstreit nach den Vorschriften des §. 13. ganz oder zum Theil zur Zuständigkeit des Bundes-Oberhandelsgerichts gehört.

Auch in Bezug auf Einwendungen, welche im Zwangsvollstreckungsverfahren von Seiten des Klägers oder des Beklagten erhoben werden, ist das Bundes-Oberhandelsgericht nur insofern zuständig, als der in Folge dieser Einwendungen entstandene Rechtsstreit nach den Bestimmungen des §. 13. ganz oder zum Theil zur Zuständigkeit des Bundes-Oberhandelsgerichts gehört.

Gesetz, betreffend die Beschlagnahme des Arbeits- oder Dienstlohnes. Vom 21. Juni 1869. (BGBl. S. 242.)[1]

[1]) Das Gesetz ist nicht eingeführt in Elsaß-Lothringen. Zu demselben ist zu vergleichen der (auch in Elsaß-Lothringen) geltende § 749 Nr. 1 C. P. O.:

Der Pfändung sind nicht unterworfen:
1. der Arbeits- oder Dienstlohn nach den Bestimmungen des Reichsgesetzes vom 21. Juni 1869 (Bundes-Gesetzbl. 1869 S. 242 und 1871 S. 68).

§. 1. Die Vergütung (Lohn, Gehalt, Honorar u. s. w.) für Arbeiten oder Dienste, welche auf Grund eines Arbeits- oder Dienstverhältnisses geleistet werden, darf, sofern dieses Verhältniß die Erwerbsthätigkeit des Vergütungsberechtigten vollständig oder hauptsächlich in Anspruch nimmt,[1]) zum Zwecke der Sicherstellung oder Befriedigung eines Gläubigers erst dann mit Beschlag belegt werden, nachdem die Leistung der Arbeiten oder Dienste erfolgt und nachdem der Tag, an welchem die Vergütung gesetzlich, vertrags- oder gewohnheitsmäßig zu entrichten war, abgelaufen ist, ohne daß der Vergütungsberechtigte dieselbe eingefordert hat.

[1]) Ob der Berechtigte zur Zeit der Beschlagnahme aus einer anderweiten Thätigkeit gerade Verdienst hat, ist unerheblich; der Paragraph ist unanwendbar, wenn der Dienstleistende zu einer anderen Arbeitsleistung an sich noch im Stande ist. RG. III. 24. Okt. 78 E. 24, 302.

§. 2. Die Bestimmungen des §. 1 können nicht mit rechtlicher Wirkung durch Vertrag ausgeschlossen oder beschränkt werden.

Soweit nach diesen Bestimmungen die Beschlagnahme unzulässig ist, ist auch jede Verfügung durch Cession, Anweisung, Verpfändung oder durch ein anderes Rechtsgeschäft ohne rechtliche Wirkung.

§. 3. Als Vergütung ist jeder dem Berechtigten gebührende Vermögensvortheil anzusehen. Auch macht es keinen Unterschied, ob dieselbe nach Zeit oder Stück berechnet wird.

Ist die Vergütung mit dem Preise oder Werth für Material oder mit dem Ersatz anderer Auslagen in ungetrennter Summe bedungen, so gilt als Vergütung im Sinne dieses Gesetzes der Betrag, welcher nach Abzug des Preises oder des Werthes der Materialien und nach Abzug der Auslagen übrig bleibt.

§. 4. Das gegenwärtige Gesetz findet keine Anwendung:

1) auf den Gehalt und die Dienstbezüge der öffentlichen Beamten;

2) auf die Beitreibung der direkten persönlichen Staatssteuern und Kommunalabgaben (die derartigen Abgaben an Kreis-, Kirchen-, Schul- und sonstige Kommunalverbände mit eingeschlossen), sofern diese Steuern und Abgaben nicht seit länger als drei Monaten fällig geworden sind;

3) auf die Beitreibung der auf gesetzlicher Vorschrift beruhenden Alimentationsansprüche der Familienglieder;[1])

[1]) nicht des im Scheidungsurtheil einer Ehefrau zugesprochenen Verpflegungsanspruchs. R. I H. 14. Dez. 1880 E. 3, 15.

4) auf den Gehalt und die Dienstbezüge[1]) der im Privatdienste dauernd angestellten Personen, soweit der Gesammtbetrag die Summe von vierhundert Thalern[2]) jährlich übersteigt.

Als dauernd in diesem Sinne gilt das Dienstverhältniß, wenn dasselbe gesetzlich, vertrags- oder gewohnheitsmäßig mindestens auf Ein Jahr bestimmt, oder bei unbestimmter Dauer für die Auflösung eine Kündigungsfrist von mindestens drei Monaten einzuhalten ist.

[1]) Auch Diäten, welche der Zugführer einer Eisenbahn für jede Fahrt bezieht. RG. II 10. März 75 E. 16, 173.

[2]) S. jetzt § 749 Abs. 3, 4 C.P.O., welche lauten:

Der Gehalt und die Dienstbezüge der im Privatdienste dauernd angestellten Personen (§ 4. Nr. 4 des Reichsgesetzes vom 21. Juni 1869) sind nur soweit der Pfändung unterworfen, als der Gesammtbetrag die Summe von fünfzehnhundert Mark für das Jahr übersteigt.

In den Fällen der beiden vorhergehenden Absätze ist die Pfändung ohne Rücksicht auf den Betrag zulässig, wenn sie zur Befriedigung der Ehefrau und der ehelichen Kinder des Schuldners wegen solcher Alimente beantragt wird, welche für die Zeit nach Erhebung der Klage und für das diesem Zeitpunkte vorausgehende letzte Vierteljahr zu entrichten sind.

§. 5. Dieses Gesetz tritt am 1. August 1869. in Kraft. Die bis dahin verfügten, mit den Vorschriften dieses Gesetzes nicht vereinbaren Beschlagnahmen sind auf Antrag des Schuldners aufzuheben oder einzuschränken. Dagegen finden die Bestimmungen des zweiten Absatzes des §. 2. auf frühere Fälle keine Anwendung.

Gewerbeordnung für den Norddeutschen Bund. Vom 21. Juni 1869. (BGBl. S. 245.)[1])

[1]) Die Gewerbeordnung hat eine Neuredaktion erfahren durch die Bekanntmachung vom 1. Juli 1883. S. Einzelausg. Nr. 6.

Gesetz, betreffend die Gewährung der Rechtshülfe. Vom 21. Juni 1869. (BGBl. S. 305.)[1])

[1]) Dies Gesetz findet gegenwärtig nur noch auf Ersuchen An-

wendung, welche in streitigen Angelegenheiten von den besonderen Gerichten (§§. 13, 14 G. V. G.) ausgehen oder an diese gerichtet sind. Mit Rücksicht auf diese geringe Bedeutung des umfangreichen Gesetzes ist von seinem Abdruck Abstand genommen.

Gesetz, betreffend die Gleichberechtigung der Konfessionen in bürgerlicher und staatsbürgerlicher Beziehung. Vom 3. Juli 1869. (BGBl. S. 292. Ausgeg. am 9. Juli 1869.)[1])

[1]) Das Gesetz ist in Elsaß-Lothringen nicht eingeführt.

Einziger Artikel. Alle noch bestehenden, aus der Verschiedenheit des religiösen Bekenntnisses hergeleiteten Beschränkungen der bürgerlichen und staatsbürgerlichen Rechte werden hierdurch aufgehoben. Insbesondere soll die Befähigung zur Theilnahme an der Gemeinde- und Landesvertretung und zur Bekleidung öffentlicher Aemter vom religiösen Bekenntniß unabhängig sein.

Gesetz, betreffend die Eheschließung und die Beurkundung des Personenstandes von Bundesangehörigen im Auslande. Vom 4. Mai 1870. (BGBl. S. 599. Ausgegeben am 24. Oktober 1870.)[1])

[1]) Ueber die Anerkennung der nach den Vorschriften dieses Gesetzes geschlossenen Ehe seitens ausländischer Staaten s. R. I. 9. Juni 1883 E. 9, 393 (insbes. 397 f). Zu dem Gesetz ist unter dem 4. Mai 1870 eine Instruktion erlassen. S. Einzelausg. Nr. 21 S. 157 bis 164 (Gesetz); S. 171 bis 186 (Instruktion). Die Instruktion ist auch abgedruckt Gesetzg. II S. 262. — An Stelle des Bundes ist jetzt in allen Beziehungen das Reich getreten.

I. Allgemeine Bestimmungen.

§. 1. Der Bundeskanzler kann einem diplomatischen Vertreter des Bundes für das ganze Gebiet des Staates, bei dessen Hofe oder Regierung derselbe beglaubigt ist, und einem Bundeskonsul für dessen Amtsbezirk die allgemeine Ermächtigung ertheilen, bürgerlich gültige Eheschließungen von Bundesangehörigen vorzunehmen, und die Geburten, Heirathen und Sterbefälle von Bundesangehörigen zu beurkunden.

§. 2. Die zur Eheschließung und zur Beurkundung des Personenstandes ermächtigten Beamten (§. 1.) haben über die Beurkundung der Geburten, Heirathen und Sterbefälle getrennte Register zu führen. Die vorkommenden Fälle sind in protokollarischer Form unter fortlaufender Nummer in die Register einzutragen. Jedes Register wird in zwei gleichlautenden Originalen nach einem Formulare geführt, welches von dem Bundeskanzler vorgeschrieben wird. Das Formular soll für alle Beamten ein übereinstimmendes sein.

Am Jahresschlusse hat der Beamte die Register abzuschließen und das eine Exemplar derselben dem Bundeskanzler einzusenden. Gleichzeitig hat er den Regierungen der einzelnen Bundesstaaten aus den Registern einen Auszug der Fälle mitzutheilen, welche Angehörige derselben betreffen.

Wenn im Laufe des Jahres in ein Register eine Eintragung nicht erfolgt ist, so hat der Beamte eine amtliche Bescheinigung hierüber am Jahresschlusse dem Bundeskanzler einzusenden.

II. Eheschließung und Beurkundung derselben.

§. 3. Der Schließung der Ehe muß das Aufgebot vorangehen. Vor Beginn desselben sind dem Beamten die zur Eingehung einer Ehe nach den Gesetzen der Heimath der Verlobten nothwendigen Erfordernisse als vorhanden nachzuweisen. Insbesondere haben die Verlobten in beglaubigter Form beizubringen:

1) ihre Geburtsurkunden;
2) die zustimmende Erklärung derjenigen Personen, deren Einwilligung nach den Gesetzen der Heimath der Verlobten erforderlich ist.

Der Beamte kann die Beibringung dieser Urkunden erlassen, wenn ihm die Thatsachen, welche durch dieselben festgestellt werden sollen, persönlich bekannt oder auf andere Weise glaubhaft nachgewiesen sind.

Auch kann er von unbedeutenden Abweichungen in den Urkunden, beispielsweise von einer verschiedenen Schreibart der Namen, oder einer Verschiedenheit der Vornamen absehen, wenn in anderer Weise die Identität der Betheiligten festgestellt wird.

Der Beamte ist berechtigt, den Verlobten die eidesstattliche Versicherung über die Richtigkeit der Thatsachen abzunehmen, welche durch die vorliegenden Urkunden oder die sonst beigebrachten Beweismittel ihm nicht als hinreichend festgestellt erscheinen.

§. 4. Das Aufgebot geschieht durch eine Bekanntmachung des Beamten, welche die Vornamen, die Familiennamen, das Alter, den Stand oder das Gewerbe und den Wohnort der Verlobten und ihrer Eltern enthalten muß. Diese Bekanntmachung muß an der Thüre oder an einer in die Augen fallenden Stelle vor oder in der Kanzlei des Beamten eine Woche hindurch ausgehängt bleiben. Erscheint an dem Amtssitze des Beamten eine Zeitung, so ist die Bekanntmachung außerdem einmal darin einzurücken, und die Eheschließung nicht vor Ablauf des dritten Tages von dem Tage an zulässig, an welchem das die Bekanntmachung enthaltende Blatt ausgegeben ist. Unter mehreren an dem bezeichneten Orte erscheinenden Zeitungen hat der Beamte die Wahl.

§. 5. Wenn eine der aufzubietenden Personen innerhalb der letzten sechs Monate ihren Wohnsitz außerhalb des Amtsbereichs (§. 1.) des Beamten gehabt hat, so muß die Bekanntmachung des Aufgebots auch an dem früheren Wohnsitze nach den dort geltenden Vorschriften erfolgen, oder ein gehörig beglaubigtes Zeugniß der Obrigkeit des früheren Wohnortes darüber beigebracht werden, daß daselbst Ehehindernisse in Betreff der einzugehenden Ehe nicht bekannt seien.

§. 6. Der Beamte kann aus besonders dringenden Gründen von dem Aufgebote (§§ 4. und 5.) ganz dispensiren.

§. 7. Die Schließung der Ehe erfolgt in Gegenwart von zwei Zeugen durch die an die Verlobten einzeln und nach einander gerichtete feierliche Frage des Beamten:

> ob sie erklären, daß sie die Ehe mit dem gegenwärtigen anderen Theile eingehen wollen,

und durch die bejahende Antwort der Verlobten und durch den hierauf erfolgenden Ausspruch des Beamten,

> daß er sie nunmehr kraft des Gesetzes für rechtmäßig verbundene Eheleute erkläre.

§. 8. Die Ehe erlangt mit dem Abschlusse vor dem Beamten bürgerliche Gültigkeit.

§. 9. Die über die geschlossene Ehe in die Register einzutragende Urkunde (Heiraths-Urkunde) muß enthalten:

1) Vor- und Familiennamen, Staatsangehörigkeit, Alter, Stand oder Gewerbe, Geburts- und Wohnort der die Ehe eingehenden Personen;
2) Vor- und Familiennamen, Alter, Stand oder Gewerbe und Wohnort ihrer Eltern;
3) Vor- und Familiennamen, Alter, Stand oder Gewerbe und Wohnort der zugezogenen Zeugen;
4) die auf Befragen des Beamten abgegebene Erklärung der Verlobten, sowie die erfolgte Verkündigung ihrer Verbindung;
5) die Unterschrift der anwesenden Personen.

§. 10. Die vorstehenden Bestimmungen über die Eheschließung (§§. 3—9) finden auch Anwendung, wenn nicht beide Verlobte, sondern nur einer derselben ein Bundesangehöriger ist.

III. Geburtsurkunden.

§. 11. Die Eintragung der Geburt eines Kindes in die Register kann von dem Beamten nur vorgenommen werden, nachdem sich derselbe durch Vernehmung des Vaters des Kindes oder anderer Personen die Ueberzeugung von der Richtigkeit der einzutragenden Thatsachen verschafft hat.

Diese Eintragung muß enthalten:

1) den Ort, den Tag und die Stunde der Geburt;

2) das Geschlecht des Kindes;
3) die ihm beigelegten Vornamen;
4) Vor- und Familiennamen, Staatsangehörigkeit, Stand oder Gewerbe, sowie den Wohnort der Eltern und zweier bei der Eintragung zuzuziehender Zeugen;
5) die Unterschrift des Vaters, wenn er anwesend ist, und der vorgedachten Zeugen.

IV. Urkunden über Sterbefälle.

§. 12. Die Eintragung eines Todesfalles in die Register erfolgt auf Grund der Erklärung zweier Zeugen. Sie muß enthalten:

1) Vor- und Familiennamen des Verstorbenen, dessen Staatsangehörigkeit, Alter, Stand oder Gewerbe, Wohn- und Geburtsort;
2) Vor und Familiennamen seines Ehegatten;
3) Vor- und Familiennamen, Staatsangehörigkeit, Stand oder Gewerbe und Wohnort der Eltern des Verstorbenen;
4) Ort, Tag und Stunde des erfolgten Todes, soweit diese Verhältnisse bekannt sind;
5) Vor- und Familiennamen, Alter, Stand oder Gewerbe der und Wohnort der Zeugen, welche die Erklärung abgeben, und, wenn es Verwandte des Verstorbenen sind, den Grad ihrer Verwandtschaft;
6) Unterschriften der Zeugen.

V. Schlußbestimmungen.

§. 13. Insoweit durch die Gesetze eines Bundesstaates diplomatischen Vertretern und Konsuln in Ansehung der Eheschließungen, sowie der Beurkundung der Geburten, Heirathen und Sterbefälle der Angehörigen dieses Staates von einer besonderen Ermächtigung nicht abhängige oder ausgedehntere Befugnisse, als die im gegenwärtigen Gesetze bestimmten, beigelegt sind oder künftig beigelegt werden, stehen diese Befugnisse für die bezeichneten Angehörigen auch den diplomatischen Vertretern des Bundes und den Bundeskonsuln zu.

§. 14. Auf die Gebühren, welche für die durch das gegenwärtige Gesetz den Beamten des Bundes überwiesenen Geschäfte und insbesondere für die Ausfertigungen und Abschriften aus den Personenstands-Registern zu erheben sind, findet der §. 38. des Bundesgesetzes, betreffend die Organisation der Bundeskonsulate, sowie die Amtsrechte und Pflichten der Bundeskonsuln, vom 8. November 1867. (Bundesgesetzbl. S. 137.) Anwendung.

Gesetz wegen Beseitigung der Doppelbesteuerung. Vom 13. Mai 1870. (BGBl. S. 119.)[1]

[1] Dieses an sich öffentlich rechtliche Gesetz erlangt, soweit in einzelnen Bundesstaaten der Rechtsweg über die Heranziehung zu den direkten Staatssteuern gestattet ist, auch für den Civilrichter Bedeutung. — Da das Gesetz im ganzen Deutschen Reich eingeführt ist, gilt, was es von einem Norddeutschen bestimmt, jetzt von jedem Deutschen.

§. 1. Ein Norddeutscher darf vorbehaltlich der Bestimmungen in den §§. 3. und 4. zu den direkten

Staatssteuern nur in demjenigen Bundesstaate herangezogen werden, in welchem er seinen Wohnsitz hat.

Einen Wohnsitz im Sinne dieses Gesetzes hat ein Norddeutscher an dem Orte, an welchem er eine Wohnung unter Umständen inne hat, welche auf die Absicht der dauernden Beibehaltung einer solchen schließen lassen.

§. 2. Ein Norddeutscher, welcher in keinem Bundesstaate einen Wohnsitz hat, darf nur in demjenigen Staate, in welchem er sich aufhält, zu den direkten Staatssteuern herangezogen werden.

Hat ein Norddeutscher in seinem Heimathsstaate und außerdem in anderen Bundesstaaten einen Wohnsitz, so darf er nur in dem ersteren zu den direkten Staatssteuern herangezogen werden.

In Bundes- oder Staatsdiensten stehende Norddeutsche dürfen nur in demjenigen Bundesstaate besteuert werden, in welchen sie ihren dienstlichen Wohnsitz haben.

§. 3.[1]) Der Grundbesitz und der Betrieb eines Gewerbes, sowie das aus diesen Quellen herrührende Einkommen darf nur von demjenigen Bundesstaate besteuert werden, in welchem der Grundbesitz liegt oder das Gewerbe betrieben wird.[2])

[1]) Besteuerung des Aktionärs neben der der ein Gewerbe treibenden Aktiengesellschaft, R. I 11. Februar 85 E. 13, 142; R. III 26. Febr. 83 E. 8, 182.

[2]) bei Gewerbebetrieb in mehreren Bundesstaaten von jedem derselben antheilsweise, R. I 7. Nov. 85 E. 15, 27; R. I 18. Dezemb. 84 E. 11, 309.

§. 4. Gehalt, Pension und Wartegeld, welche Norddeutsche Militairpersonen und Civilbeamte, sowie deren Hinterbliebene aus der Kasse eines Bundesstaates beziehen, sind nur in demjenigen Staate zu besteuern, welcher die Zahlung zu leisten hat.

§. 5. An den Wirkungen, welche der Wohnsitz oder Aufenthalt außerhalb des Bundesgebietes auf die Steuerpflichtigkeit eines Norddeutschen äußert, wird durch das gegenwärtige Gesetz nichts geändert.

§. 6. Gegenwärtiges Gesetz tritt mit dem 1. Januar 1871. in Wirksamkeit.

Gesetz über die Abgaben von der Flößerei. Vom 1. Juni 1870. (BGBl. S. 312.)[1])

[1]) Das Gesetz hatte einen privatrechtlichen Inhalt, insoweit es im Rechtsweg verfolgbare Entschädigungsansprüche für aufgehobene Abgaben gewährte; doch sind die Präklusivfristen für deren Geltendmachung längst abgelaufen.

Gesetz über die Erwerbung und den Verlust der Bundes- und Staatsangehörigkeit. Vom 1. Juni 1870. (BGBl. S. 355.)[1])

[1]) Das Gesetz hat zwar privatrechtliche Bedeutung, insofern die Eigenschaft der Landes- und Staatsangehörigkeit im Civilrecht und Civilprozeß vielfach eine besondere Rechtsstellung verleiht es ist jedoch überwiegend staatsrechtlichen Inhalts; s. Einzelausg. Nr. 8 S. 20 bis 29.

Gesetz über den Unterstützungswohnsitz. Vom 6. Juni 1870. (BGBl. S. 360.)[1])

[1]) Das Gesetz ist wesentlich öffentlich-rechtlichen Inhalts; für die aus demselben entstehenden Streitigkeiten ist der Rechtsweg

ausgeschlossen. S. Einzelausg. Nr. 8 S. 30—63. Privatrechtlicher Natur sind dagegen die Vorschriften über die im ordentlichen Civilprozesse verfolgbaren Ersatzansprüche der Armenverbände gegen die privatrechtlich zur Unterstützung des Hülfsbedürftigen Verpflichteten. Diese sind hier abgedruckt.

§. 61. Durch die Bestimmungen des Gesetzes werden Rechte und Verbindlichkeiten nur zwischen den zur Gewährung öffentlicher Unterstützung nach Vorschrift dieses Gesetzes verpflichteten Verbänden (Orts-, Landarmenverbände, Bundesstaaten) begründet.[1])

Daher werden die auf anderen Titeln (Familien- und Dienstverhältniß, Vertrag, Genossenschaft, Stiftung u. s. w.) beruhenden Verpflichtungen, einen Hülfsbedürftigen zu unterstützen, von den Bestimmungen dieses Gesetzes nicht betroffen.

[1]) Daher keine Klage dessen, der freiwillig einen Hülfsbedürftigen unterstützt hat, auf Ersatz gegen den Armenverband, R. IV 10. Jan. 81 E. 3, 270.

§. 62. Jeder Armenverband, welcher nach Vorschrift dieses Gesetzes einen Hülfsbedürftigen unterstützt hat, ist befugt, Ersatz derjenigen Leistungen,[1]) zu deren Gewährung ein Dritter aus anderen, als den durch dieses Gesetz begründeten Titeln verpflichtet ist,[2]) von dem Verpflichteten in demselben Maaße und unter denselben Voraussetzungen zu fordern, als dem Unterstützten auf jene Leistungen ein Recht zusteht.[3])

Der Einwand, daß der unterstützende Armenverband den Ersatz von einem anderen Armenverbande zu fordern berechtigt sei, darf demselben hierbei nicht entgegengestellt werden.

[1]) d. h. derjenigen Unterstützung, welche der Armenverband nach seinem Ermessen als nothwendig feststellt; dagegen nur die Einrede, daß die Unterstützung unnöthiger Weise zu hoch normirt sei, R. I 9. April 81 E. 4, 149 (155).

[2]) auch von einem auf Grund von §. 1 des sog. Haftpflichtgesetzes vom 7. Juni 1871 (unten S. 70) Verpflichteten, R. V 30. Juni 80 E. 2, 45; dagegen nicht gegen den Fiskus, welcher dem Unterstützten eine Pension zu zahlen hat, R. III 21. Oktober 87 E. 19, 186.

[3]) Daher kann auch umgekehrt der Alimentationspflichtige der Klage des Unterstützungsberechtigten nicht entgegensetzen, daß der Letztere seinen nothdürftigen Unterhalt von einem Armenverbande beziehe. RG. IV 4. Jan. 87 E. 17, 222.

Gesetz, betreffend das Urheberrecht an Schriftwerken, Abbildungen, musikalischen Kompositionen und dramatischen Werken. Vom 11. Juni 1870. (BGBl. S. 339.)

I. Schriftstücke.

a. Ausschließliches Recht des Urhebers.

§. 1. Das Recht, ein Schriftwerk[1]) auf mechanischem Wege zu vervielfältigen, steht dem Urheber[2]) desselben ausschließlich zu.

[1]) Auch eine neue Auflage und eine neue (veränderte, vermehrte, verkürzte) Ausgabe stehen unter dem Schutze des ursprünglichen Urheberrechts an der ersten Gestalt des Werkes, R. I 21. Nov. 87 E. 16, 352. — Adreßbuch als Gegenstand des Nachdrucks, R. I 2. Jan. 88 E. 17, 195. — Nachdruck eines Wörterbuchs, RH. I 25. Jan. 75 E. 16, 219.

[2]) Plangebung des Verlegers schließt für den nach diesem Plane arbeitenden Schriftsteller die Stellung eines Urhebers nicht aus, RH. I 19. März 75 E. 17, 35.

§. 2. Dem Urheber wird in Beziehung auf den durch das gegenwärtige Gesetz gewährten Schutz der Herausgeber eines aus Beiträgen Mehrerer bestehenden Werkes gleich geachtet, wenn dieses ein einheitliches Ganzes[1]) bildet.

Das Urheberrecht an den einzelnen Beiträgen steht den Urhebern derselben zu.

[1]) Ueber diesen Begriff s. R. III 29. Nov. 80 E. 3, 75.

§. 3. Das Recht des Urhebers geht auf dessen Erben über.[1]) Dieses Recht kann beschränkt[2]) oder unbeschränkt durch Vertrag oder durch Verfügung von Todeswegen auf Andere übertragen werden.

[1]) und zwar seinem ganzen Umfange nach, nicht blos nach der vorwiegend rechtlichen Seite; auch hinsichtlich der Aenderungen an einem Schriftwerke bei späteren Auflagen hat der Verleger gegenüber den Erben dieselbe Rechtsstellung, wie gegenüber dem Urheber, R. II 1. Juli 84 E. 12, 50.

[2]) auch für ein räumlich begrenztes Gebiet, RH. I 16. März 77 E. 22, 37 (30 f.).

b. Verbot des Nachdrucks.

§. 4. Jede mechanische Vervielfältigung[1]) eines Schriftwerkes, welche ohne Genehmigung des Berechtigten (§§. 1. 2. 3.) hergestellt wird, heißt Nachdruck[2]) und ist verboten.

Hinsichtlich dieses Verbotes macht es keinen Unterschied, ob das Schriftwerk ganz oder nur theilweise[3]) vervielfältigt wird.

Als mechanische Vervielfältigung ist auch das Abschreiben anzusehen, wenn es dazu bestimmt ist, den Druck zu vertreten.[4])

[1]) Beim Versehen der anderweit bezogenen Exemplare eines Schriftwerks mit einem neuen Titelblattabdruck, welcher die Auflage oder Ausgabe gegenüber der wirklich zur Zeit erschienenen, zu der die Exemplare gehören, als eine nächste kennzeichnet, seitens eines für solche Auflage oder Ausgabe zum Verlage Nichtberechtigten wird in der Regel ein Eingriff in das gegen Nachdruck geschützte Urheberrecht vorliegen, R. I 10. Juli 86 E. 18, 10. — Der Begriff der Vervielfältigung eines Gegenstandes bedingt nothwendig die Beibehaltung des nämlichen Charakters. Die Benutzung der Ergebnisse fremder Arbeit für ein Produkt anderen Charakters als dasjenige ist, welches durch die fremde Arbeit hergestellt wurde, ist keine Vervielfältigung, RH. I 7. Okt. 73 E. 11, 165. — Allgemeinere Gesichtspunkte (Unerheblichkeit der unmittelbaren Benutzung fremder Druckbogen, von Zusätzen und geringen Formänderungen, Verhältniß zwischen unerlaubtem Nachdruck und wissenschaftlichem Plagiat) bietet RH. I 25. Jan. 75 E. 16, 219 (228—240).

[2]) Ueber Nachdruck vom Nachdruck s. R. III 1. April 86 E. 14, 67.

[3]) d. h. zu einem erheblichen Theile, R. I 2. April 84 E. 12, 113. — Den Gegensatz zum theilweisen Nachdruck bilden selbständige, d. h. eigene Geistesschöpfungen darstellende Abkürzungen, R. I 21. Nov. 87 E. 16, 352 (354). Auch in der Benutzung eines Romans als Stoff zu einem Drama kann mit Rücksicht auf die wörtliche Uebernahme ganzer Gespräche ein Nachdruck gefunden werden, R. II 22. Juni 83, E. 8, 428.

[4]) Abschreiben von Stimmen aus einer Partitur ist dann Nachdruck, wenn die Benutzung nicht nur für den Abschreiber, sondern auch für andere Personen erfolgen soll, R. III 25. März 1886 E. 14, 46. Demnach ist für Nachdruck erklärt ein solches Ausschreiben zur Benutzung für einen Gesangverein, RH. I 17. Dez. 74 E. 15, 309; ferner das Ausschreiben von Orchesterstimmen in mehreren, nicht auch in einem Exemplar. R. I 1. Febr. 88 E. 20, 100.

§. 5. Als Nachdruck (§. 4.) ist auch anzusehen:

a) der ohne Genehmigung des Urhebers erfolgte Abdruck von noch nicht veröffentlichten Schriftwerken (Manuskripten).

Auch der rechtmäßige Besitzer eines Manuskriptes oder einer Abschrift desselben bedarf der Genehmigung des Urhebers zum Abdruck;

b) der ohne Genehmigung des Urhebers erfolgte Abdruck von Vorträgen, welche zum Zwecke der Erbauung, der Belehrung oder der Unterhaltung gehalten sind;

c) der neue Abdruck[1]) von Werken, welchen der Urheber[2]) oder der Verleger dem unter ihnen bestehenden Vertrage zuwider veranstaltet[3]);

d) die Anfertigung einer größeren Anzahl von Exemplaren eines Werkes Seitens des Verlegers, als demselben vertragsmäßig oder gesetzlich gestattet ist.[4])

[1]) Ein neuer Jahrgang eines Adreßbuchs ist keine neue Auflage, R. I 2. April 84 E. 12, 118.

[2]) Auch die Veranstaltung einer neuen Ausgabe seitens des Verfassers ohne vorherige Erfüllung der Verpflichtung des § 1019 Preuß. ALR. I. 11, R. II 12. Juli 81 E. 5,261. — Nicht: Druck eines Werks, wenn das dem Verleger überlieferte Manuskript vor der Veröffentlichung durch dessen Schuld theilweise verloren gegangen und der allein noch vorhandene Ueberrest als solcher zur Veröffentlichung ungeeignet ist, R. I 11. Jan. 88 E. 20, 96.

[3]) Umfang der Entschädigungspflicht s. Anm. 5 zu §. 18.

[4]) Darunter fällt nicht bei einem nur zeitlich (nicht nach der Anzahl von Exemplaren) begrenzten Verlagsrecht die Herstellung

von Exemplaren während der Dauer jener Zeit mit der Absicht, sie nach deren Ablauf zu verbreiten, R. III 28. Juni 86 E. 14,267.

§. 6.[1]) Uebersetzungen ohne Genehmigung des Urhebers des Originalwerkes gelten als Nachdruck:

a) wenn von einem, zuerst in einer todten Sprache erschienenen Werke eine Uebersetzung in einer lebenden Sprache herausgegeben wird;

b) wenn von einem gleichzeitig in verschiedenen Sprachen herausgegebenen Werke eine Uebersetzung in einer dieser Sprachen veranstaltet wird;

c) wenn der Urheber sich das Recht der Uebersetzung auf dem Titelblatte oder an der Spitze des Werkes vorbehalten hat, vorausgesetzt, daß die Veröffentlichung der vorbehaltenen Uebersetzung nach dem Erscheinen des Originalwerkes binnen einem Jahre begonnen und binnen drei Jahren beendet wird. Das Kalenderjahr, in welchem das Originalwerk erschienen ist, wird hierbei nicht mitgerechnet.

Bei Originalwerken, welche in mehreren Bänden oder Abtheilungen erscheinen, wird jeder Band oder jede Abtheilung im Sinne dieses Paragraphen als ein besonderes Werk angesehen, und muß der Vorbehalt der Uebersetzung auf jedem Bande oder jeder Abtheilung wiederholt werden.

Bei dramatischen Werken muß die Uebersetzung innerhalb sechs Monaten, vom Tage der Veröffentlichung des Originals an gerechnet, vollständig erschienen sein.

Der Beginn und beziehungsweise die Vollendung der Uebersetzung muß zugleich innerhalb der angegebenen Fristen zur Eintragung in die Eintragsrolle (§§. 39. ff.) angemeldet werden, widrigenfalls der Schutz gegen neue Uebersetzungen erlischt.

Die Uebersetzung eines noch ungedruckten gegen Nachdruck geschützten Schriftwerkes (§. 5. Littr. a. und b.) ist als Nachdruck anzusehen.

Uebersetzungen genießen gleich Originalwerken den Schutz dieses Gesetzes gegen Nachdruck.[2])

[1]) Der Uebersetzungsschutz ist in den Staatsverträgen des Deutschen Reichs und vor allem in der sog. Berner Konvention (s. unten Anm. 1 zu §. 62) abweichend geregelt, so daß fortan thatsächlich §. 6 im wesentlichen nur noch auf die Uebersetzungen in Deutschland erschienener fremdsprachiger Originale inländischer Urheber Anwendung finden wird.

[2]) bezieht sich nur auf neue Uebersetzungen, nicht auf Verbesserungen bereits bestehender Uebersetzungen, RH. I 19. März 75 E. 17, 35 (39).

c. Was nicht als Nachdruck anzusehen ist.

§. 7. Als Nachdruck ist nicht anzusehen:

a) das wörtliche Anführen einzelner Stellen oder kleinerer Theile eines bereits veröffentlichten[1]) Werkes oder die Aufnahme bereits veröffentlichter Schriften[2]) von geringerem Umfang[3]) in ein größeres Ganzes, sobald dieses nach seinem Hauptinhalt ein selbstständiges wissenschaftliches Werk[4]) ist, sowie in Sammlungen, welche aus Werken mehrerer Schriftsteller zum Kirchen-, Schul-, und Unterrichtsgebrauch oder zu einem eigenthümlichen literarischen Zwecke[5]) veranstaltet werden. Vorausgesetzt ist jedoch, daß der Urheber oder die benutzte Quelle angegeben ist;

b) der Abdruck einzelner Artikel[6]) aus Zeitschriften[7]) und anderen öffentlichen Blättern mit Ausnahme von novellistischen Erzeugnissen[8]) und wissenschaftlichen Ausarbeitungen,[9]) sowie von sonstigen größeren Mittheilungen, sofern an der Spitze der letzteren der Abdruck untersagt ist;[10])

c) der Abdruck von Gesetzbüchern, Gesetzen, amtlichen Erlassen, öffentlichen Aktenstücken und Verhandlungen aller Art;[11])

d) der Abdruck von Reden, welche bei den Verhandlungen der Gerichte, der politischen, kommunalen und kirchlichen Vertretungen, sowie der politischen und ähnlichen Versammlungen gehalten werden.

[1]) Veröffentlicht ist die Schrift, auch wenn Fortsetzung vorbehalten ist, RH. I 24. Mai 72 E. 6, 168. — Gemäß § 23 Patentges. v. 25. Mai 1877 öffentlich ausgelegte ungedruckte Patentschriften fallen nicht unter § 7a, RH. I 18. Febr. 70 E. 25, 24.

[2]) auch Abhandlungen aus Zeitschriften, RH. I 24. Mai 72 E. 6, 168 (170).

[3]) Maaßgebende Gesichtspunkte hierfür bietet RH. a. a. O.

[4]) Es kommt nur auf die Natur, nicht auf den Werth des Werkes an, RH. a. a. O. (172). — Anwendung auf Wörterbücher, RH. I 25. Jan. 75 E. 16, 219 (240).

[5]) d. h. einem eigenen Zwecke und einem literarischen

Zwecke; letzterem wird nur durch individuelle geistige Thätigkeit genügt (neue Bearbeitung und Ordnung, nicht bloß Sammlung), R. III 4. Febr. 80 E. 1,188; R. III 29. Nov. 80 E. 3,75; R. I 21. Nov. 87 E. 16,352.

[6]) auch Gedichte, welche von einer Privatperson im Inseratentheil einer Zeitung veröffentlicht sind, R. III 11. Juli 85 E. 12,359.

[7]) nicht jährlich erscheinende Kalender, R. III 1. April 86 E. 14,67.

[8]) d. i. erzählende Prosadichtungen ohne Rücksicht auf Werth und Umfang, R. III 17. Nov. 86 E. 15,59; R. I 2. Mai 89 E. 19,198.

[9]) Der Schutz wird nicht dadurch ausgeschlossen, daß der Autor das nachgedruckte (ältere) Werk aus wissenschaftlichen Abhandlungen, die er selbst vordem in Zeitschriften hatte erscheinen lassen, zusammengestellt hat. RH. I 21. März 79 E. 25,37.

[10]) „Sofern ... ist" bezieht sich nur auf „größere Mittheilungen" R. III 17. Nov. 86 E. 15,59.

[11]) nicht Privatschriften, welche durch öffentliche Behörden veröffentlicht sind (Patentschriften), RH. I 18. Febr. 79 E. 25,24.

d. Dauer des ausschließlichen Rechtes des Urhebers.

§. 8. Der Schutz des gegenwärtigen Gesetzes gegen Nachdruck wird, vorbehaltlich der folgenden besonderen Bestimmungen, für die Lebensdauer des Urhebers (§§. 1. und 2.) und dreißig Jahre nach dem Tode desselben gewährt.[1])

[1]) Bei der Klage auf Anerkennung des kontraktlich erworbenen Urheberrechts ist der Kläger verpflichtet, darzulegen und zu beweisen, daß der Autor noch am Leben oder vor weniger als 30 Jahren gestorben ist, RH. I 30. Nov. 77 E. 23,68.

§. 9. Bei einem von mehreren Personen als Miturhebern verfaßten Werke erstreckt sich die Schutzfrist auf die Dauer von dreißig Jahren nach dem Tode des Letztlebenden derselben.

Bei Werken, welche durch Beiträge mehrerer Mitarbeiter gebildet werden, richtet sich die Schutzfrist für die einzelnen Beiträge danach, ob die Urheber derselben genannt sind oder nicht (§§. 8. 11.).

§. **10.** Einzelne Aufsätze, Abhandlungen ꝛc., welche in periodischen Werken, als: Zeitschriften, Taschenbüchern, Kalendern ꝛc., erschienen sind, darf der Urheber, falls nichts Anderes verabredet ist, auch ohne Einwilligung des Herausgebers oder Verlegers des Werkes, in welches dieselben aufgenommen sind, nach zwei Jahren vom Ablauf des Jahres des Erscheines an gerechnet, anderweitig abdrucken.[1])

[1]) Vgl. Anm. 9 zu §. 7.

§. **11.** Bei Schriftwerken, welche bereits veröffentlicht sind, ist die im §. 8. vorgeschriebene Dauer des Schutzes an die Bedingung geknüpft, daß der wahre Name des Urhebers auf dem Titelblatte oder unter der Zueignung oder unter der Vorrede angegeben ist.

Bei Werken, welche durch Beiträge mehrerer Mitarbeiter gebildet werden, genügt es für den Schutz der Beiträge, wenn der Name des Urhebers an der Spitze oder am Schluß des Beitrags angegeben ist.

Ein Schriftwerk, welches entweder unter einem anderen, als dem wahren Namen des Urhebers veröffentlicht, oder bei welchem ein Urheber gar nicht angegeben ist, wird dreißig Jahre lang, von der ersten Herausgabe an gerechnet, gegen Nachdruck geschützt (§. 28.).

Wird innerhalb dreißig Jahre, von der ersten Herausgabe an gerechnet, der wahre Name des Urhebers von ihm selbst oder seinen hierzu legitimirten Rechtsnachfolgern zur Eintragung in die Eintragsrolle (§§. 39. ff.) angemeldet, so wird dadurch dem Werke die im §. 8. bestimmte längere Dauer des Schutzes erworben.

§. **12.** Die erst nach dem Tode des Urhebers erschienenen Werke werden dreißig Jahre lang, vom Tode des Urhebers an gerechnet, gegen Nachdruck geschützt.

§. **13.** Akademien, Universitäten, sonstige juristische Personen, öffentliche Unterrichtsanstalten, sowie gelehrte oder andere Gesellschaften, wenn sie als Herausgeber dem Urheber gleich zu achten sind (§. 2.), genießen für die von ihnen herausgegebenen Werke einen Schutz von dreißig Jahren nach deren Erscheinen.

§. **14.** Bei Werken, die in mehreren Bänden oder Abtheilungen erscheinen, wird die Schutzfrist von dem ersten Erscheinen eines jeden Bandes oder einer jeden Abtheilung an berechnet.

Bei Werken jedoch, die in einem oder mehreren Bänden eine einzige Aufgabe behandeln und mithin als in sich zusammenhängend zu betrachten sind, beginnt die Schutzfrist erst nach dem Erscheinen des letzten Bandes oder der letzten Abtheilung.

Wenn indessen zwischen der Herausgabe einzelner Bände oder Abtheilungen ein Zeitraum von mehr als drei Jahren verflossen ist, so sind die vorher erschienenen

Bände, Abtheilungen rc. als ein für sich bestehendes Werk und ebenso die nach Ablauf der drei Jahre erscheinenden weiteren Fortsetzungen als ein neues Werk zu behandeln.

§. 15. Das Verbot der Herausgabe von Uebersetzungen dauert in dem Falle des §. 6. Littr. b. fünf Jahre vom Erscheinen des Originalwerkes, in dem Falle des §. 6. Littr. c. fünf Jahre vom ersten Erscheinen der rechtmäßigen Uebersetzung ab gerechnet.

§. 16. In den Zeitraum der gesetzlichen Schutzfrist (§§. 8. ff.) wird das Todesjahr des Verfassers, beziehungsweise das Kalenderjahr des ersten Erscheinens des Werkes oder der Uebersetzung nicht eingerechnet.

§. 17. Ein Heimfallsrecht des Fiskus oder anderer zu herrenlosen Verlassenschaften berechtigter Personen findet auf das ausschließliche Recht des Urhebers und seiner Rechtsnachfolger nicht statt.

e. Entschädigung und Strafen.

§. 18. Wer vorsätzlich oder aus Fahrlässigkeit[1]) einen Nachdruck (§§. 4. ff.) in der Absicht, denselben innerhalb oder außerhalb des Norddeutschen Bundes[2]) zu verbreiten,[3]) veranstaltet,[4]) ist den Urheber oder dessen Rechtsnachfolger zu entschädigen[5]) verpflichtet und wird außerdem mit einer Geldstrafe bis zu Eintausend Thalern bestraft.

Die Bestrafung des Nachdrucks[6]) bleibt jedoch ausgeschlossen, wenn der Veranstalter desselben auf Grund entschuldbaren, thatsächlichen oder rechtlichen Irrthums in gutem Glauben gehandelt hat.

Kann die verwirkte Geldstrafe nicht beigetrieben werden, so wird dieselbe nach Maaßgabe der allgemeinen Strafgesetze in eine entsprechende Freiheitsstrafe bis zu sechs Monaten umgewandelt.

Statt jeder aus diesem Gesetze entspringenden Entschädigung kann auf Verlangen des Beschädigten neben der Strafe auf eine an den Beschädigten zu erlegende Geldbuße bis zum Betrage von zweitausend Thalern erkannt werden. Für diese Buße haften die zu derselben Verurtheilten als Gesammtschuldner.

Eine erkannte Buße schließt die Geltendmachung eines weiteren Entschädigungsanspruches aus.

Wenn den Veranstalter des Nachdrucks kein Verschulden trifft, so haftet er dem Urheber oder dessen Rechtsnachfolger für den entstandenen Schaden nur bis zur Höhe seiner Bereicherung.[7])

[1]) Ueberlassung der Geschäftsleitung seitens eines Verlagsbuchhändlers an einen Anderen ist nicht nothwendig Fahrlässigkeit, RG III 28. März 78 E. 24, 38.

[2]) jetzt: des Deutschen Reichs.

[3]) Ueber die Verbreitungsabsicht bei Ausschreiben von Stimmen aus der Partitur s. Anm. 4 zu § 4. — Herstellung im Deutschen Reiche mit der Absicht, den Nachdruck ausschließlich in Ländern zu vertreiben, in welchen entweder überhaupt oder für das konkrete Werk kein Schutz besteht, ist Nachdruck, R. III 1. Okt. 83 E. 9, 109 anders, wenn bei örtlich beschränktem Verlagsrecht (s. Anm. 2 zu § 3) die Herstellung erfolgt, um die Exemplare außerhalb des dem Vervielfältigungsrecht vorbehaltenen Gebietes zu vertreiben, RG. I 16. März 77 E. 22, 37. (Ueber das Verhältniß beider Urtheile s. R. E. 9, 111.)

[4]) d. i. derjenige, auf dessen kaufmännische, geschäftliche oder

technische Veranstaltung hin der Vervielfältigungsmechanismus in Bewegung gesetzt wird; also nicht Setzer, Stecher, Korrektor, Maschinist, wohl derjenige, für dessen Rechnung der Nachdruck hergestellt wird, wie derjenige, welcher den sonst erforderlichen geschäftlichen Apparat und die sonst erforderlichen technischen Anstalten für die Herstellung hergiebt, R. III 2. Febr. 85 E. 12, 34. — Gewerbegehülfe, der die That als eigene wollte, als Veranstalter, R. II 22./25. Juni 86 E. 14, 237. — Mitthäterschaft R. III 1. Okt. 83 E. 9, 109.

[5]) Schadensnachweis nicht erforderlich, R. I 18. März 80 E. 1, 328 (s. auch Anm. zu § 54). — Im Falle des § 5 Buchst. c besteht die vom Verleger für eine unberechtigte Auflage zu zahlende Entschädigung nicht nothwendig in dem Honorar für die früheren Auflagen, R. II 1. Juli 84 E. 12, 50. Beispiel einer Schadensberechnung: RH I 25. Jan. 75 E. 16, 219 (246). — Neben dem gesetzlichen Schadensanspruche bestehen die etwaigen Rechte aus dem Verlagsvertrage (Unterschiede beider Rechte: Haftung für Handlungsgehülfen, Verjährung u. s. w.) R. I 24 März 84 E. 12, 108.

[6]) Nicht die Entschädigungspflicht, RH I 16. Mai 73 E. 10, 114. — Eine Uebung contra legem beseitigt jedenfalls nicht die Entschädigungspflicht, RH I 25. Jan. 75 E. 16, 219.

[7]) Der Anspruch, welcher ausschließlich nach den Vorschriften dieses Gesetzes zu beurtheilen ist, geht auch gegen denjenigen, welcher durch einen nicht von ihm selbst, sondern in seinem Namen und für seine Rechnung von einem andern veranstalteten Nachdruck bereichert ist, R. I 21. März 84, E. 12, 115.

§. 19. Darüber, ob ein Schaden entstanden ist, und wie hoch sich derselbe beläuft, desgleichen über den Bestand und die Höhe einer Bereicherung, entscheidet das Gericht unter Würdigung aller Umstände nach freier Ueberzeugung.[1])

[1]) Diese [nach § 13 Einf.-Ges. zu CPO. durch diese unberührt gebliebene] Vorschrift deckt sich mit §§ 259, 260 CPO.

§. **20.** Wer vorsätzlich oder aus Fahrlässigkeit einen Anderen zur Veranstaltung eines Nachdrucks veranlaßt,[1]) hat die im §. 18. festgesetzte Strafe verwirkt, und ist den Urheber oder dessen Rechtsnachfolger nach Maaßgabe der §§. 18.[2]) und 19. zu entschädigen verpflichtet, und zwar selbst dann, wenn der Veranstalter des Nachdrucks nach §. 18. nicht strafbar oder ersatzverbindlich sein sollte.

Wenn der Veranstalter des Nachdrucks ebenfalls vorsätzlich oder aus Fahrlässigkeit gehandelt hat, so haften Beide dem Berechtigten solidarisch.

Die Strafbarkeit und die Ersatzverbindlichkeit der übrigen Theilnehmer am Nachdruck richtet sich nach den allgemeinen gesetzlichen Vorschriften.[3])

[1]) d. h. Jeder, welcher, sei es vorsätzlich oder aus Fahrlässigkeit einen Anderen zur Veranstaltung eines Nachdrucks bestimmt, R. II 22./25. Juni 86, E. 14, 237.

[2]) auch des § 18 Abs. 2, R. III 2. Juli 81 E. 4, 349; Rechtsirrthum befreit somit nicht von der Entschädigungspflicht (s. Anm. 5 zu § 18), RH. I 25. Jan. 75 E. 16, 219 (246).

§. **21.** Die vorräthigen Nachdrucks-Exemplare und die zur widerrechtlichen Vervielfältigung ausschließlich bestimmten Vorrichtungen, wie Formen, Platten, Steine, Stereotypabgüsse ꝛc., unterliegen der Einziehung. Dieselben sind, nachdem die Einziehung dem Eigenthümer gegenüber rechtskräftig erkannt ist, entweder zu vernichten oder ihrer gefährdenden Form zu entkleiden und alsdann dem Eigenthümer zurückzugeben.

Wenn nur ein Theil des Werkes als Nachdruck anzusehen ist, so erstreckt sich die Einziehung nur auf den als Nachdruck erkannten Theil des Werkes und die Vorrichtungen zu diesem Theile.[1])

Die Einziehung erstreckt sich auf alle diejenigen Nachdrucks-Exemplare und Vorrichtungen, welche sich im Eigenthum des Veranstalters des Nachdrucks, des Druckers, der Sortimentsbuchhändler, der gewerbsmäßigen Verbreiter und desjenigen, welcher den Nachdruck veranlaßt hat (§. 20.), befinden.

Die Einziehung tritt auch dann ein, wenn der Veranstalter oder Veranlasser des Nachdrucks weder vorsätzlich noch fahrlässig[2]) gehandelt hat (§. 18.). Sie erfolgt auch gegen die Erben desselben.

Es steht dem Beschädigten frei, die Nachdrucks-Exemplare und Vorrichtungen ganz oder theilweise gegen die Herstellungskosten zu übernehmen, insofern nicht die Rechte eines Dritten dadurch verletzt oder gefährdet werden.

[1]) Wenn die Trennung nicht ausführbar ist, findet die nur theilweise Einziehung nicht statt, R. IV 15. Mai 85 E. 12, 198.

[2]) Beispiel (Nachdruck vom Nachdruck) R. III 1. April 86 E. 14, 07.

§. 22. Das Vergehen des Nachdrucks ist vollendet, sobald ein Nachdrucks-Exemplar eines Werkes den Vorschriften des gegenwärtigen Gesetzes zuwider,[1]) sei es im Gebiete des Norddeutschen Bundes[2]), sei es außerhalb desselben, hergestellt worden ist.

Im Falle des bloßen Versuchs des Nachdrucks tritt weder eine Bestrafung noch eine Entschädigungsverbindlichkeit des Nachdruckers ein. Die Einziehung der

Nachdrucksvorrichtungen (§. 21.) erfolgt auch in diesem Falle.[3])

[1]) Daß die Ausführung des Nachdrucks straflos begonnen ist, und erst während der Ausführung derselben Schutzrechte (durch Eintragung gemäß einem Staatsvertrage) erworben worden sind bezw. die Veranstalter Kenntniß von diesem Schutzrecht erlangt haben, ist einflußlos, R. III 1. Okt. 83 E. 9, 109.

[2]) jetzt: Deutschen Reiches.

[3]) dagegen nicht im Falle befürchteten, aber noch nicht begonnenen und auch noch nicht einmal versuchten Nachdrucks, RH. I 9. Juni 76 E. 20, 379.

§. 23. Wegen Rückfalls findet eine Erhöhung der Strafe über das höchste gesetzliche Maaß (§. 18.) nicht statt.

§. 24. Wenn in den Fällen des §. 7. Littr. a. die Angabe der Quelle oder des Namens des Urhebers vorsätzlich oder aus Fahrlässigkeit unterlassen wird, so haben der Veranstalter und der Veranlasser des Abdrucks eine Geldstrafe bis zu zwanzig Thalern verwirkt.

Eine Umwandlung der Geldstrafe in Freiheitsstrafe findet nicht statt.

Eine Entschädigungspflicht tritt nicht ein.

§. 25. Wer vorsätzlich[1]) Exemplare eines Werkes, welche den Vorschriften des gegenwärtigen Gesetzes zuwider angefertigt worden sind, innerhalb oder außerhalb des Norddeutschen Bundes[2]) gewerbemäßig[3]) feilhält,[4]) verkauft oder in sonstiger Weise verbreitet, ist nach Maaßgabe des von ihm verursachten Schadens den Urheber oder dessen Rechtsnachfolger zu entschädigen verpflichtet und wird außerdem mit Geldstrafe nach §. 18. bestraft.

Die Einziehung der zur gewerbemäßigen Verbreitung

bestimmten Nachdrucks-Exemplare nach Maaßgabe des §. 21. findet auch dann statt, wenn der Verbreiter nicht vorsätzlich gehandelt hat.

Der Entschädigungspflicht, sowie der Bestrafung wegen Verbreitung unterliegen auch der Veranstalter und Veranlasser des Nachdrucks, wenn sie nicht schon als solche entschädigungspflichtig und strafbar sind.

[1]) § 18 Abs. 2 findet auch hier Anwendung, R. II 15. April 87 E. 15,419.

[2]) jetzt: Deutschen Reichs.

[3]) Es wird nicht erfordert, daß der Verbreitende aus dem Vertriebe von Nachdrucksexemplaren ein besonderes Gewerbe macht, sondern die Verbreitung eines Nachdrucksexemplars muß innerhalb der Sphäre eines Gewerbebetriebs, für die Zwecke des Erwerbs und der Gewinnsucht erfolgen. Auch die einmalige Verbreitung eines Nachdrucksexemplars ist eine gewerbemäßige, sobald der Vertreibende hierbei in Ausübung seines Gewerbes (Sortimenter, Leihbibliothekar u. dgl.) gehandelt hat. R. III 28. April/5. Mai 84 E. 10,401.

[4]) Auch wenn Nachdrucker und Feilbieter dieselbe Person sind, stehen beide Thatbestände an sich selbständig neben einander; wenn aber der zweite die schon beim ersten gewollte Folge des letzteren ist, kommt er nur in Betracht, wenn aus besonderen Gründen (z. B. Verjährung) auf den ersten nicht zurückgegriffen werden kann, RH. I 13. Juni 79 E. 25,206. Vgl. auch R. I 22. Dez. 84 E. 11,333.

f. Verfahren.[1])

[1]) Die §§ 26 bis 31 sind durch die CPO. und die StrPO. unberührt geblieben. § 13 Abs. 1 Einf.-Ges. z. CPO.; § 5 Abs. 1 Einf.-Ges. z. StrPO.

§. 26. Sowohl die Entscheidung über den Entschädigungsanspruch, als auch die Verhängung der im gegenwärtigen Gesetze angedrohten Strafen und die Einziehung der Nachdrucks-Exemplare rc. gehört zur Kompetenz der ordentlichen Gerichte.

Die Einziehung der Nachdrucks-Exemplare ꝛc. kann sowohl im Strafrechtswege beantragt, als im Civilrechtswege verfolgt werden.

§. 27. Das gerichtliche Strafverfahren ist nicht von Amtswegen, sondern nur auf den Antrag des Verletzten einzuleiten. Der Antrag auf Bestrafung kann bis zur Verkündung eines auf Strafe lautenden Erkenntnisses zurückgenommen werden.

§. 28. Die Verfolgung des Nachdrucks steht Jedem zu, dessen Urheber- oder Verlagsrechte durch die widerrechtliche Vervielfältigung beeinträchtigt oder gefährdet sind.[1])

Bei Werken, welche bereits veröffentlicht sind, gilt bis zum Gegenbeweise derjenige als Urheber, welcher nach Maaßgabe des §. 11. Absatz 1. 2. auf dem Werke als Urheber angegeben ist.

Bei anonymen und pseudonymen Werken ist der Herausgeber, und wenn ein solcher nicht angegeben ist, der Verleger berechtigt, die dem Urheber zustehenden Rechte wahrzunehmen. Der auf dem Werke angegebene Verleger gilt ohne weiteren Nachweis als der Rechtsnachfolger des anonymen oder pseudonymen Urhebers.

[1]) Evangelisches Konsistorium in Bezug auf eine von ihm herausgegebene Bearbeitung des lutherischen Katechismus (gemäß § 11), RG. II 15. Jan. 73 E. 8, 380.

§. 29. In den Rechtsstreitigkeiten wegen Nachdrucks, einschließlich der Klagen wegen Bereicherung aus dem Nachdruck, hat der Richter, ohne an positive Regeln über die Wirkung der Beweismittel gebunden zu sein, den Thatbestand nach seiner freien, aus dem Inbegriff der Verhandlungen geschöpften Ueberzeugung festzustellen.[1])

Ebenso ist der Richter bei Entscheidung der Frage: ob der Nachdrucker oder der Veranlasser des Nachdrucks (§§. 18. 20.) fahrlässig gehandelt hat, an die in den Landesgesetzen vorgeschriebenen verschiedenen Grade der Fahrlässigkeit nicht gebunden.

[1]) Sachlich übereinstimmend mit § 259 CPO.

§. **30.** Sind technische Fragen, von welchen der Thatbestand des Nachdrucks oder der Betrag des Schadens oder der Bereicherung abhängt, zweifelhaft oder streitig, so ist der Richter befugt,[1]) das Gutachten Sachverständiger einzuholen.[2])

[1]) nicht verpflichtet, auch nicht gegenüber den Sachverständigenvereinen des § 31, R. II 28. Okt. 81 E. 5, 78.

[2]) Das Gutachten ist für die Richter nicht bindend, auch nicht das eines Sachverständigenvereins. RH. I 24. Mai 72 E. 6, 168; RH. I 25. Jan. 75 E. 16, 219.

§. **31.** In allen Staaten des Norddeutschen Bundes[1]) sollen aus Gelehrten, Schriftstellern, Buchhändlern und anderen geeigneten Personen Sachverständigen-Vereine gebildet werden, welche, auf Erfordern des Richters, Gutachten über die an sie gerichtete Fragen abzugeben verpflichtet sind. Es bleibt den einzelnen Staaten überlassen, sich zu diesem Behufe an andere Staaten des Norddeutschen Bundes[1]) anzuschließen, oder auch mit denselben sich zur Bildung gemeinschaftlicher Sachverständigen-Vereine zu verbinden.

Die Sachverständigen-Vereine sind befugt, auf Anrufen der Betheiligten über streitige Entschädigungsansprüche und die Einziehung nach Maaßgabe der §§. 18. bis 21. als Schiedsrichter zu verhandeln und zu entscheiden.

Das Bundeskanzler-Amt[2]) erläßt die Instruktion[3]) über die Zusammensetzung und den Geschäftsbetrieb der Sachverständigen-Vereine.

[1]) jetzt: Deutschen Reiches.

[2]) jetzt: Der Reichskanzler.

[3]) S. Instruktion vom 12. Dez. 1870 (BGBl. S. 621), abgeändert durch Bekanntm. v. 16. Juli 1879 (Centralbl. S. 490) und v. 25. Okt. 1882 (Centralbl. S. 417), abgedruckt in Gesetzgeb. II S. 114 f.

§. 32. Die in den §§. 12. und 13. des Gesetzes, betreffend die Errichtung eines obersten Gerichtshofes für Handelssachen vom 12. Juni 1869 (Bundesgesetzbl. S. 201.), geregelte Zuständigkeit des Bundes-Oberhandelsgerichts[1]) zu Leipzig wird auf diejenigen bürgerlichen Rechtsstreitigkeiten ausgedehnt, in welchen auf Grund der Bestimmungen dieses Gesetzes durch die Klage ein Entschädigungsanspruch oder ein Anspruch auf Einziehung geltend gemacht wird.[2])

[1]) An die Stelle desselben ist das Reichsgericht getreten; doch hat die Vorschrift im Hinblick auf § 8 Abs. 2 Einf.-Ges. z. GVG. (s. Anm. 1 z. G. v. 21. Juni 1869 oben S. 19) noch heute Bedeutung.

[2]) Abs. 2 bis 5 bezogen sich auf die Zuständigkeit des Bundesoberhandelsgerichts in den auf Grund dieses Gesetzes zu verhandelnden Strafsachen; sie sind gänzlich beseitigt und daher hier weggelassen.

g. Verjährung.

§. 33. Die Strafverfolgung des Nachdrucks und die Klage auf Entschädigung wegen Nachdrucks, einschließlich der Klage wegen Bereicherung (§. 18.), verjähren in drei Jahren.

Der Lauf der Verjährung beginnt mit dem Tage, an welchem die Verbreitung der Nachdrucks-Exemplare zuerst stattgefunden hat.[1])

[1]) nicht schon mit der Uebergabe des Nachdruckexemplars von Seiten des einen, vermöge getroffener Verabredung über Veranstaltung des Nachdrucks, an solchem Theilnehmenden an den anderen, als Anstifter Theilnehmenden. R. I 22. Dez. 84 E. 11, 333. — Ueber Verjährungsbeginn im Falle des § 56 s. Anm. 1 zu demselben.

§. 34. Die Strafverfolgung der Verbreitung von Nachdrucks-Exemplaren und die Klage auf Entschädigung wegen dieser Verbreitung (§. 25.) verjähren ebenfalls in drei Jahren.

Der Lauf der Verjährung beginnt mit dem Tage, an welchem die Verbreitung zuletzt stattgefunden hat.

§. 35. Der Nachdruck und die Verbreitung von Nachdrucks-Exemplaren sollen straflos bleiben, wenn der zum Strafantrage Berechtigte den Antrag binnen drei Monaten nach erlangter Kenntniß von dem begangenen Vergehen und von der Person des Thäters zu machen unterläßt.

§. 36. Der Antrag auf Einziehung und Vernichtung der Nachdrucks-Exemplare, sowie der zur widerrechtlichen Vervielfältigung ausschließlich bestimmten Vorrichtungen (§. 21.), ist so lange zulässig, als solche Exemplare und Vorrichtungen vorhanden sind.

§. 37. Die Uebertretung, welche dadurch begangen wird, daß in den Fällen des §. 7. Littr. a. die Angabe der Quelle oder des Namens des Urhebers unterblieben ist, verjährt in drei Monaten.

Der Lauf der Verjährung beginnt mit dem Tage, an welchem der Abdruck zuerst verbreitet worden ist.

§. 38. Die allgemeinen gesetzlichen Vorschriften bestimmen, durch welche Handlungen die Verjährung unterbrochen wird.

Die Einleitung des Strafverfahrens unterbricht die Verjährung der Entschädigungsklage nicht, und eben so wenig unterbricht die Anstellung der Entschädigungsklage die Verjährung des Strafverfahrens.

h. Eintragsrolle.

§. 39. Die Eintragsrolle, in welche die in den §§. 6. und 11. vorgeschriebenen Eintragungen stattzufinden haben, wird bei dem Stadtrath zu Leipzig geführt.

§. 40. Der Stadtrath zu Leipzig ist verpflichtet, auf Antrag der Betheiligten die Eintragungen zu bewirken, ohne daß eine zuvorige Prüfung über die Berechtigung des Antragstellers oder über die Richtigkeit der zur Eintragung angemeldeten Thatsachen stattfindet.

§. 41. Das Bundeskanzler-Amt[1]) erläßt die Instruktion über die Führung der Eintragsrolle.[2]) Es ist Jedermann gestattet, von der Eintragsrolle Einsicht zu nehmen und sich beglaubigte Auszüge aus derselben ertheilen zu lassen. Die Eintragungen werden im Börsenblatt für den Deutschen Buchhandel und, falls dasselbe zu erscheinen aufhören sollte, in einer anderen vom Bundeskanzler-Amte[1]) zu bestimmenden Zeitung öffentlich bekannt gemacht.

[1]) jetzt: Der Reichskanzler.

[2]) S. Instruktion v 7. Dez. 1870 (Centralbl. 1876 S. 120); abgedruckt in Gesetzg. II S. 116 f.

§. 42. Alle Eingaben, Verhandlungen, Atteste, Beglaubigungen, Zeugnisse, Auszüge u. s. w., welche die Eintragung in die Eintragsrolle betreffen, sind stempelfrei.

Dagegen wird für jede Eintragung, für jeden Eintragsschein, sowie für jeden sonstigen Auszug aus der Eintragsrolle eine Gebühr von je 15 Sgr. erhoben, und außerdem hat der Antragsteller die etwaigen Kosten für die öffentliche Bekanntmachung der Eintragung (§. 41.) zu entrichten.

II. Geographische, topographische, naturwissenschaftliche, architektonische, technische und ähnliche Abbildungen.

§. 43. Die Bestimmungen in den §§. 1–42. finden auch Anwendung auf geographische, topographische,[1]) naturwissenschaftliche, architektonische, technische[2]) und ähnliche[3]) Zeichnungen und Abbildungen, welche nach ihrem Hauptzwecke nicht als Kunstwerke zu betrachten sind.

[1]) Ueber Benutzung topographischer Werke bei neuer Bearbeitung von Karten, Plänen u. dgl. vgl. RH. I 7. Okt. 73 E. 11, 165.

[2]) auch Zeichnungen, welche im Auftrage des Eigenthümers einer Fabrik zur Ausführung technischer Einrichtungen derselben angefertigt sind, RG. IV 8. März 87 E. 15, 405.

[3]) d. h. zu wissenschaftlichen und belehrenden (nicht zu ästhetischen Zwecken) hergestellte, RH. I 6. Okt. 71 E. 3, 315; R. I 18. Mai 80 E. 23, 16.

§. 44. Als Nachdruck ist es nicht anzusehen, wenn einem Schriftwerke einzelne Abbildungen aus einem anderen Werke beigefügt werden, vorausgesetzt, daß das Schriftwerk als die Hauptsache erscheint und die Abbildungen nur zur Erläuterung des Textes u. s. w. dienen. Auch muß der Urheber oder die benutzte Quelle angegeben sein, widrigenfalls die Strafbestimmung im §. 24. Platz greift.

III. Musikalische Kompositionen.

§. **45.** Die Bestimmungen in den §§. 1. bis 5., 8. bis 42. finden auch Anwendung auf das ausschließliche Recht des Urhebers zur Vervielfältigung musikalischer Kompositionen.[1])

[1]) Nachdruck durch Herstellung durchlöcherter Tafeln behufs Ausführung eines Musikstücks auf einem sog. Herophon, R. I 19. Dez. 88 E. **22**, 174 (anders Verwendung von Musikstücken bei Spieluhren, s. auch Nr. 3 des Schlußprotokolls zur sog. Berner Konvention, vgl. Anm. 1 zu § 62). — Ueber Ausschreiben von Stimmen aus einer Partitur s. Anm. 4 zu § 4, Anm. 2 zu § 18.

§. **46.** Als Nachdruck sind alle ohne Genehmigung des Urhebers einer musikalischen Komposition herausgegebenen Bearbeitungen derselben anzusehen, welche nicht als eigenthümliche Kompositionen betrachtet werden können, insbesondere Auszüge aus einer musikalischen Komposition, Arrangements für einzelne oder mehrere Instrumente oder Stimmen, sowie der Abdruck von einzelnen Motiven oder Melodien eines und desselben Werkes, die nicht künstlerisch verarbeitet sind.[1])

[1]) Uebertragung eines für eine Singstimme komponirten Liedes für ein anderes Instrument (Violine, Cello), RH. I 20. Sept. 71 E. **3**, 281 (286).

§. **47.** Als Nachdruck ist nicht anzusehen: das Anführen einzelner Stellen eines bereits veröffentlichten Werkes der Tonkunst, die Aufnahme bereits veröffentlichter kleinerer Kompositionen in ein nach seinem Hauptinhalte selbstständiges wissenschaftliches Werk, sowie in Sammlungen von Werken verschiedener Komponisten zur Benutzung in Schulen, ausschließlich der Musikschulen. Vorausgesetzt ist jedoch, daß der Urheber oder die benutzte Quelle angegeben ist, widrigenfalls die Strafbestimmung des §. 24. Platz greift.

§. **48.** Als Nachdruck ist nicht anzusehen: die Benutzung eines bereits veröffentlichten Schriftwerkes als Text zu musikalischen Kompositionen, sofern der Text in Verbindung mit der Komposition abgedruckt wird.

Ausgenommen sind solche Texte, welche ihrem Wesen nach nur für den Zweck der Komposition Bedeutung haben, namentlich Texte zu Opern oder Oratorien. Texte dieser Art dürfen nur unter Genehmigung ihres Urhebers mit den musikalischen Kompositionen zusammen abgedruckt werden.

Zum Abdruck des Textes ohne Musik ist die Einwilligung des Urhebers oder seiner Rechtsnachfolger erforderlich.

§. **49.** Die Sachverständigen-Vereine, welche nach Maaßgabe des §. 31. Gutachten über den Nachdruck musikalischer Kompositionen abzugeben haben, sollen aus Komponisten, Musikverständigen und Musikalienhändlern bestehen.

IV. Oeffentliche Aufführung dramatischer, musikalischer oder dramatisch-musikalischer Werke.

§. **50.** Das Recht, ein dramatisches, musikalisches oder dramatisch-musikalisches Werk öffentlich aufzuführen, steht dem Urheber und dessen Rechtsnachfolgern (§. 3.) ausschließlich zu.[1])

In Betreff der dramatischen und dramatisch-musikalischen Werke ist es hierbei gleichgültig, ob das Werk bereits durch den Druck rc. veröffentlicht worden ist oder nicht. Musikalische Werke, welche durch Druck veröffentlicht worden sind, können ohne Genehmigung des Urhebers öffentlich aufgeführt werden, falls nicht der Urheber auf dem Titelblatt oder an der Spitze des Werkes sich das Recht der öffentlichen Aufführung vorbehalten hat.

Dem Urheber wird der Verfasser einer rechtmäßigen Uebersetzung des dramatischen Werkes in Beziehung auf das ausschließliche Recht zur öffentlichen Aufführung dieser Uebersetzung gleich geachtet.

Die öffentliche Aufführung einer rechtswidrigen Uebersetzung (§. 6.) oder einer rechtswidrigen Bearbeitung (§. 46.) des Originalwerkes ist untersagt.

[1]) Ueber die Frage, ob ein „einer Bühne" übertragenes Aufführungsrecht auch zur Aufführung auf einer von derselben Theaterleitung an demselben Orte errichteten zweiten Bühne berechtigt, s. die wesentlich auf Vertragsauslegung beruhenden Urtheile des RG. I 27. Nov. 74, 8. Febr. und 10. Nov. 78 E. 15,285; 23,359, 24,280 einerseits und — gegen das Urtheil v. 8. Febr. 78 — R. II 18. Jan. 82 E. 6,28 andererseits.

§. 51. Sind mehrere Urheber vorhanden, so ist zur Veranstaltung der öffentlichen Aufführung die Genehmigung jedes Urhebers erforderlich.

Bei musikalischen Werken, zu denen ein Text gehört, einschließlich der dramatisch-musikalischen Werke, genügt die Genehmigung des Komponisten allein.

§. 52. In Betreff der Dauer des ausschließlichen Rechts zur öffentlichen Aufführung kommen die §§. 8. bis 17. zur Anwendung.

Anonyme und pseudonyme Werke, welche zur Zeit ihrer ersten rechtmäßigen öffentlichen Aufführung noch nicht durch den Druck veröffentlicht sind, werden dreißig Jahre vom Tage der ersten rechtmäßigen Aufführung an, posthume Werke dreißig Jahre vom Tode des Urhebers an gegen unbefugte öffentliche Aufführung geschützt.

Wenn der Urheber des anonymen oder pseudonymen Werkes oder sein hierzu legitimirter Rechtsnachfolger innerhalb der Frist von dreißig Jahren den wahren Namen des Urhebers vermittelst Eintragung in die Eintragsrolle (§. 39.) bekannt macht, oder wenn der Urheber das Werk innerhalb derselben Frist unter seinem wahren Namen veröffentlicht, so gelangt die Bestimmung des §. 8. zur Anwendung.

§. 53. Bei dramatischen, musikalischen und dramatisch-musikalischen Werken, welche noch nicht mechanisch vervielfältigt, aber öffentlich aufgeführt worden sind, gilt bis zum Gegenbeweise derjenige als Urheber, welcher bei der Ankündigung der Aufführung als solcher bezeichnet worden ist.

§. 54. Wer vorsätzlich oder aus Fahrlässigkeit[1]) ein dramatisches, musikalisches oder dramatisch-musikalisches Werk vollständig oder mit unwesentlichen Aenderungen unbefugter Weise[2]) öffentlich aufführt,[3]) ist den Urheber oder dessen Rechtsnachfolger zu entschädigen[4]) verpflichtet und wird außerdem mit einer Geldstrafe nach Maaßgabe der §§. 18. und 23. bestraft.

Auf den Veranlasser der unbefugten Aufführung findet der §. 20. mit der Maaßgabe Anwendung, daß die Höhe der Entschädigung nach §. 55. zu bemessen ist.

[1]) Entschuldbarer thatsächlicher Irrthum, RH. I 21. April 74 E. 12, 319 (363). — Frühere Aufführung durch andere Direktoren an demselben Orte entschuldigt nicht, RH. II 4. Sept. 72 E. 7, 49.

[2]) Die Vermuthung streitet bis zum Nachweis der Genehmigung für die Unbefugtheit der Aufführung, RH. I 21. April 74, E. 12, 319 (334).

[3]) Zur Begründung der Klage gegen den Theaterdirektor ist nicht nothwendig, daß er die Aufführung besonders und unmittelbar angeordnet habe. RH. a. a. O. E. 12, 332.

[4]) ohne daß der Eintritt eines Schadens nachgewiesen zu werden brauchte, RH. I 16. Mai 73 E. 10, 114 s. Anm. 4 zu § 18. Unterschiede der Entschädigungs- und der Bereicherungsklage (§ 55 Abs. 4), RH. a. a. O. E. 12, 331.

§. 55. Die Entschädigung, welche dem Berechtigten im Falle des §. 54. zu gewähren ist, besteht in dem ganzen Betrage der Einnahme von jeder Aufführung[1]) ohne Abzug der auf dieselbe verwendeten Kosten.

Ist das Werk in Verbindung mit anderen Werken aufgeführt worden, so ist, unter Berücksichtigung der Verhältnisse, ein entsprechender Theil der Einnahme als Entschädigung festzusetzen.

Wenn die Einnahme nicht zu ermitteln oder eine solche nicht vorhanden ist, so wird der Betrag der Entschädigung vom Richter nach freiem Ermessen festgestellt.

Trifft den Veranstalter der Aufführung kein Verschulden, so haftet er dem Berechtigten auf Höhe seiner Bereicherung.[2])

[1]) unter antheiliger Berücksichtigung der Abonnementsgelder. RG. I 24. Jan. 79 E. 24, 836.

[2]) mit der actio negotiorum gestorum; daher Verpflichtung des Beklagten zur Rechnungslegung über den Erlös der Aufführung, RG. III 13. Sept. 77 E. 22, 338.

§. 56. Die Bestimmungen in den §§. 26. bis 42. finden auch in Betreff der Aufführung von dramatischen, musikalischen und dramatisch-musikalischen Werken Anwendung.[1])

[1]) Die Verjährung beginnt (§ 33) in der Regel mit der Beendigung jeder einzelnen Aufführung, RG. I 10. Nov. 78 E. 24, 280 (281).

V. Allgemeine Bestimmungen.

§. 57. Das gegenwärtige Gesetz tritt mit dem 1. Januar 1871. in Kraft. Alle früheren, in den einzelnen Staaten des Norddeutschen Bundes geltenden, rechtlichen Bestimmungen in Beziehung auf das Urheberrecht an Schriftwerken, Abbildungen, musikalischen Kompositionen und dramatischen Werken treten von demselben Tage ab außer Wirksamkeit.[1])

[1]) Einführung in Süddeutschland s. Gesetzg. II S. 100 Anm. 1.

§. 58. Das gegenwärtige Gesetz findet auf alle vor dem Inkrafttreten desselben erschienenen Schriftwerke, Abbildungen, musikalischen Kompositionen und dramatischen Werke Anwendung,[1]) selbst wenn dieselben nach den bisherigen Landesgesetzgebungen keinen Schutz gegen Nachdruck, Nachbildung oder öffentliche Aufführung genossen haben.[2])

Die bei dem Inkrafttreten dieses Gesetzes vorhandenen Exemplare, deren Herstellung nach der bisherigen Gesetzgebung gestattet war, sollen auch fernerhin verbreitet werden dürfen, selbst wenn ihre Herstellung nach dem gegenwärtigen Gesetz untersagt ist.[3])

Ebenso sollen die bei dem Inkrafttreten dieses Gesetzes vorhandenen, bisher rechtmäßig angefertigten Vorrichtungen, wie Formen, Platten, Steine, Stereotypabgüsse ꝛc., auch fernerhin zur Anfertigung von Exemplaren benutzt werden dürfen.

Auch dürfen die beim Inkrafttreten des Gesetzes bereits begonnenen, bisher gestatteten Vervielfältigungen noch vollendet werden.

Die Regierungen der Staaten des Norddeutschen Bundes werden ein Inventarium über die Vorrichtungen, deren fernere Benutzung hiernach gestattet ist, amtlich aufstellen und diese Vorrichtungen mit einem gleichförmigen Stempel bedrucken lassen. Ebenso sollen alle Exemplare von Schriftwerken, welche nach Maaßgabe dieses Paragraphen auch fernerhin verbreitet werden dürfen, mit einem Stempel versehen werden.

Nach Ablauf der für die Legalisirung angegebenen Frist unterliegen alle mit dem Stempel nicht versehenen Vorrichtungen und Exemplare der bezeichneten Werke, auf Antrag des Verletzten, der Einziehung. Die nähere Instruktion über das bei der Aufstellung des Inventariums und bei der Stempelung zu beobachtende Verfahren wird vom Bundeskanzler-Amte erlassen.[4])

[1]) auch auf solche bereits verstorbener Autoren, RG. I 12. Mai 78 E. 23, 397.

²) Eine reichhaltige Rechtsprechung knüpft sich an die Auslegung von Verlagsverträgen und namentlich von Verträgen über Aufführung dramatischer und musikalischer Werke, welche vor Inkrafttreten des Gesetzes geschlossen sind. Dieselbe stützt sich meist auf den konkreten Vertragsinhalt; s. RH. I 16. Mai 73; 21. April 74, 27. Nov. 74, 8. Febr. 78 E. 10,114; 12,319 (333); 23,359 (369 ff.); R. II 8. März 81 E. 3,156. In RH. E. 15,193 und R. E. 3,156 ist ausgesprochen, daß die Verlängerung der Dauer des Schutzes, welche durch das Gesetz eingeführt ist, dem Aufführungsberechtigten und nicht dem Urheber bezw. dessen Erben zu statten kommt.

³) Daher können nach bisherigem örtlichen Rechte erlaubter Weise hergestellte Exemplare fortan auch außerhalb des Herstellungsgebiets in den Theilen Deutschlands verbreitet werden, in welchen ihre Herstellung nach früherem Rechte verboten gewesen wäre, R. I 2. Okt. 82 E. 7,57.

⁴) Instr. v. 4. Dez. 1870 (in einem Reichsorgane nicht veröffentlicht, s. im Preuß. Min.-Bl. f. d. innere Verw. 1871 S. 17). Vgl. Gesetzgebung II S. 119.

§. 59. Insofern nach den bisherigen Landesgesetzgebungen für den Vorbehalt des Uebersetzungsrechts andere Förmlichkeiten und für das Erscheinen der ersten Uebersetzung andere Fristen, als im §. 6. Littr. c. vorgeschrieben sind, hat es bei denselben in Betreff derjenigen Werke, welche vor dem Inkrafttreten des gegenwärtigen Gesetzes bereits erschienen sind, sein Bewenden.

§. 60. Die Ertheilung von Privilegien zum Schutze des Urheberrechts ist nicht mehr zulässig.

Dem Inhaber eines vor dem Inkrafttreten des gegenwärtigen Gesetzes von dem Deutschen Bunde oder den Regierungen einzelner, jetzt zum Norddeutschen Bunde gehörigen Staaten ertheilten Privilegiums steht es frei, ob er von diesem Privilegium Gebrauch machen oder den Schutz des gegenwärtigen Gesetzes anrufen will.

Der Privilegienschutz kann indeß nur für den Umfang derjenigen Staaten geltend gemacht werden, von welchem derselbe ertheilt worden ist.

Die Berufung auf den Privilegienschutz ist dadurch bedingt, daß das Privilegium entweder ganz oder dem wesentlichen Inhalte nach dem Werke vorgedruckt oder auf oder hinter dem Titelblatt desselben bemerkt ist. Wo dieses nach der Natur des Gegenstandes nicht stattfinden kann, oder bisher nicht geschehen ist, muß das Privilegium, bei Vermeidung des Erlöschens, binnen drei Monaten nach dem Inkrafttreten dieses Gesetzes zur Eintragung in die Eintragsrolle angemeldet und von dem Kuratorium derselben öffentlich bekannt gemacht werden.

§. 61. Das gegenwärtige Gesetz findet Anwendung auf alle Werke inländischer Urheber, gleichviel ob die Werke im Inlande oder Auslande erschienen oder überhaupt noch nicht veröffentlicht sind.

Wenn Werke ausländischer Urheber bei Verlegern erscheinen, die im Gebiete des Norddeutschen Bundes[1]) ihre Handelsniederlassung haben, so stehen diese Werke unter dem Schutze des gegenwärtigen Gesetzes.[2])

[1]) jetzt: des Deutschen Reiches.

[2]) S. jedoch Art. 2 Abs. 2, 3 der Berner Konvention (Anm. 1 zu § 62).

§. 62. Diejenigen Werke ausländischer Urheber, welche in einem Orte erschienen sind, der zum ehemaligen Deutschen Bunde, nicht aber zum Norddeutschen Bunde, gehört, genießen den Schutz dieses Gesetzes unter der Voraussetzung, daß das Recht des betreffenden

Staates den innerhalb des Norddeutschen Bundes erschienenen Werken einen den einheimischen Werken gleichen Schutz gewährt; jedoch dauert der Schutz nicht länger als in dem betreffenden Staate selbst. Dasselbe gilt von nicht veröffentlichten Werken solcher Urheber, welche zwar nicht im Norddeutschen Bunde, wohl aber im ehemaligen Deutschen Bundesgebiete staatsangehörig sind.[1])

[1]) Ueber den Schutz von Werken ausländischer Urheber, welche im Auslande erschienen sind, enthält das Gesetz, abgesehen von der beschränkten Vorschrift des § 62, welcher auch für die zum ehemaligen Deutschen Bunde gehörigen Länder Oesterreichs, sowie für Luxemburg, Lüneburg, Lichtenstein Bedeutung hat, keine Bestimmungen, es überläßt vielmehr diesen Schutz staatsvertragsmäßiger Regelung, RH. I 27. Nov. 74 E. 15,182. Dadurch, daß ein im Auslande erschienenes Werk eines ausländischen Urhebers später auch im Inlande herausgegeben wird, erlangt es nicht den Schutz des Gesetzes R. III 12. Juni 80 E. 2,180.

Unter den einschlägigen Staatsverträgen ragt durch Umfang des Geltungsbereichs und Bedeutung des Inhalts hervor die Uebereinkunft, betreffend die Bildung eines internationalen Verbandes zum Schutze von Werken der Literatur und Kunst, geschlossen in Bern am 9. September 1886 (RGBl. 1887 S. 493), die sog. Berner Konvention, zur Zeit umfassend Deutschland, Belgien, Spanien, Frankreich, Großbritannien, Haïti, Italien, Liberia, Schweiz, Tunis, Luxemburg (über letzteres s. Bekanntmachung vom 30. Juli 1888, RGBl. S. 227). Dieselbe schützt:

1) die einem der Verbandsländer angehörigen Urheber oder ihre Rechtsnachfolger in den übrigen Ländern für ihre Werke und zwar sowohl für die in einem der Verbandsländer veröffentlichten, als für die überhaupt nicht veröffentlichten (Art. 2);
2) die Verleger von solchen Werken, welche in einem Verbandslande veröffentlicht sind, und deren Urheber einem Nichtverbandslande angehört (Art. 3).

Es ist zu beachten, daß der Schutz zwar im allgemeinen nach

den Gesetzen des Landes sich bestimmt, in welchem er angerufen wird, daß aber der Genuß des Schutzes von der Erfüllung der Bedingungen und Förmlichkeiten abhängig ist, welche durch die Gesetzgebung des Ursprungslandes des Werks vorgeschrieben sind, und daß der Schutz in den übrigen Ländern die Dauer des in dem Ursprungslande gewährten Schutzes nicht übersteigen darf (Art. 2 Abs. 2). Da als Ursprungsland des Werks dasjenige angesehen wird, in welchem die erste Veröffentlichung erfolgt ist, oder wenn diese Veröffentlichung gleichzeitig in mehreren Verbandsländern stattgefunden hat, dasjenige unter ihnen, dessen Gesetzgebung die kürzeste Schutzfrist gewährt (Art. 2 Abs. 3), so ist für den letzteren Fall, wenn hiernach das Ursprungsland eines bei einem deutschen Verleger erschienenen Werks eines ausländischen, einem der Verbandsländer angehörigen Urhebers nicht Deutschland ist, § 61 Abs. 2 des Gesetzes modifizirt.

Art. 5, 6 bestimmen den Schutz des Uebersetzungsrechts von Werken der einem Verbandslande angehörigen Urheber in den übrigen Ländern insofern wesentlich abweichend von § 6 des Ges. als die Uebersetzungsfrist 10 Jahre beträgt, die besondere Frist für den Beginn der Uebersetzung wegfällt und die in § 6 Abs. 4 vorgeschriebenen Eintragungen nicht nöthig sind.

Zu Art. 3 des Schlußprotokolls (Musikdosen) s. R. I 19. Dez. 88 S. 22,174.

Zu Art. 4 des Schlußprotokolls (Anwendung der Konvention auf ältere Werke) vgl. Ges. v. 4. April 1888 u. Verordn. v. 11. Juli 1888 (RGBl. S. 139, 225).

Nach dem bei Vollziehung der Konvention vereinbarten Zusatzartikel (RGBl. 1887 S. 506) sind die zwischen den vertragsschließenden Ländern bestehenden Abkommen, insoweit als dieselben den Urhebern oder ihren Rechtsnachfolgern weitergehende Rechte gewähren, oder solche Bestimmungen enthalten, welche der Uebereinkunft nicht zuwiderlaufen, aufrecht erhalten, wie auch Art. 15 der Konvention den Verbandsländern die Befugniß zur Abschließung entsprechender neuer Verträge beläßt. Die zur Zeit bestehenden derartigen Verträge des Reichs und deutscher Bundesstaaten sind aufgeführt Gesetzgeb. II S. 113 Anm. 39; hinzuzufügen ist noch die Uebereinkunft mit Großbritannien vom 2. Juni 1886 (RGBl. S. 237).

In Betreff der Aufführung französischer dramatisch-musikalischer Werke in Preußen, s. RG. I 27. Nov. 74 E. 15, 182 (190).

Gesetz, betreffend die Verfassung des Deutschen Reichs. Vom 16. April 1871. (BGBl. S. 63. Ausgegeben am 20. April 1871.)[1])

[1]) Die Reichsverfassung enthält zwar einzelne, auch privatrechtlich bedeutsame Vorschriften (insbes. in Art. 2, 3), ist aber überwiegend staatsrechtlichen Inhalts. S. Einzelausg. Nr. 1.

Gesetz, betreffend die Verbindlichkeit zum Schadenersatz für die bei dem Betriebe von Eisenbahnen, Bergwerken rc. herbeigeführten Tödtungen und Körperverletzungen. Vom 7. Juni 1871. (RGBl. S. 207. Ausgegeben am 14. Juni 1871.)[1])

[1]) Das Anwendungsgebiet dieses gewöhnlich als „Haftpflichtgesetz" bezeichneten Gesetzes ist durch die **Unfallversicherungsgesetzgebung** wesentlich eingeschränkt worden. Das Unfallversicherungsgesetz vom 6. Juli 1884 (RGBl. S. 69; Einzelausg. Nr. 23) bestimmt:

§. 95. Die nach Maßgabe dieses Gesetzes versicherten Personen und deren Hinterbliebene können einen Anspruch auf Ersatz des in Folge eines Unfalls erlittenen Schadens nur gegen diejenigen Betriebsunternehmer, Bevollmächtigten oder Repräsentanten, Betriebs- oder Arbeiteraufseher geltend machen, gegen welche durch strafgerichtliches Urtheil festgestellt worden ist, daß sie den Unfall vorsätzlich herbeigeführt haben.

In diesem Falle beschränkt sich der Anspruch auf den Betrag, um welchen die den Berechtigten nach den bestehenden gesetzlichen Vorschriften gebührende Entschädigung diejenige übersteigt, auf welche sie nach diesem Gesetze Anspruch haben.

§ 96. Diejenigen Betriebsunternehmer, Bevollmächtigten oder Repräsentanten, Betriebs- oder Arbeiteraufseher, gegen welche durch strafgerichtliches Urtheil festgestellt worden ist, daß sie den Unfall vorsätzlich oder durch Fahrlässigkeit mit Außerachtlassung derjenigen Aufmerksamkeit, zu der sie vermöge ihres Amtes, Berufes oder Gewerbes besonders verpflichtet sind, herbeigeführt haben, haften für alle Aufwendungen, welche in Folge des Unfalls auf Grund dieses Gesetzes oder des Gesetzes, betreffend die Krankenversicherung der Arbeiter, vom 15. Juni 1883 (RGBl. S. 73) von den Genossenschaften oder Krankenkassen gemacht worden sind.

In gleicher Weise haftet als Betriebsunternehmer eine Aktiengesellschaft, eine Innung oder eingetragene Genossenschaft für die durch ein Mitglied ihres Vorstandes, sowie eine Handelsgesellschaft, eine Innung oder eingetragene Genossenschaft für die durch einen der Liquidatoren herbeigeführten Unfälle.

Als Ersatz für die Rente kann in diesen Fällen deren Kapitalwerth gefordert werden.

Der Anspruch verjährt in achtzehn Monaten von dem Tage, an welchem das strafrechtliche Urtheil rechtskräftig geworden ist.

§. 97. Die in den §§. 95, 96 bezeichneten Ansprüche können, auch ohne daß die daselbst vorgesehene Feststellung durch strafgerichtliches Urtheil stattgefunden hat, geltend gemacht werden, falls diese Feststellung wegen des Todes oder der Abwesenheit des Betreffenden oder aus einem anderen in der Person desselben liegenden Grunde nicht erfolgen kann.

§. 98. Die Haftung dritter, in den §§. 95 und 96 nicht bezeichneter Personen, welche den Unfall vorsätzlich herbeigeführt oder durch Verschulden verursacht haben, bestimmt sich nach den bestehenden gesetzlichen Vorschriften. Jedoch geht die Forderung der Entschädigungsberechtigten an den Dritten auf die Genossenschaft insoweit über, als die Verpflichtung der letzteren zur Entschädigung durch dieses Gesetz begründet ist.

Diese Bestimmungen sind durch das Gesetz über die Ausdehnung der Unfall- und Krankenversicherung vom 28. Mai 1885 (RGBl. S. 159 — Einzelausg. Nr. 28) auf die dort (§. 1.) bezeichneten Personenkategorien ausgedehnt worden.

Ferner bestimmt das Gesetz, betreffend die Fürsorge für Beamte und Personen des Soldatenstandes in Folge von Betriebsunfällen, vom 15. März 1886 (RGBl. S. 53) hinsichtlich der Beamten der Reichscivilverwaltung, des Reichsheeres und der Kaiserlichen Marine und der Personen des Soldatenstandes, welche in reichsgesetzlich der Unfallversicherung unterliegenden Betrieben beschäftigt sind (§. 1.), und deren Hinterbliebenen (§. 2.):

§. 8. Die in den §§. 1 und 2 bezeichneten Personen können einen Anspruch auf Ersatz des durch den Unfall (§. 1) erlittenen Schadens gegen die Betriebsverwaltung, in deren Dienst sie den Unfall erlitten haben, überhaupt nicht, und gegen deren Betriebsleiter, Bevollmächtigte oder Repräsentanten, Betriebs- oder Arbeiteraufseher nur dann geltend machen, wenn durch strafgerichtliches Urtheil festgestellt worden ist, daß diese den Unfall vorsätzlich herbeigeführt haben.

Der hiernach zulässige Anspruch ermäßigt sich um denjenigen Betrag, welcher den Berechtigten nach dem gegenwärtigen Gesetze zusteht.

§. 9. Die in dem §. 8 bezeichneten Ansprüche können, auch ohne daß die daselbst vorgesehene Feststellung durch strafgerichtliches Urtheil stattgefunden hat, geltend gemacht werden, falls diese Feststellung wegen des Todes oder der Abwesenheit des Betreffenden oder aus einem anderen in der Person desselben liegenden Grunde nicht erfolgen kann.

§. 10. Die dem Verletzten oder dessen Hinterbliebenen auf Grund des §. 1 des Gesetzes, betreffend die Verbindlichkeit zum Schadenersatz für die bei dem Betriebe von Eisenbahnen, Bergwerken u. s. w. herbeigeführten Tödtungen und Körperverletzungen, vom 7. Juni 1871 (RGBl. S. 207) gegen Eisenbahnen-Betriebsunternehmer zustehenden Ansprüche gehen auf die Betriebsverwaltung, welche dem Verletzten oder dessen Hinterbliebenen auf Grund des gegenwärtigen Gesetzes oder anderweiter reichsgesetzlicher Vorschrift (§§. 1 und 2) Pensionen, Kosten des Heilverfahrens, Renten oder Sterbegelder zu zahlen hat, in Höhe dieser Bezüge und vorbehaltlich der Bestimmungen des Artikels 8 des Gesetzes vom 20. Dezember 1875 (RGBl. S. 318) über.

Weitergehende Ansprüche als auf diese Bezüge stehen dem Verletzten und dessen Hinterbliebenen gegen das Reich und die Bundesstaaten nicht zu.

Die Haftung anderer, in dem §. 8 nicht bezeichneten Personen, welche den Unfall vorsätzlich herbeigeführt oder durch Verschulden verursacht haben, bestimmt sich nach den bestehenden gesetzlichen Vorschriften. Jedoch geht die Forderung des Entschädigungsberechtigten an den Dritten auf die Betriebsverwaltung insoweit über, als sie zu den in Absatz 1 gedachten Zahlungen auf Grund dieses Gesetzes verpflichtet ist.

§. 11. Auf die in den §§. 1 und 2 bezeichneten Personen finden die reichsgesetzlichen Bestimmungen über Unfallversicherung keine Anwendung.

§. 12. Staats- und Kommunalbeamten und deren Hinterbliebenen, für welche durch die Landesgesetzgebung oder durch statutarische Festsetzung gegen die Folgen eines im Dienste erlittenen Betriebsunfalls eine den Vorschriften der §§. 1 bis 5 des gegenwärtigen Gesetzes mindestens gleichkommende Fürsorge getroffen ist, steht wegen eines solchen Unfalls ein reichsgesetzlicher Anspruch auf Ersatz des durch denselben erlittenen Schadens nur nach Maßgabe der §§. 8 bis 10 des gegenwärtigen Gesetzes zu. Auf solche Staats- und Kommunalbeamten und deren Hinterbliebene finden die reichsgesetzlichen Bestimmungen über Unfallversicherung keine Anwendung.

Zu dem §. 12. ist für Preußen ergangen das Gesetz, betreffend die Fürsorge für Beamte in Folge von Betriebsunfällen, am 18. Juni 1887 (Preuß. GS. S. 282). — In Bayern findet das Gesetz nur „nach näherer Bestimmung des Bündnißvertrages vom 23. November 1870 unter III §. 5." (d. h. unter Berücksichtigung von Bayerns Sonderstellung hinsichtlich des Heerwesens) Anwendung.

Das Gesetz, betreffend die Unfall- und Krankenversicherung der in land- und forstwirthschaftlichen Betrieben beschäftigten Personen, vom 5. Mai 1886 (RGBl. S. 132) hat in §§ 116—119 mit einem Vorbehalte zu Gunsten landesgesetzlicher Bestimmungen über Ersatzansprüche für die ersten 13 Wochen mit §§ 95 ff. 98 des Unfallversicherungsgesetzes wesentlich gleichlautende Vorschriften getroffen; mit einem gleichen Vorbehalte sind die §§ 95—98 für entsprechend anwendbar erklärt in § 79 des Gesetzes, betreffend die Unfallversicherung der bei Bauten beschäftigten Personen, vom 11. Juli 1887 (RGBl. S. 287, Einzelausg. Nr. 28). Sonderbestimmungen ähnlichen Inhalts sind getroffen in §§ 109—112 des Gesetzes, betreffend die Unfallversicherung der Seeleute und anderer bei der Seefahrt betheiligten Personen, v. 13. Juli 1887 (RGBl. S. 329). — Doch werden diese Gesetze gar nicht oder doch nur selten auf Fälle zur Anwendung gelangen, die früher unter das Haftpflichtgesetz fielen.

Nach § 89 des Ges., betr. die Invaliditäts- und Altersversicherung v. 22. Juni 1889 (RGBl. S. 97) geht, insoweit den zum Bezuge von Invalidenrenten berechtigten Personen ein gesetzlicher Anspruch auf Ersatz des ihnen durch die Invalidität entstandenen Schadens gegen Dritte zusteht, derselbe auf die Versicherungsanstalt bis zum Betrage der von dieser zu gewährenden Rente über.

§. 1.[1])[2]) Wenn bei dem Betriebe[3]) einer Eisenbahn[4]) ein Mensch getödtet oder körperlich verletzt[5]) wird, so haftet der Betriebs-Unternehmer[6]) für den dadurch entstandenen Schaden,[7]) sofern er nicht beweist,[8]) daß der Unfall durch höhere Gewalt[9]) oder durch eigenes Verschulden[10]) des Getödteten oder Verletzten verursacht ist.

[1]) § 1 ist durch die **Unfallversicherungsgesetzgebung** an sich im allgemeinen nicht beseitigt, wohl aber ist er unanwendbar geworden:

a) bezüglich der im Betriebe der Eisenbahnverwaltungen selbst beschäftigten Personen (§ 1 Ziff. 1 des oben erwähnten Ges. v. 28. Mai 1885?), indem in dem Verhältniß dieser Personen zu dem Betriebsunternehmer jetzt der S. 70 abgedruckte § 95 des Unfallversicherungsgesetzes Anwendung findet;

b) bezüglich der in dem gleichfalls oben erwähnten Gesetze v. 15. März 1886 bezeichneten Personenkategorien; nach dem S. 72 abgedruckten § 10 Abs. 1 derselben gehen aber die Ansprüche derselben aus § 1 auf die pensionspflichtige Betriebsverwaltung über.

Wenn dagegen eine in einem anderen unfallversicherungspflichtigen Betriebe (z. B. Spedition) versicherte Person in diesem Betriebe durch einen Eisenbahnunfall verletzt oder getödtet wird, so hat sie bezw. ihre Hinterbliebenen neben dem Anspruch auf die Unfallsrente noch den Anspruch aus § 1 gegen die Eisenbahnverwaltung. Nur wenn der Betriebsunternehmer sowohl jenes Betriebes als des Eisenbahnunternehmens identisch ist (ein im bayerischen Postdienst beschäftigter, nicht unter das Ges. v. 15. März 1886 fallender Beamter, war auf einer bayerischen Staatsbahn verunglückt) fällt der letztere Anspruch fort. R. VI 31. Mai/14. Juni 88 E. 21,51; VI 7 März 89 E. 23,51.

[2]) Die Verpflichtung aus § 1 beruht — anders als die aus § 2 — nicht auf einer unerlaubten Handlung, sondern auf dem Gesetze; daher ist die Klage aus § 1 nicht im Gerichtsstande der unerlaubten Handlung (§ 32 C.P.O.) anzustellen, RH. II 5. März 74 E. 13,68; R. II 3. Febr. 82 E. 6,331.

[3]) Der Begriff des bei dem **Betriebe einer Eisenbahn** erfolgten Unfalls ist durch den Grundgedanken des Gesetzes bestimmt: nicht bloß gegen die bei der Beförderung auf der Bahn unmittelbar wirksamen Naturkräfte, sondern gegen die mit der Handhabung und Ausführung des Eisenbahnunternehmens nach allen Richtungen hin verbundene eigenthümliche Gefährlichkeit

Schutz zu geben; dagegen findet das Gesetz keine Anwendung auf Unfälle, die auch bei einer anderen Anlage sich hätten ereignen können, RH. II 21. Jan. u. 28. Okt. 74 E. 12, 285; 14, 424 (letzteres Erforderniß ist eingeschränkt in R. II 20. Jan. 82 E. 6, 37 und R. I 29. März 84 E. 11, 146). Andererseits erstreckt sich das Gesetz auf alle Gefahren bei Vorbereitung, Durchführung und Abschluß des Betriebs, RH. II 17. Mai 76 E. 21, 9. So sind als zum Betriebe gehörig erachtet worden: das Uebersetzen eines Zuges über einen Fluß mittels eines sog. Trajektes, angef. RH. E. 12, 285; das Wagenrangiren mittels Dampfkraft zur Zusammenstellung eines Eisenbahnzuges, RH. I 29. Okt. 75 E. 19, 101; die Wendung einer Lokomotive auf der Drehscheibe zum Zwecke des Rangirens, RH. I 15. Dez. 76 E. 21, 354; das Hinauswerfen eines Gegenstandes aus einem in voller Fahrt befindlichen Eisenbahnzuge, R. II 13. April 80 E. 1, 258; Beseitigung eines Betriebshindernisses zum Zwecke der Fortsetzung des Betriebes, R. II 21. Dez. 80 E. 3, 19; Augenverletzung durch Kohlenstaub aus einer Lokomotive, R. I 29. März 84 E. 11, 146. In einer Reihe von Fällen ist Zusammenhang des Unfalls mit dem Betriebe mit Rücksicht auf die besondere Eile angenommen worden, welche bei den betreffenden Manipulationen wegen des Eisenbahnbetriebes nothwendig war, während jener Zusammenhang nicht anzunehmen wäre, wenn nach konkreter Sachlage Eile nicht vonnöthen war, RH. I 4. April 79 E. 25, 102; so bei Arbeiten zur Wiederherstellung einer zerstörten Eisenbahn oder beim Entladen von Schienen mit Rücksicht auf einen herannahenden Eisenbahnzug, RH. III 11. Jan. 77 E. 21, 284; R. II 28. Dez. 80 E. 3, 20; bei der Bedienung eines Signalapparats, R. II 10. Febr. 80 E. 1, 52; R. I 10. Juli 80 E. 2, 85; bei dem Beladen stillstehender Wagen eines nur kurze Zeit haltenden Güterzuges auf einer Zwischenstation, R. II 20. Jan. 82 E. 6, 37, bei eiliger Entladung mit Rücksicht auf einen erwarteten Zug, RH. II 28. Okt. 78 E. 24, 276, vgl. auch RH. III 20. Okt. 77 E. 23, 11. Einen andern Fall, in welchem das Entladen als mit der eigenthümlichen Gefährlichkeit des Bahnbetriebes zusammenhängend erachtet wurde, betrifft R. III 23. Juni 85 E. 14, 23.

Dagegen sind als nicht zum Betrieb gehörig erachtet

worden: bauliche Arbeiten auf dem Terrain der künftigen Bahn, selbst unter Benutzung eines Schienengeleises, RH. I 8. Dez. 75 E. 19, 118; Umlegen von Weichen auf einem Bahnhof, RH. II 17. April 75 E. 16,373; Reparatur von Lokomotivtheilen in der Werkstatt, RH. I 17. März 74 E. 13,81; Entladen eines stillstehenden Wagens unter gewöhnlichen Umständen; Ausführung von Arbeiten, welche die Betriebsfähigkeit der Bahn herzustellen oder zu erweitern bezwecken, RH. I 27. März 74 E. 13,83.

[4]) Eine eingehende Erörterung und genaue Definition des Begriffs der **Eisenbahn** bietet RG. I 17. März 70 E. 1,247 in Anwendung auf die Frage, ob sog. Arbeitsbahnen unter das Gesetz fallen. Dies ist außer in diesem Urtheile mit Rücksicht auf die gleiche Gefährlichkeit der betr. Bahn im Vergleich mit den dem allgemeinen Verkehr dienenden Bahnen angenommen vom RH. III 12. Juni 79 E. 25, 208 und vom R. III 11. Juni 80 E. 2, 38, verneint vom RG. I 2. Febr. 84 E. 14,27. — Unter § 1 fallen auch lediglich den Zwecken des Bergbaues dienende Eisenbahnen in Bergwerken, R. III 8. April 85 E. 13,17, und Anschlußbahnen zum Zwecke des Transports nach und von einer Fabrik, R. III 16. Mai 82 E. 7,40; dagegen nicht ein Schienenstrang, auf welchem ein Dampfkrahn steht und sich bewegt, RH. II 2. Juni 74 E. 13, 272. — Ob die Eisenbahn zur Zeit des Unfalls schon polizeilich abgenommen und dem öffentlichen Verkehr übergeben war, ist unerheblich, RH. I 21. Nov. 76 E. 21, 248.

Pferdebahnen fallen unter § 1, RH. I 28. Nov. 76 E. 21, 287; R. II 22. Juni 80 E. 2,8.

[5]) Gemüthserschütterung als Körperverletzung, RH. I 2. Febr. 77 E. 21,412.

[6]) nicht der Eisenbahn-Bauunternehmer, RH. II 28. Okt. 74 E. 14, 424 — Für den Begriff des **Betriebsunternehmers** kommt es nicht auf das Eigenthum der Bahn an, sondern darauf, ob der Betrieb seitens eines Unternehmers auf eigene Rechnung und Gefahr in dem Sinne stattfindet, daß das ökonomische Ergebniß des Betriebes ihm zum Vortheil oder Nachtheil gereicht, R. II 16. April 80 E. 1, 279. — Bei sog. Konkurrenzbetrieb mehrerer Bahnen auf derselben Strecke haftet die Eisenbahn, durch deren

Betrieb der Unfall entstanden ist; wirkte der Betrieb mehrerer Bahnen bei dem Unfalle zusammen, so haften sie sämmtlich solidarisch, RH. I 4. Febr. 73 (auf Grund des Preuß. Ges. vom 3. Nov. 1838, aber unter ausdrücklicher Anerkennung der Anwendbarkeit des Grundsatzes auch nach dem Haftpflichtgesetze) E. 9, 142; RH. I 15. Dez. 76 E. 21, 266; RH. I 23. Jan. 77 E. 21, 361; RH. III 29. Okt. 77 E. 23, 1. — Bei durchgehenden Zügen ist jede Bahn auf ihrer Strecke alleinige Betriebsunternehmerin, selbst wenn sie den Betrieb durch das Dienstpersonal einer anderen Bahn ausübt, RH. I 4. Mai 77 E. 22, 8; R. III 6. Febr. 85 E. 12, 145.

Ueber den Regreßanspruch des verurtheilten Unternehmers gegen Dritte nach Preuß. R. vgl. R. VI 16. Dez. 86 E. 17, 210. Einen besonderen Fall solchen Regresses regelt Art. 8 des Ges. v. 20. Dez. 1875 (RGBl. S. 318).

[7]) Schadensberechnung bei Verletzung eines Sozius einer offenen Handelsgesellschaft, R. II 4. Okt. 87 E. 19, 184.

[8]) § 1 enthält keine Beweisregel, sondern eine materiellrechtliche Vorschrift, RH. I 13. Nov. 73 E. 11, 339.

[9]) **Höhere Gewalt,** d. h. Zufälle, welche über das Maaß derer, welche im Verlaufe des Gewerbsunternehmens als diesem eigenthümlich mehr oder minder häufig vorzukommen pflegen, hinausgehen, RG. I 5. Jan. 87 E. 19, 57, und welchen bei den gegebenen Verhältnissen durch die äußerste, diesen Umständen angemessene Sorgfalt und durch Mittel, deren Anwendung dem Haftpflichtigen vernünftigerweise zugemuthet werden durfte, nicht abgewendet werden können, R. II 23. März 88 E. 21, 13. S. auch R. VI 18. Sept. 85 E. 14, 82. Unter diesen Voraussetzungen kann auch ein durch Menschenhand herbeigeführtes Ereigniß höhere Gewalt darstellen, angef. R. E. 21, 13, niemals dagegen die Wirkung der gefährdenden Natur des Unternehmens selbst, R. I 29. März 84 E. 11, 146, oder die Handlung eines Eisenbahnbediensteten, R. II 13. April 80 E. 1, 23.

[10]) Jedes, auch ein leichtes **eigenes Verschulden,** RH. III 12. Jan. 86 E. 19, 294. — Dagegen niemals das Handeln eines noch nicht sieben Jahre alten Kindes, R. II 13. April 80 E. 1, 276 — Zusammenhang zwischen Verschulden und Unfall erforderlich,

RH. II 10. Sept. 73 E. 10, 411; ohne solchen genügt auch nicht die bloße Feststellung einer Uebertretung des Bahnpolizeireglements, RH. II 2. Okt. 75 E. 19, 175 — Uebertretung einer Dienstinstruktion ist dann kein eigenes Verschulden, wenn dieselbe regelmäßig oder mit thatsächlicher Billigung der Vorgesetzten unbefolgt blieb, RH. I 24. Nov. 74 E. 15, 165; R. II 23. Jan. 80 E. 1, 48, III 4. März 81 E. 4, 25 — Standpunkt des Richters gegenüber dem Einwand des eigenen Verschuldens, wenn die Handlung des Getödteten in ihrer Veranlassung und in ihren Einzelheiten unaufgeklärt geblieben ist, R. III 20. Jan. 85 E. 13, 9 — Berücksichtigung konkurrirenden Verschuldens der Eisenbahnverwaltung, RH. I 9. Mai 76 E. 20, 135.

§. 2.[1]) Wer ein Bergwerk,[2]) einen Steinbruch,[3]) eine Gräberei (Grube)[4]) oder eine Fabrik[5]) betreibt,[6])[7]) haftet, wenn ein Bevollmächtigter oder ein Repräsentant oder eine zur Leitung oder Beaufsichtigung des Betriebes oder der Arbeiter angenommene Person[8]) durch[9]) ein Verschulden in Ausführung der Dienstverrichtungen[10]) den Tod oder die Körperverletzung eines Menschen herbeigeführt hat,[11]) für den dadurch entstandenen Schaden.[12])

[1]) Da durch § 1 des **Unfallversicherungsgesetzes** alle in Bergwerken, Steinbrüchen, Gräbereien (Gruben), sowie in Fabriken beschäftigten Arbeiter für versicherungspflichtig erklärt werden, so findet nach § 95 jenes Gesetzes § 2 auf die Arbeiter, welche in den in ihm genannten Betrieben beschäftigt werden, keine Anwendung mehr, während seine Anwendbarkeit auf dritte Personen unverändert bleibt. Vgl. auch Anm. 5 zu § 8.

[2]) Der Begriff **„Bergwerk"** ist ein einheitlicher und nicht aus dem Partikularrecht zu entnehmen; Bohrarbeiten zum Aufsuchen von Mineralien sind kein Bergwerksbetrieb, RH. I 22. April 79 E. 25, 145. — Tunnelanlage ist kein Bergwerk, R. III . Sept. 82 E. 8, 51, ebensowenig Anlage zur Gewinnung von Petroleum, R. III 21. Okt. 87 E. 19, 189.

³) Tunnelanlage kein Steinbruch, angef. R. E. 8,51 (Anm. 2).

⁴) **Gräberei** ist eine Anlage behufs Gewinnung der in den sog. oberflächlichen Lagerstätten vorkommenden Fossilien — nicht behufs Hebung und Fortschaffung von Erdmassen zu baulichen Zwecken, RH. I 24. Mai 78 E. 24,408 — nicht Tunnelanlage, nicht Anlage zur Gewinnung von Petroleum, angef. R. E. 8,51; 19,180 (s. Anm. 2).

⁵) Zum Begriffe der **Fabrik** wird ein Zusammenhang mit dem Handelsgewerbe nicht erfordert, RH. II 22. Sept. 77 E. 22,415; RH. III 21 Okt. 78 E. 24, 103. — Das Baugewerbe fällt niemals unter den Begriff der Fabrik, R. III 26. Sept. 82 E. 8, 51 — Arbeiten zur Errichtung einer Fabrik sind kein Fabrikbetrieb R. VI 17. Mai 86 E. 16, 19.

⁶) Der **Betrieb** muß vor oder bei dem Unfalle schon begonnen haben, RH. III 20. April 76 E. 20, 13. — Ein Zusammenhang des Unfalls mit der der betreffenden Unternehmung eigenthümlichen Gefährlichkeit wird im §. 2 (abweichend vom §. 1) nicht gefordert, RH. III 4. Jan. 77 E. 21, 276; wohl aber ein ursächlicher Zusammenhang des Unfalls mit dem Betriebe des Unternehmens überhaupt, RH. II 13. Juni 77 E. 22, 311; R. II 13. Mai 81 E. 4, 98. Wenn daher § 2 auch nicht mehr anwendbar ist, wenn das vollständig fertige Fabrikat sich außerhalb der zur Fabrikation bestimmten Räume bereits auf dem Transporte nach dem Orte der anderweiten Bestimmung sich befand, angef. RH. E. 22, 311, so hat doch das RH. die Anwendbarkeit wegen Zusammenhangs des Unfalls mit dem Fabrikbetriebe in einem Falle angenommen, wo der Unfall beim Legen von Wasserleitungsröhren vorkam, deren Legung die sie liefernde Fabrik mit übernommen hatte, RH. II 10. Mai 79 E. 25, 184. — Ueber die Voraussetzungen, unter denen Maschinenreparaturen zum Betriebe gehören und unter § 2 fallen, s. RH. II 31. Jan. 79 E. 25, 201.

⁷) Als **Betriebsunternehmer** haftet derjenige, auf dessen Kosten und Gefahr der Betrieb stattfindet, so daß das ökonomische Ergebniß ihm Vortheil oder Nachtheil bringt (z. B. der Pächter — nicht derjenige, welcher zum Zwecke der Ausnutzung der Anlage

durch den Arbeiter in Akkord übernimmt), RH. I 17. Okt. 1876 E. 21,175.

⁸) weit auszulegen und nicht auf Angestellte i. e. S. zu beschränken, RH. II 9. Juni 75 E. 18,216 (Theilhaber einer offenen Handelsgesellschaft als technischer Leiter der Fabrik); angef. RH. 21,175 (s. A. 7 — derjenige, der zum Zwecke der Ausnutzung eines Steinbruchs durch den Eigenthümer Arbeiter in Akkord übernimmt).

Wenn auch zu den **zur Leitung oder Beaufsichtigung des Betriebes oder der Arbeiter angenommenen Personen** ein gewöhnlicher Arbeiter an sich nicht zu rechnen ist, RH. I 22. Sept. 74 E. 14,195, so ändert sich dies doch, wenn einem solchen Arbeiter Aufsichts- oder Leitungsrechte eingeräumt werden, R. III 19. Dez. 79 E. 1,28; R. III 8. Dez. 80 E. 3,4; III 3. Nov. 82 E. 8,30.

⁹) Kausalzusammenhang zwischen Verschulden und Unfall muß nachgewiesen werden; landesgesetzliche Rechtsvermuthungen (z. B. §§ 25, 26 Preuß. ALR. I 6) sind unanwendbar, R. III 16. Dez. 79 E. 1,46; R. II 10. Febr. 82 E. 7,8.

¹⁰) sei es bei Anordnungen oder auch bei eigener Mitthätigkeit, R. III 19. Dez. 79 E. 1,28. Nichthinderung einer ungeeigneten und gefährlichen Arbeitsverrichtung als Verschulden, RH. I 27. April 74 E. 12,304 — Uebertragung einer zum Betriebe erforderlichen, an sich gefährlichen und als solchen bekannten Arbeit ist kein Verschulden, RH. I 24. Mai 76 E. 19,412, ebensowenig unterlassene Belehrung über Vorsichtsmaaßregeln gegenüber einem geübten, verständigen Arbeiter, RH. II 21. Nov. 74 E. 15,92.

¹¹) Die Frage, ob konkurrirendes eigenes Verschulden des Getödteten oder Verletzten den Anspruch ausschließt, ist nicht nach Landesrecht zu beurtheilen; sie ist für den Fall des Dolus oder frevelhaften Leichtsinns zu bejahen, RH. I 9. Febr. 75 E. 16,111; RH. I 9. Nov. 75 E. 19,26; dagegen jedenfalls zu verneinen im Falle der Befolgung einer Anweisung des unmittelbaren Dienstvorgesetzten; angef. RH. E. 16,111; R. III 28. Sept. 80 E. 3,1 R. III 3. Nov. 82 E. 8,30; ebenso für den Fall des freiwillig unternommenen Versuchs der Rettung eines verunglückten Mitarbeiters, RH. II 25. Juni 77 E. 22,313.

[12]) nicht auch für Schmerzensgeld R. III 28. März 84 E. 11, 61 (vgl. aber auch Anm. 2 zu § 9).

§. 3. Der Schadenersatz (§§. 1. und 2.) ist zu leisten:

1) im Falle der Tödtung durch Ersatz der Kosten einer versuchten Heilung und der Beerdigung, sowie des Vermögensnachtheils, welchen der Getödtete während der Krankheit durch Erwerbsunfähigkeit oder Verminderung der Erwerbsfähigkeit erlitten hat. War der Getödtete zur Zeit seines Todes[1]) vermöge Gesetzes verpflichtet,[2]) einem Andern[3]) Unterhalt[4]) zu gewähren,[5]) so kann dieser insoweit Ersatz[6]) fordern, als ihm in Folge des Todesfalles der Unterhalt entzogen worden ist;[7])

2) im Fall einer Körperverletzung durch Ersatz der Heilungskosten[8]) und des Vermögensnachtheils,[9]) welchen der Verletzte durch eine in Folge der Verletzung eingetretene zeitweise oder dauernde Erwerbsunfähigkeit[10]) oder Verminderung der Erwerbsfähigkeit[11]) erleidet.[12])

[1]) nicht zur Zeit des Unfalls; daher findet die Vorschrift auch Anwendung auf die Wittwe und das Kind aus einer zwischen Unfall und Tod geschlossenen Ehe des Getödteten, RH. I 3. Sept. 78 E. 24, 115; R. II 27. Jan. 80 E. 1, 49; und auf ein zur Zeit des Unfalls noch nicht geborenes uneheliches Kind des Getödteten, RH. I 12. Febr. 78 E. 23, 197. — Daß bereits zur Zeit des Todes der Alimentationsberechtigte in hülfsbedürftiger Lage war, ist nicht erforderlich, R. II 11. März 81 E. 4, 104.

[2]) Die Existenz subsidiär Verpflichteter schließt den Anspruch nicht aus, RH. III 19. Okt. 74 E. 14, 406. — Ueber die Grundsätze bei Bemessung der Rente, wenn ein nur subsidiarisch zur Alimentation

Verpflichteter getödtet wird und der Prinzipalverpflichtete noch lebt, aber seine Unterhaltspflicht nicht voll erfüllen kann, s. RH. II 11. Mai 78 E. **23**, 330. — Darauf ob der Getödtete seine Alimentationspflicht thatsächlich erfüllte, kommt Nichts an, RH. I 21. Mai 75 E. **18**, 3, ebensowenig darauf, ob andere Alimentationspflichtige vorhanden sind, RH. II 23. Febr. 79 E. **23**, 299.

[3]) Bei Festsetzung der Entschädigung für die Wittwe kann auf deren Pflicht zur Alimentation ihrer minderjährigen Kinder nicht Rücksicht genommen werden, RH. I 21. Jan. 79 E. **24**, 399.

[4]) nicht künftige Ausstattung für die Töchter, RH. I 8. März 78 E. **23**, 219.

[5]) Zu beachten ist, daß § 6 Ziff. 2 des Unfallversicherungsgesetzes vom 6. Juli 1884 (s. Einzelausg. Nr. 23) nur der Wittwe aus einer vor dem Unfalle geschlossenen Ehe, den Kindern des Getödteten und den Aszendenten, falls der Verstorbene ihr einziger Ernährer war, Anspruch auf Schadensersatz gegen die Berufsgenossenschaft giebt und bei Tödtung eines Ausländers auch nur, sofern jene Hinterbliebenen im Inlande wohnten. Soweit § 2 des Haftpflichtgesetzes weitere Personenkategorien für schadensberechtigt erklärt, ist er durch § 95 Unfallvers.-Ges. nicht berührt.

[6]) I. Für die **Höhe der Rente** (s. § 7 Abs. 1) entscheidet zunächst das Bedürfniß des Alimentationsberechtigten, RH. III 22. Okt. 74 E. **14**, 341. Wenn auch der Besitz eigenen Vermögens oder das Vorhandensein anderer alimentationspflichtiger Verwandter zum Ausschluß des Anspruchs nicht hinreichen, RH. I 5. März 74 E. **13**, 23 (24 f.), so fällt der Ersatzanspruch doch fort bei vorauszusetzender Erwerbsfähigkeit des Berechtigten, RH. I 10. April 74 E. **13**, 87. Diese ist bei Kindern in erwerbsfähigem Alter zu vermuthen, das Gegentheil ist von ihnen darzuthun, RH. III 19. Okt. 74 E. **14**, 406. Anwendung des gleichen Grundsatzes auf Eltern des Getödteten, RH. II 23. Febr. 79 E. **23**, 299. Andererseits kann einer Wittwe, welche während ihrer Ehe ein Erwerbsgeschäft nicht betrieben hat, auch nicht ein ihr zuzumuthender Erwerb in Abzug gebracht werden, R. III 22. Nov. 81 E. 5, 108. — Andererseits kommt die Höhe des Erwerbes des Getödteten in Betracht und das Maaß, nach welchem er hiernach zur Unterhaltsgewährung im

Stande war; dabei darf berücksichtigt werden, wenn sich nach einer schon beim Tode des Ernährers feststehenden oder wenigstens erfahrungsmäßig gehandhabten Norm ohne Veränderung der Arbeitsmodalität im Laufe der Zeit der Verdienst vermehrte; auf bloße Aussichten betreffs Ergreifung eines lohnenden Berufs ist hingegen keine Rücksicht zu nehmen, RH. III 22 Okt. 74 E. 14, 341. (s. auch unten Anm. 10 zu § 7). — Zu dem zuzubilligenden Ersatz gehört nicht als besonders auszusprechende Verpflichtung die Leistung von Pflege und ärztlicher Hülfe in Krankheitsfällen, RH. III 19. Okt. 74 E. 14, 406.

II. Die **Dauer der Rente** bestimmt sich

a) nach der Dauer der Alimentationsberechtigung (s. § 7 Abs. 2); daher ist unmündigen Kindern die Rente von vorn herein nur bis zur muthmaaßlichen Erreichung des Alters eigener Erwerbsfähigkeit zuzusprechen, R. V 9. Juni 80 E. 2, 3 R. II 26. Mai 82 E. 7, 50.

b) nach der muthmaaßlichen Lebensdauer des Getödteten, wobei die landesgesetzlichen civilrechtlichen Vorschriften über die Dauer nicht maaßgebend sind, RH. III 19. Okt. 74 E. 14, 406; R. III 22. Nov. 81 E. 5, 108; R. II 26. Mai 82 E. 7, 50. Anders R. II 17. Febr. 85 E. 13, 7 bezüglich des § 35 Sächs. BGB.

[7]) Wittwen- und Waisenpensionen, welche den Hinterbliebenen kraft Gesetzes zustehen, sind von der Rente abzuziehen; anders solche Pensionen aus einem von dem Getödteten geschlossenen Versicherungsvertrage, RG. II 19. Jan. 86 E. 15, 114, V 11. Juli 83 E. 10, 50 (über das Verhältniß beider Urtheile vgl. R. E. 17, 48).

[8]) Wegen der durch die Verletzung verursachten dauernden Kränklichkeit können für unausgesetzte Pflege und erhöhte Lebensbedürfnisse Heilungskosten in Form einer Rente zugesprochen werden, R. II 19. Okt. 80 E. 3, 2.

[9]) Auch gebräuchlicher- und erlaubterweise bezogene Trinkgelder, R. I 23. Sept. 82 E. 7, 112. — Ueber Ersparnisse an Meilengeldern vgl. das auf § 25 des Preuß. Eisenb.-Ges. bezügliche, aber auch jetzt noch zutreffende RH. III 15. März 75, E. 16, 176. — Auch der Schaden durch zeitweiliges Entbehren des früheren Einkommens

ist (in der Form von Verzugszinsen) zu berücksichtigen, RG. VI 8. Nov. 86 E. 16,80. — Auf Grund des § 2 (wegen § 9 s. Anm. 2 zu demselben) kann kein Schmerzensgeld gefordert werden, R. III 28. März 84, E. 11,61.

[10]) Begriff: R. II 19. Juni 85, E. 14,25 („wenn dem Verletzten die Ausübung der Erwerbsthätigkeit, die ihm zugemuthet werden kann, durch äußere, infolge des Unfalls eingetretener Verhältnisse unmöglich gemacht ist"). Dem entsprechend erachtet RH. I 30. Juni 74 E. 14,48 im Falle der Unfähigkeit zur Fortsetzung des bisherigen Berufes dauernde Erwerbsunfähigkeit als gegeben.

[11]) Steht fest, daß dem Verletzten der zur Zeit der Beschädigung regelmäßig bezogene Verdienst dauernd entzogen worden ist, so ist es Sache des Schadensersatzpflichtigen, diejenigen Umstände darzulegen, durch welche der Umfang seiner an sich begründeten Schadensersatzpflicht gemindert wird, also auch das Vorliegen blos geminderter Erwerbsfähigkeit, RH. I 19. Jan. 78 E. 8,369 (371 f.) Andererseits hat, wenn feststeht, daß die Erwerbsfähigkeit blos vermindert ist, der Kläger das Maaß der Verminderung zu beweisen RH. I 30. Juni 74 E. 14,48.

[12]) Das Anerbieten einer Fortsetzung des bisherigen Dienstes oder der Uebernahme eines anderen Dienstes beim Verpflichteten gegen Bezug des früheren Einkommens braucht der Verletzte nicht anzunehmen, durch jenes Anerbieten wird daher die Verpflichtung nicht ausgeschlossen, RH. I 5. Nov. 75 E. 19,12; R. II 8. Mai 80, E. 1,281. — Bei Bemessung der Entschädigung ist darauf Rücksicht zu nehmen, daß der Verletzte auch ohne den Unfall den früheren Erwerb nach bestimmter Zeit nicht mehr hätte erzielen können, R. VI 8. Nov. 86, E. 16,80. Jedoch müssen Thatsachen vorliegen, aus denen mit Sicherheit auf eine Verminderung des Erwerbes des Verletzten in bestimmter oder doch bestimmbarer Zeit zu schließen ist, um im voraus die Rente auf eine bestimmte Zeit zu beschränken, R. III 14. Dez. 86 E. 17,45 (51). Umgekehrt ist bei Verletzung eines Kindes die Höhe des Erwerbes, zu welchem dasselbe später ohne die Verletzung befähigt sein würde, in Betracht zu ziehen, R. V 9. Juni 80 E. 2,3. — Pensionen, welche der verletzte Beamte vom Schadens-

ersatzpflichtigen bezieht, sind auf die Rente anzurechnen, ebenso sind von ihm die früher geleisteten Beiträge zur Pensionskasse abzuziehen; angef. RG. E. 17, 45 (47 f.). — Die Kompensation eines noch möglichen unregelmäßigen geringfügigen Verdienstes gegen die durch die Verletzung verursachten fortdauernden unvermeidlichen Mehrausgaben erachtet für statthaft, RH. I 5. Nov. 75 E. 19, 12.

§. 4. War der Getödtete oder Verletzte unter Mitleistung von Prämien oder anderen Beiträgen durch den Betriebs-Unternehmer bei einer Versicherungsanstalt, Knappschafts-, Unterstützungs-, Kranken- oder ähnlichen Kasse[1]) gegen den Unfall versichert,[2]) so ist die Leistung der Letzteren an den Ersatzberechtigten auf die Entschädigung einzurechnen, wenn die Mitleistung des Betriebs-Unternehmers nicht unter einem Drittel der Gesammtleistung beträgt.[3])

[1]) auch anwendbar auf Pensionskassen, RH. I 5. März 74 E. 13, 23.

[2]) Vorausgesetzt wird eine, wenn auch nicht auf rechtlicher Verpflichtung beruhende, so doch regelmäßige und dauernde Mitleistung des Unternehmers, aus welcher auf eine bleibende, die Leistungsfähigkeit der Kasse bezweckende Einrichtung sich schließen läßt, RH. I 5. März 74 E. 13, 23 (25 ff.)

[3]) Nur auf das Verhältniß der Gesammtleistung, nicht auf das der Leistung jedes einzelnen Jahres kommt es an; auch brauchen die Unternehmerleistungen nicht schon mit der Mitgliedschaft des Verunglückten begonnen zu haben, RH. I 27. April 77 E. 22, 250. — Bei geringeren Beiträgen findet auch nicht einmal theilweise Anrechnung statt, R. II 22. Jan. 84 E. 11, 22.

§. 5. Die in den §§. 1. und 2. bezeichneten Unternehmer sind nicht befugt, die Anwendung der in den §§. 1. bis 3. enthaltenen Bestimmungen zu ihrem Vortheil durch Verträge (mittelst Reglements oder durch besondere Uebereinkunft) im Voraus[1]) auszuschließen oder zu beschränken.

Vertragsbestimmungen, welche dieser Vorschrift entgegenstehen, haben keine rechtliche Wirkung.

[1]) Zulässig Verträge nach dem Unfall, aber vor rechtskräftiger Entscheidung, R. III 1. Juni 86 E. 16, 30.

§. 6.[1]) Das Gericht hat aber die Wahrheit der thatsächlichen Behauptungen unter Berücksichtigung des gesammten Inhalts der Verhandlungen nach freier Ueberzeugung zu entscheiden.

Die Vorschriften der Landesgesetze über den Beweis durch Eid, sowie über die Beweiskraft öffentlicher Urkunden und gerichtlicher Geständnisse bleiben unberührt.

Ob einer Partei über die Wahrheit oder Unwahrheit einer thatsächlichen Behauptung noch ein Eid aufzulegen, sowie ob und inwieweit über die Höhe des Schadens eine beantragte Beweisaufnahme anzuordnen oder Sachverständige mit ihrem Gutachten zu hören, bleibt dem Ermessen des Gerichts überlassen.

[1]) Der § 6 (zu welchem zu vergleichen RH. I 30. Jan. 74 E. 12, 308 und RH. II 5. Juni 75 E. 18, 30) ist aufgehoben durch § 13 Ziff. 3. des Einf.-Ges. zur CPO. Inhaltlich stimmen §§ 259, 260, 487 CPO. mit dem aufgehobenen Paragraphen überein.

§. 7. Das Gericht hat unter Würdigung aller Umstände über die Höhe des Schadens, sowie darüber, ob, in welcher Art und in welcher Höhe Sicherheit[1]) zu bestellen ist, nach freiem Ermessen zu erkennen.[2]) Als Ersatz für den zukünftigen Unterhalt oder Erwerb ist, wenn nicht beide Theile über die Abfindung in Kapital einverstanden sind, in der Regel eine Rente zuzubilligen.[3])

Der Verpflichtete[4]) kann jederzeit die Aufhebung oder Minderung der Rente fordern,[5]) wenn diejenigen Verhältnisse, welche die Zuerkennung oder Höhe der Rente bedingt hatten, inzwischen[6]) wesentlich verändert sind.[7]) Ebenso kann der Verletzte, dafern er den Anspruch auf Schadenersatz innerhalb der Verjährungsfrist

(§. 8.) geltend gemacht hat, jederzeit die Erhöhung oder Wiedergewährung[8]) der Rente fordern,[9]) wenn die Verhältnisse,[10]) welche für die Feststellung, Minderung oder Aufhebung der Rente maßgebend waren, wesentlich verändert sind.[11])

Der Berechtigte kann auch nachträglich die Bestellung einer Sicherheit oder Erhöhung derselben fordern, wenn die Vermögensverhältnisse des Verpflichteten inzwischen sich verschlechtert haben.

[1]) Sicherheitsstellung kann nur gleichzeitig mit oder nach, nicht vor Feststellung der Schadenshöhe verlangt werden, R. VI 5. März 88 E. 20, 132.

[2]) Der erste Satz des § 7 ist als eine prozeßrechtliche Vorschrift durch die CPO. unberührt geblieben, § 13 Abs. 1 Einf.-Ges. CPO.

[3]) Die Rente hat nicht die Vorrechte der Alimentenforderungen, RH. II 5. Sept. 87 E. 22, 324, genießt namentlich nicht die Unpfändbarkeit nach § 749 Ziff. 2 CPO, R. III 23. Jan. 80 E. 1, 231. — Die Entschädigungsrenten sind in Vorauszahlungen zu entrichten, RH. I 8. März 78 E. 23, 219.

[4]) Dies Recht ist nicht zessibel (z. B. an eine Versicherungsgesellschaft), R. II 6. April 80 E. 1, 315.

[5]) Die Stellung eines solchen Antrags allein begründet nicht das Recht, die Zahlung nur zum Depositorium zu leisten oder wegen Rückzahlung Sicherheitsleistung zu verlangen, RH. I 25. Juni 79 E. 25, 219.

[6]) d. h. nach dem Zeitpunkte, welchen der Richter im Vorprozesse als für Festsetzung der Rente maaßgebend erachtet hat, R. V 1. Okt. 81 E. 5, 98; R. II 28. Febr. 88 E. 20, 122 (gegen RH. II 21. Juni 79 E. 25, 219).

[7]) Beispiele: Zuerkennung einer Zuchthausstrafe begründet Minderungsanspruch für die Dauer der Strafhaft, R. III 23. Dez. 79 E. 1, 66; Wiederverheirathung einer Wittwe begründet den Wegfall der Rente nicht unbedingt, sondern nur insoweit, als dadurch thatsächlich das Unterhaltsbedürfniß sich vermindert oder

wegfällt. RH. III 27. Sept. 72 E. 22, 347; RH. I 12. Nov. 78 E. 24, 366. — Die Rentenminderung beginnt mit Erhebung der Klage, RH. I 12. Nov. 78 E. 24, 366; R. VI 25. Nov. 88 E. 17, 28.

[8]) Anwendbar, auch wenn die Rente nur auf bestimmte Zeit oder nur für die Vergangenheit zuerkannt war, R. V 9. Juni 80 E. 2, 3; R. VI 25. Nov. 88 E. 17, 28.

[9]) Dabei ist die Entschädigungspflicht an sich als durch das frühere Urtheil rechtskräftig festgestellt zu erachten, angef. RH. E. 2, 3.

[10]) auch solche, die nicht in der Person des Verletzten begründet sind, wie allgemeine Gehaltserhöhungen für eine bestimmte Beamtenkategorie, R. VI 15. Okt. 88 E. 22, 90 (gegen die eingeschränktere Entscheidung des RH. I 4. Mai 77 E. 22, 154). — Vgl. Anm. 6 zu § 3, Ziff. I.

[11]) § 7 Abs. 2 ist unanwendbar auf nicht durch Urtheil, sondern durch Vergleich festgestellte Renten, R. VI 14. Febr. 89 E. 23, 38.

§. 8. Die Forderungen auf Schadenersatz (§§. 1. bis 3.) verjähren in zwei Jahren vom Tage des Unfalls an.[1]) Gegen denjenigen, welchem der Getödtete Unterhalt zu gewähren hatte (§. 3. Nr. 1.), beginnt die Verjährung mit dem Todestage.[2]) Die Verjährung läuft auch gegen Minderjährige und diesen gleichgestellte Personen von denselben Zeitpunkten an, mit Ausschluß der Wiedereinsetzung.[3])

[1]) diesen Tag nicht mit eingerechnet (ohne Rücksicht auf abweichendes Landesrecht), R. III 8. Febr. 84 E. 11, 44. — Unerheblich ist, wann die Folgen des Unfalls hervorgetreten sind, R. II 16. Jan. 80 E. 1, 40; R. II 18. März 84 E. 11, 27. Es verjährt der ganze Anspruch, nicht blos der auf die Renten aus den außerhalb der Verjährungsfrist liegenden Jahren, RH. III 28. Juni 75 E. 18, 60.

[2]) Anwendung auf den Anspruch der Wittwe aus einer erst nach dem Unfall eingegangenen Ehe (vgl. Anm. 1 zu § 3), R. II 27. Jan. 80 E. 1, 49 (52).

[3]) Anwendung auf Unfälle, welche sich vor dem Inkrafttreten des Gesetzes zugetragen haben, RH. II 25. Febr. 76 E. 20, 1; I 19. Jan. 77 E. 21, 408; R. II 16. Jan. 80 E. 1, 40.

§. 9. Die Bestimmungen der Landesgesetze, nach welchen außer den in diesem Gesetz vorgesehenen Fällen der Unternehmer einer in den §§. 1. und 2. bezeichneten Anlage oder eine andere Person, insbesondere wegen eines eigenen Verschuldens für den bei dem Betriebe der Anlage durch Tödtung oder Körperverletzung eines Menschen entstandenen Schaden haftet, bleiben unberührt.[1])

Die Vorschriften der §§. 3. 4. 6. bis 8. finden auch in diesen Fällen Anwendung, jedoch unbeschadet derjenigen Bestimmungen der Landesgesetze, welche dem Beschädigten einen höheren Ersatzanspruch gewähren.[2])

[1]) Daraus folgt nicht, daß die Einrede eigenen Verschuldens gegenüber einer Klage aus § 1 nach Landesrecht zu beurtheilen sei, RG. I 9. Mai 76 E. 20, 135.

[2]) Die günstigeren Vorschriften des Landesrechts über den Umfang der Entschädigung kommen auch dann zur Anwendung, wenn die Entschädigungspflicht nicht blos nach dem Landesrecht, sondern zugleich nach dem Haftpflichtgesetz begründet ist, RG. Plenum 4. Jan. (u. III 9. Jan.) 79 E. 24, 311 (gegen RG. I 14. März 76 E. 19. 396). — Schmerzensgeldforderung neben Ersatz auf Grund des Gesetzes: R. II 13. April 80 E. 1, 276 (vgl. Anm. 12 zu § 2, Anm. 9 zu § 3) — Anwendbarkeit des § 9 für die Klage aus dem Dienstmiethvertrage, R. II 13. März 84 E. 11, 27.

§. 10. Die Bestimmungen des Gesetzes, betreffend die Errichtung eines obersten Gerichtshofes für Handelssachen, vom 12. Juni 1869.[1]), sowie die Ergänzungen desselben werden auf diejenigen bürgerlichen Rechtsstreitigkeiten ausgedehnt, in welchen durch die Klage oder Widerklage ein Anspruch auf Grund des gegenwärtigen Gesetzes oder der in §. 9. erwähnten landesgesetzlichen Bestimmungen geltend gemacht wird.

[1]) oben S. 19.

[2]) Die Vorschrift hat wegen § 8 Einf.-Ges. z. GVG. (s. Anm. 1 zu dem erwähnten Gesetze S. 19) noch Bedeutung.

Gesetz, betreffend die Inhaberpapiere mit Prämien. Vom 8. Juni 1871. (RGBl. S. 210.)[1])

[1]) Das Gesetz hat einen wesentlich strafrechtlichen Inhalt; privatrechtlich sind Geschäfte über verbotswidrig ausgegebene Prämienpapiere nicht ungültig. Der Käufer eines Prämien-Inhaberpapiers hat Anspruch auf dem Gesetze gemäß verstempelte Papiere, RG. III 5. Okt. 76 E. 20,422, s. auch RG. II 27. Sept. 76 E. 20,418.

Gesetz, betreffend die Pensionirung und Versorgung der Militairpersonen des Reichsheeres und der Kaiserlichen Marine, sowie die Bewilligungen für die Hinterbliebenen solcher Personen. Vom 27. Juni 1871. (RGBl. S. 275. Ausgegeben am 7. Juli 1871.)[1])

[1]) Dieses durch Gesetze vom 4. April 1874 (RGBl. S. 25), 1. April 1886 (RGBl. S. 78) und 4. März 1887 (RGBl. S. 149) abgeänderte Gesetz ist insofern auch civilrechtlich von Bedeutung, als über die Rechtsansprüche auf Pensionen ꝛc. der ordentliche Rechtsweg eröffnet worden ist; die bezüglichen §§ lauten:

§. 113. (Verfolgung von Rechtsansprüchen.) Ueber die Rechtsansprüche auf Pensionen, Beihülfen und Bewilligungen, welche dieses Gesetz (Theil I. und II.) gewährt, findet mit folgenden Maßgaben der Rechtsweg statt.

§. 114. Vor Anstellung der Klage muß der Instanzenzug bei den Militair-Verwaltungsbehörden erschöpft sein. Die Klage muß sodann bei Verlust des Klagerechts innerhalb 6 Monaten, nachdem dem Kläger die endgültige Entscheidung der Militair-Verwaltungsbehörde bekannt gemacht worden, angebracht werden.

§. 115. Die Entscheidungen der Militairbehörden darüber:

a) ob und in welchem Grade eine Dienstunfähigkeit eingetreten ist, ob

b) im einzelnen Falle das Kriegs- oder Friedensverhältniß als vorhanden anzunehmen ist, ob

c) eine Beschädigung als eine Dienstbeschädigung anzusehen ist, ob

d) einer der im §. 45., Alinea 1. und 2. gedachten Fälle vorhanden ist, und ob

e) sich der Invalide gut geführt hat (§. 75.),

sind für die Beurtheilung der vor dem Gericht geltend gemachten Ansprüche (§. 113.) maßgebend.

§. 116. In Ermangelung einer anderen landesgesetzlichen Bestimmung wird der Militairfiskus durch die oberste Militair-Verwaltungsbehörde des Kontingents, der Marinefiskus durch das Marineministerium vertreten und ist die Klage bei demjenigen Gerichte anzubringen, in dessen Bezirk die betreffende Behörde ihren Sitz hat.

An Stelle des in § 116 erwähnten Marineministeriums ist jetzt das Reichs-Marineamt getreten.

Aus der Rechtsprechung des Reichsgerichts sind zu diesem Gesetze zu erwähnen: zu § 19 Buchst. a: R. II 31. Jan. 82 E. 6, 89 (Berechnung der Zeitdauer nach § 18, nicht nach älteren landesgesetzlichen Normen), zu § 15 Abs. 2 der Novelle von 1874: R. IV 23. März 1886 E. 15, 134 (auch in diesem Falle Zurechnung eines Jahres für den Feldzug nach § 23).

Gesetz über das Postwesen des Deutschen Reiches. Vom 28. Oktober 1871. (RGBl. S. 347.)[1]

[1]) Der staatsrechtliche und strafrechtliche Theil des Gesetzes ist für die vorliegende Sammlung ohne Interesse; dagegen sind die

zahlreichen privatrechtlichen Vorschriften, insbesondere diejenigen über die Frachtgeschäfte mit der Post, hier aufzunehmen. Vgl. übrigens Einzelausg. Nr. 7 S. 39 ff.

Abschnitt I.

Grundsätzliche Rechte und Pflichten der Post.

§. 1. Die Beförderung

1) aller versiegelten, zugenähten oder sonst verschlossenen Briefe,

2) aller Zeitungen politischen Inhalts, welche öfter als einmal wöchentlich erscheinen,

gegen Bezahlung von Orten mit einer Postanstalt nach anderen Orten mit einer Postanstalt des In- oder Auslandes auf andere Weise, als durch die Post, ist verboten. Hinsichtlich der politischen Zeitungen erstreckt dieses Verbot sich nicht auf den zweimeiligen Umkreis ihres Ursprungsortes.

Wenn Briefe und Zeitungen (Nr. 1. und 2.) vom Auslande eingehen und nach inländischen Orten mit einer Postanstalt bestimmt sind, oder durch das Gebiet des Deutschen Reichs transitiren sollen, so müssen sie bei der nächsten inländischen Postanstalt zur Weiterbeförderung eingeliefert werden.

Unverschlossene Briefe, welche in versiegelten, zugenähten oder sonst verschlossenen Packeten befördert werden, sind den verschlossenen Briefen gleich zu achten. Es ist jedoch gestattet, versiegelten, zugenähten oder sonst verschlossenen Packeten, welche auf andere Weise, als durch die Post befördert werden, solche unverschlossene

Briefe, Fakturen, Preiskurante, Rechnungen und ähnliche Schriftstücke beizufügen, welche den Inhalt des Packets betreffen.

§. 2. Die Beförderung von Briefen und politischen Zeitungen (§. 1.) gegen Bezahlung durch expresse Boten oder Fuhren ist gestattet. Doch darf ein solcher Expresser nur von Einem Absender abgeschickt sein, und dem Postzwange unterliegende Gegenstände weder von Anderen mitnehmen, noch für Andere zurückbringen.

§. 3. Die Annahme und Beförderung von Postsendungen darf von der Post nicht verweigert werden, sofern die Bestimmungen dieses Gesetzes und des Reglements (§. 50.) beobachtet sind. Auch darf keine im Gebiete des Deutschen Reichs erscheinende politische Zeitung vom Postdebit ausgeschlossen und ebensowenig darf bei der Normirung der Provision, welche für die Beförderung und Debitirung der im Gebiete des Deutschen Reichs erscheinenden Zeitungen zu erheben ist, nach verschiedenen Grundsätzen verfahren werden. Die Post besorgt die Annahme der Pränumeration auf die Zeitungen, sowie den gesammten Debit derselben.[1])

[1]) Ueber die rechtliche Natur des Post-Zeitschriftenbebits (Verbindung von Frachtgeschäft mit Mandatsgeschäften von der Art der buchhändlerischen Kommissionsgeschäfte) und dessen handelsgeschäftlichen Karakter s. RG. I 15. Juni 77 E. 23, 10.

§. 4.[1]) — — —

[1]) Aufgehoben und ersetzt durch Ges. v. 20. Dez. 1875 (RGBl. S. 68).

§. 5. Das Briefgeheimniß ist unverletzlich. Die bei strafgerichtlichen Untersuchungen und in Konkurs- und civilprozessualischen Fällen nothwendigen Ausnahmen sind durch ein Reichsgesetz festzustellen.[1]) Bis zu dem Erlaß eines Reichsgesetzes werden jene Ausnahmen durch die Landesgesetze bestimmt.

[1]) Geschehen in §§ 99, 100 StrPO., § 111 KO.

Abschnitt II.

Garantie.

§. 6. Die Postverwaltung leistet dem Absender im Falle reglementsmäßig erfolgter Einlieferung Ersatz:

I. für den Verlust und die Beschädigung
   1) der Briefe mit Werthangabe,
   2) der Packete mit oder ohne Werthangabe,

II. für den Verlust der rekommandirten Sendungen, denen in dieser Beziehung Sendungen gleichgestellt werden, welche zur Beförderung durch Estafette eingeliefert sind.

Für einen durch verzögerte Beförderung oder Bestellung der unter I. bezeichneten Gegenstände entstandenen Schaden leistet die Postverwaltung nur dann Ersatz, wenn die Sache durch die verzögerte Beförderung oder Bestellung verdorben ist, oder ihren Werth bleibend ganz oder theilweise verloren hat. Auf eine Veränderung des Kurses oder marktgängigen Preises wird jedoch hierbei keine Rücksicht genommen.

Die Verbindlichkeit der Postverwaltung zur Ersatzleistung bleibt ausgeschlossen, wenn der Verlust, die Beschädigung oder die verzögerte Beförderung oder Bestellung

a) durch die eigene Fahrlässigkeit des Absenders, oder
b) durch die unabwendbaren Folgen eines Naturereignisses, oder durch die natürliche Beschaffenheit des Gutes herbeigeführt worden ist, oder
c) auf einer auswärtigen Beförderungsanstalt sich ereignet hat, für welche die Postverwaltung nicht durch Konvention die Ersatzleistung ausdrücklich übernommen hat; ist jedoch in diesem Falle die Einlieferung bei einer deutschen Postanstalt erfolgt, und will der Absender seine Ansprüche gegen die auswärtige Beförderungsanstalt geltend machen, so hat die Postverwaltung ihm Beistand zu leisten.

Für die auf Postanweisungen eingezahlten Beträge leistet die Postverwaltung Garantie.

Für andere, als die vorstehend bezeichneten Gegenstände, insbesondere für gewöhnliche Briefe, wird weder im Falle eines Verlustes oder einer Beschädigung, noch im Falle einer verzögerten Beförderung oder Bestellung Ersatz geleistet.

§. 7. Wenn der Verschluß und die Verpackung der zur Post gegebenen Gegenstände bei der Aushändigung an den Empfänger äußerlich unverletzt und zugleich das Gewicht mit dem bei der Einlieferung ermittelten übereinstimmend befunden wird, so darf dasjenige, was bei der Eröffnung an dem angegebenen Inhalte fehlt, von der Postverwaltung nicht vertreten werden. Die ohne Erinnerung geschehene Annahme einer Sendung begründet die Vermuthung, daß bei der Aushändigung Verschluß und Verpackung unverletzt und das Gewicht mit dem bei der Einlieferung ermittelten übereinstimmend befunden worden ist.[1])

[1]) Der Gegenbeweis ist zulässig; wird er geführt, so fällt auch die Folge des ersten Satzes fort, RG. II 2. Dez. 74 S. 17, 127.

§. 8. Wenn eine Werthangabe geschehen ist, so wird dieselbe bei der Feststellung des Betrages des von der Postverwaltung zu leistenden Schadenersatzes zum Grunde gelegt. Beweist jedoch die Postverwaltung, daß der angegebene Werth den gemeinen Werth der Sache übersteigt, so hat sie nur diesen zu ersetzen.

Ist in betrüglicher Absicht zu hoch deklarirt worden, so verliert der Absender nicht nur jeden Anspruch auf Schadenersatz, sondern ist auch nach den Vorschriften der Strafgesetze zu bestrafen.

§. 9. Wenn bei Packeten die Angabe des Werthes unterblieben ist, so vergütet die Postverwaltung im Falle eines Verlustes oder einer Beschädigung den wirklich erlittenen Schaden, jedoch niemals mehr, als Einen Thaler für jedes Pfund (= 500 Gramme) der ganzen Sendung. Packete, welche weniger als Ein Pfund wiegen, werden den Packeten zum Gewicht von Einem Pfunde gleichgestellt und überschießende Pfundtheile für Ein Pfund gerechnet.

§. 10. Für eine rekommandirte Sendung, sowie für eine zur Beförderung durch Estafette eingelieferte Sendung (§. 6. II.) wird dem Absender im Falle des Verlustes, ohne Rücksicht auf den Werth der Sendung, ein Ersatz von vierzehn Thalern gezahlt.

§. 11. Bei Reisen mit den ordentlichen Posten leistet die Postverwaltung Ersatz:

1) für den Verlust oder die Beschädigung des reglementsmäßig eingelieferten Passagierguts nach Maßgabe der §§. 8. und 9., und
2) für die erforderlichen Kur- und Verpflegungskosten im Falle der körperlichen Beschädigung eines Reisenden, wenn dieselbe nicht erweislich durch höhere Gewalt oder durch eigene Fahrlässigkeit des Reisenden herbeigeführt ist.

Bei der Extrapostbeförderung wird weder für den Verlust oder die Beschädigung an Sachen, welche der Reisende bei sich führt, noch bei einer körperlichen Beschädigung des Reisenden Entschädigung von der Postverwaltung geleistet.

§. 12. Eine weitere, als die in den §§. 8. 9. 10. und 11. nach Verschiedenheit der Fälle bestimmte Entschädigung wird von der Postverwaltung nicht geleistet; insbesondere findet gegen dieselbe ein Anspruch wegen eines durch den Verlust oder die Beschädigung einer Sendung entstandenen mittelbaren Schadens oder entgangenen Gewinnes nicht statt.[1])

[1]) Daneben außerkontraktliche Haftung für die Beamten nach Landesrecht Art. 1384 (Code civ.) [?], R. II 17. Juni 87 E. 19, 101.

§. 13. Der Anspruch auf Schadloshaltung gegen die Postverwaltung muß in allen Fällen gegen die Ober-Postdirektion, beziehungsweise gegen die mit deren Funktionen beauftragte Postbehörde gerichtet werden, in deren Bezirk der Ort der Einlieferung der Sendung oder der Ort der Einschreibung des Reisenden liegt.

§. 14. Der Anspruch auf Entschädigung an die Postverwaltung erlischt mit Ablauf von sechs Monaten, vom Tage der Einlieferung der Sendung oder vom Tage der Beschädigung des Reisenden an gerechnet. Diese Verjährung wird nicht allein durch Anmeldung der Klage,[1]) sondern auch durch Anbringung der Reklamation bei der kompetenten Postbehörde (§. 13.) unterbrochen. Ergeht hierauf eine abschlägige Bescheidung, so beginnt vom Empfange derselben eine neue Verjährung, welche durch eine Reklamation gegen jenen Bescheid nicht unterbrochen wird.

[1]) Dazu § 13 Abs. 2 Ziff. 4 Einf.G. z. CPO.: Aufgehoben werden:
4) § 14 des Gesetzes über das Postwesen des Deutschen Reichs vom 28. Oktober 1871, insoweit diese Vorschrift die Unterbrechung der Verjährung an die Anmeldung der Klage knüpft.
Statt dessen s. jetzt §§ 239, 688 CPO.

§. 15. In Fällen des Krieges und gemeiner Gefahr ist die Postverwaltung befugt, durch öffentliche Bekanntmachung jede Vertretung abzulehnen und Briefe, sowie andere Sachen, nur auf Gefahr des Absenders zur Beförderung zu übernehmen. In solchem Falle steht jedoch dem Absender frei, sich ohne Rücksicht auf die Bestimmungen des §. 1. jeder anderen Beförderungsgelegenheit zu bedienen.

Abschnitt III.

Besondere Vorrechte der Posten.

— — — — — — — — — — — — — — —

§. 20. Das Inventarium der Posthaltereien darf

im Wege des Arrestes oder der Exekution nicht mit Beschlag belegt werden.[1])

[1]) Gilt noch als prozeßrechtliche Vorschrift der Reichsgesetze § 18 Abs. 1 Einf.-Ges. zur CPO. Dazu § 1 Abs. 3 KO.: „Die im §. 20 des Gesetzes über das Postwesen des Deutschen Reichs vom 28. Okt. 1871 vorgesehenen Beschränkungen kommen im Konkursverfahren nicht zur Anwendung."

— — — — — — — — — — — — — — — —

§. 25. Die Postanstalten sind berechtigt, unbezahlt gebliebene Beträge an Personengeld, Porto und Gebühren nach den für die Beitreibung öffentlicher Abgaben bestehenden Vorschriften exekutivisch einziehen zu lassen.

Die mit Beitreibung exekutionsreifer Forderungen im Allgemeinen betrauten Organe sind verpflichtet, die von den Postanstalten angemeldeten rückständigen Beträge an Personengeld, Porto und Gebühren im Wege der Hülfsvollstreckung einzuheben.

Dem Exequirten steht jedoch die Betretung des Rechtsweges offen.

§. 26. Die Beträge, welche in einer Sendung enthalten sind, die weder an den Adressaten bestellt, noch an den Absender zurückgegeben werden kann, oder welche aus dem Verkaufe der vorgefundenen Gegenstände gelöst werden, fließen nach Abzug des Portos und der sonstigen Kosten zur Postarmen- oder Unterstützungskasse. Meldet sich der Absender oder der Adressat später, so zahlt ihm die Postarmen- oder Unterstützungskasse die ihr zugeflossenen Summen, jedoch ohne Zinsen, zurück.

Nach gleichen Grundsätzen ist mit Beträgen, welche

auf Postsendungen eingezahlt sind, und mit zurückgelassenen Passagier-Effekten zu verfahren.

Abschnitt IV.

Strafbestimmungen bei Post- und Porto-Defraudationen.

— — — — — — — — — — — — — — — — — —

Abschnitt V.

Strafverfahren bei Post- und Porto-Defraudationen.

— — — — — — — — — — — — — — — — — —

Abschnitt VI.

Allgemeine Bestimmungen.

§. 47. Was ein Briefträger oder Postbote über die von ihm geschehene Bestellung auf seinen Diensteid versichert, ist so lange für wahr und richtig anzunehmen, bis das Gegentheil überzeugend nachgewiesen wird.

§. 48. Die Postverwaltung ist für die richtige Bestellung nicht verantwortlich, wenn der Adressat erklärt hat, die an ihn eingehenden Postsendungen selbst abzuholen oder abholen zu lassen. Auch liegt in diesem Falle der Postanstalt eine Prüfung der Legitimation desjenigen, welcher sich zur Abholung meldet, nicht ob, sofern nicht auf den Antrag des Adressaten zwischen diesem und der Postanstalt ein desfallsiges besonderes Abkommen getroffen worden ist.

§. 49. Die Postverwaltung ist, nachdem sie das Formular zum Ablieferungsscheine dem Adressaten reglementsmäßig hat ausliefern lassen, nicht verpflichtet, die Aechtheit der Unterschrift und des etwa hinzugefügten Siegels unter dem mit dem Namen des Empfangsberechtigten unterschriebenen und beziehungsweise untersiegelten Ablieferungsscheine zu untersuchen. Ebensowenig braucht sie die Legitimation desjenigen zu prüfen, welcher unter Vorlegung des vollzogenen Ablieferungsscheines, oder bei Packeten ohne Werthangabe unter Vorlegung des reglementsmäßig ausgelieferten Begleitbriefes, die Aushändigung der Sendung verlangt.

§. **50.** Durch ein vom Reichskanzler zu erlassendes Reglement, welches mittelst der für die Publikation amtlicher Bekanntmachungen bestimmten Blätter zu veröffentlichen ist, werden die weiteren bei Benutzung der Postanstalt zu beobachtenden Vorschriften getroffen.[1])

Diese Vorschriften gelten als Bestandtheil des Vertrages zwischen der Postanstalt und dem Absender, beziehungsweise Reisenden.

Das Reglement hat zu enthalten:

1) die Bedingungen für die Annahme aller behufs der Beförderung durch die Post eingelieferten Gegenstände;
2) das Maximalgewicht der Briefe und Packete;
3) die Bedingungen der Rückforderung von Seite des Absenders und die Vorschriften über die Behandlung unbestellbarer Sendungen;
4) die Bestimmungen wegen schließlicher Verfügung über die unanbringlichen Sendungen;

5) die Bezeichnung der für Beförderung durch die Post unzulässigen Gegenstände;
6) die Gebühren für Postanweisungen, Vorschußsendungen und sonstige Geldübermittelungen durch die Post, für Sendungen von Drucksachen, Waarenproben und Mustern, Korrespondenzkarten, rekommandirte Sendungen, für Zustellung von Sendungen mit Behändigungsscheinen, für Laufschreiben wegen Postsendungen und Ueberweisung der Zeitungen;
7) Anordnungen über die Art der Bestellung der durch die Post beförderten Gegenstände und die hierfür zu erhebenden Gebühren, insbesondere die Gebühren für Bestellung der Expreßsendungen, der Stadtbriefe und Packete, der Werthsendungen, ferner die Vorschriften über Estafettenbeförderung;
8) die Bedingungen über die Beförderung der Reisenden mit den ordentlichen Posten oder mit Extrapost, die Bestimmung des Personengeldes und der Gebühr für Beförderung von Passagiergut;
9) die näheren Anordnungen über Kontirung und Kreditirung von Porto, sowie die dafür zu entrichtenden Gebühren;
10) Anordnungen zur Aufrechthaltung der Ordnung, der Sicherheit und des Anstandes auf den Posten, in den Postlokalen und Passagierstuben.

Die unter Ziffer 2. 4. und 6. bezeichneten Anordnungen unterligen der Beschlußfassung des Bundesrathes.

Für den **inneren** Postverkehr der Königreiche Bayern und Württemberg werden die reglementairen Anordnungen von den zuständigen Behörden dieser Staaten erlassen.

[1]) Das gegenwärtig geltende Reglement ist die — übrigens bereits vielfach abgeänderte — Postordnung v. 8. März 1879 (Centralbl. S. 185). Dieselbe ist in Einzelausgabe Nr. 7 S. 128 u. Gesetzg. II S. 498 ff. in der beim Erscheinen dieser Werke geltenden Fassung abgedruckt, später aber wiederum mehrfach abgeändert.

§. 51. Alle bisherigen allgemeinen und besonderen Bestimmungen über Gegenstände, worüber das gegenwärtige Gesetz verfügt, soweit jene Bestimmungen nicht auf den mit dem Auslande abgeschlossenen Staatsverträgen oder Konventionen[1]) beruhen, werden hierdurch aufgehoben.

[1]) S. die Uebersicht in Gesetzg. II S. 497 Anm. 47.

§. 52. Das gegenwärtige Gesetz tritt mit dem 1. Januar 1872 in Kraft.

Gesetz über das Posttaxwesen im Gebiete des Deutschen Reichs. Vom 28. Oktober 1871. (RGBl. S. 358.)[1])

[1]) Dies durch Ges. v. 17. Mai 1873 (RGBl. S. 107) und v. 3. Nov. 1874 (RGBl. S. 127) abgeänderte Gesetz ist für den Civilrichter ohne Bedeutung. S. Einzelausg. Nr. 7 S. 108 bis 117.

Gesetz, betreffend die Ausprägung von Reichsgoldmünzen. Vom 4. Dezember 1871. (RGBl. S. 404; ausg. am 7. Dezember 1871.)[1])

[1]) S. Einzelausg. Nr. 26 S. 1 ff.

§. 1. Es wird eine Reichsgoldmünze ausgeprägt, von welcher aus Einem Pfunde feinen Goldes $139^1/_2$ Stück ausgebracht werden.[1])

*) Vgl. den Allerh. Erlaß, betr. die einheitliche Benennung der Reichsgoldmünzen, vom 17. Febr. 1875 (RGBl. S. 72): „Auf Ihren Bericht vom 16. Febr. d. J. bestimme Ich hierdurch, daß die Reichsbehörden für das Zehnmarkstück die Benennung „Krone“ für das Zwanzigmarkstück die Benennung „Doppelkrone“ anwenden. Dieser Erlaß ist durch das Reichs-Gesetzblatt zu veröffentlichen.“

§. 2. Der zehnte Theil dieser Goldmünze wird Mark genannt und in hundert Pfennige eingetheilt.

§. 3. Außer der Reichsgoldmünze zu 10 Mark (§. 1.) sollen ferner ausgeprägt werden:

Reichsgoldmünzen zu 20 Mark, von welchen aus Einem Pfunde feinen Goldes $69^3/_4$ Stück ausgebracht werden.

§. 4. Das Mischungsverhältniß der Reichsgoldmünzen wird auf 900 Tausendtheile Gold und 100 Tausendtheile Kupfer festgestellt.

Es werden demnach

125,55 Zehn-Mark-Stücke,

62,775 Zwanzig-Mark-Stücke

je Ein Pfund wiegen.

§. 5. Die Reichsgoldmünzen tragen auf der einen Seite den Reichsadler mit der Inschrift „Deutsches Reich“ und mit der Angabe des Werthes in Mark, sowie mit der Jahreszahl der Ausprägung, auf der anderen Seite das Bildniß des Landesherrn, beziehungsweise das Hoheitszeichen der freien Städte, mit einer entsprechenden Umschrift und dem Münzzeichen. Durchmesser der Münzen, Beschaffenheit und Inschrift der Ränder derselben werden vom Bundesrathe festgestellt.

§. 6. Bis zum Erlaß eines Gesetzes über die Einziehung der groben Silbermünzen erfolgt die Ausprägung der Goldmünzen auf Kosten des Reichs für sämmtliche Bundesstaaten auf den Münzstätten derjenigen Bundesstaaten, welche sich dazu bereit erklärt haben.

Der Reichskanzler bestimmt unter Zustimmung des Bundesrathes die in Gold auszumünzenden Beträge, die Vertheilung dieser Beträge auf die einzelnen Münzgattungen und auf die einzelnen Münzstätten und die den letzteren für die Prägung jeder einzelnen Münzgattung gleichmäßig zu gewährende Vergütung. Er versieht die Münzstätten mit dem Golde, welches für die ihnen überwiesenen Ausprägungen erforderlich ist.

§. 7. Das Verfahren bei Ausprägung der Reichsgoldmünzen wird vom Bundesrathe festgestellt und unterliegt der Beaufsichtigung von Seiten des Reichs. Dieses Verfahren soll die vollständige Genauigkeit der Münzen nach Gehalt und Gewicht sicherstellen. Soweit eine absolute Genauigkeit bei dem einzelnen Stücke nicht innegehalten werden kann, soll die Abweichung in Mehr oder Weniger im Gewicht nicht mehr als zwei und ein halb Tausendtheile seines Gewichts, im Feingehalt nicht mehr als zwei Tausendtheile betragen.

§. 8. Alle Zahlungen, welche gesetzlich in Silbermünzen der Thalerwährung, der süddeutschen Währung, der lübischen oder hamburgischen Kurantwährung oder in Thalern Gold bremer Rechnung zu leisten sind, oder geleistet werden dürfen, können in Reichsgoldmünzen (§§. 1. und 3.) dergestalt geleistet werden,[1]) daß gerechnet wird:

das Zehn-Mark-Stück zum Werthe von $3^1/_3$ Thalern oder 5 Fl. 50 Kr. süddeutscher Währung,

8 Mark $5^1/_3$ Schilling lübischer und hamburgischer Kurant-Währung, $3^1/_{93}$ Thaler Gold bremer Rechnung;

das Zwanzig-Mark-Stück zum Werthe von $6^2/_3$ Thalern oder 11 Fl. 40 Kr. süddeutscher Währung, 16 Mark $10^2/_3$ Schilling lübischer und hamburgischer Kurant-Währung, $6^2/_{93}$ Thaler Gold bremer Rechnung.

[1]) S. jetzt Art. 14 bis 17 des Münzges. v. 9. Juli 1873.

§. 9. Reichsgoldmünzen, deren Gewicht um nicht mehr als fünf Tausendtheile hinter dem Normalgewicht (§. 4.) zurückbleibt (Passirgewicht), und welche nicht durch gewaltsame oder gesetzwidrige Beschädigung am Gewicht verringert sind, sollen bei allen Zahlungen als vollwichtig gelten.

Reichsgoldmünzen, welche das vorgedachte Passirgewicht nicht erreichen und an Zahlungsstatt von den Reichs-, Staats-, Provinzial- oder Kommunalkassen, sowie von Geld- und Kreditanstalten und Banken angenommen worden sind, dürfen von den gedachten Kassen und Anstalten nicht wieder ausgegeben werden.

Die Reichsgoldmünzen werden, wenn dieselben in Folge längerer Cirkulation und Abnutzung am Gewicht so viel eingebüßt haben, daß sie das Passirgewicht nicht mehr erreichen, für Rechnung des Reichs zum Einschmelzen eingezogen. Auch werden dergleichen abgenutzte Goldmünzen bei allen Kassen des Reichs und der Bundesstaaten stets voll zu demjenigen Werthe, zu welchem sie ausgegeben sind, angenommen werden.

§. 10. Eine Ausprägung von anderen, als den durch dieses Gesetz eingeführten Goldmünzen, sowie von groben Silbermünzen, mit Ausnahme von Denkmünzen,[1]) findet bis auf Weiteres[2]) nicht statt.

[1]) S. dazu Art. 11 des Münzgesetzes v. 9. Juli 1873.

[2]) Jetzt ist das angef. Münzgesetz maßgebend.

§. 11. Die zur Zeit umlaufenden Goldmünzen der deutschen Bundesstaaten sind von Reichs wegen und auf Kosten des Reichs nach Maßgabe der Ausprägung der neuen Goldmünzen (§. 6.) einzuziehen.

Der Reichskanzler wird ermächtigt, in gleicher Weise die Einziehung der bisherigen groben Silbermünzen der deutschen Bundesstaaten anzuordnen und die zu diesem Behufe erforderlichen Mittel aus den bereitesten Beständen der Reichskasse zu entnehmen.

Ueber die Ausführung der vorstehenden Bestimmungen ist dem Reichstage alljährlich in seiner ersten ordentlichen Session Rechenschaft zu geben.

§. 12. Es sollen Gewichtsstücke zur Eichung und Stempelung zugelassen werden, welche das Normalgewicht und das Passirgewicht der nach Maßgabe dieses Gesetzes auszumünzenden Goldmünzen, sowie eines Vielfachen derselben angeben. Für die Eichung und Stempelung dieser Gewichtsstücke sind die Bestimmungen der Artikel 10. und 18. der Maaß- und Gewichtsordnung vom 17. August 1868. (Bundesgesetzbl. S. 473.) maßgebend.[1])

[1]) S. §§ 48—51 der Aichordnung v. 27. Dez. 1884 (Beil. z. Nr. 5 d. RGBl. v. 1885).

§. 18. Im Gebiet des Königreichs Bayern kann im Bedürfnißfall eine Untertheilung des Pfennigs in zwei Halb-Pfennige stattfinden.

Gesetz, betreffend die Beschränkungen des Grundeigenthums in der Umgebung von Festungen. Vom 21. Dezember 1871. (RGBl. S. 459; ausgeg. am 29. Dezember 1871.)

§. 1. Die Benutzung des Grundeigenthums in der nächsten Umgebung der bereits vorhandenen, sowie der in Zukunft anzulegenden permanenten Befestigungen unterliegt nach Maßgabe dieses Gesetzes dauernden Beschränkungen.

§. 2. Behufs Feststellung dieser Beschränkungen wird die nächste Umgebung der Festungen in Rayons getheilt, und je nach der Entfernung von der äußersten Vertheidigungslinie ab als erster, zweiter, dritter Rayon bezeichnet.

Wenn bei Festungen mehrere zusammenhängende Befestigungslinien vor einander liegen, so bildet der Raum zwischen denselben die Zwischen-Rayons.

Bei Festungen mit einer Citadelle heißt der Rayonbezirk vor den stadtwärts gewendeten Werken derselben Esplanade.

§. 3. Die Abmessung der Rayons erfolgt von den ausspringenden Winkeln des bedeckten Weges, und zwar von dem oberen Rande des Glacis oder in Ermangelung eines Glacis von dem äußeren Grabenrande, oder wenn auch ein Graben nicht vorhanden ist, von der

Feuerlinie der Wallbrustwehren, beziehungsweise der äußeren Mauerflucht der krenelirten Mauern.

§. 4. Der erste Rayon umfaßt bei allen Festungen und neu zu erbauenden detachirten Forts das im Umkreise derselben von 600 Metern belegene Terrain, außerdem bei Festungen, welche an Gewässern belegen sind und besondere Kehlbefestigungen haben, das Terrain zwischen diesen und dem Ufer.

§. 5. Der zweite Rayon begreift das Terrain zwischen der äußeren Grenze des ersten Rayons und einer von dieser im Abstande von 375 Metern gezogenen Linie.

Detachirte Forts haben keinen zweiten Rayon; bei diesen unterliegt jedoch das Terrain von der Grenze des ersten Rayons bis zu einer Entfernung von 1650 Metern den für den dritten Rayon gegebenen Beschränkungen.

§. 6. Der dritte Rayon umfaßt bei allen Festungen das Terrain von der äußeren Grenze des zweiten Rayons bis zu einer Entfernung von 1275 Metern.

§. 7. Die Zwischenrayons zerfallen in strenge und einfache.

Die ersteren enthalten das Terrain in einem Abstande von 75 Metern von der zurückliegenden oder inneren Befestigungslinie; darüber hinaus liegt der einfache Zwischenrayon.

§. 8. Bei Neu-Anlagen von Befestigungen werden die denselben zunächst gelegenen beiden Rayons,[1]) sowie etwaige Esplanaden und Zwischenrayons durch die Kommandanturen unter Mitwirkung der Polizeibehörden und Zuziehung der Ortsvorstände, sowie der Besitzer selbstständiger Gutsbezirke abgesteckt und durch feste Marken (Rayonsteine) bezeichnet.

Von diesem Zeitpunkte an treten die gesetzlichen Beschränkungen in der Benutzung des Grundeigenthums in Wirksamkeit.[2])

[1]) Bei detachirten Forts wegen § 5 Abs. 2 nur der erste Rayon, RH. I 16. März 75 E. 17,28.

[2]) Abs. 2 bezieht sich auch auf den — nicht abzusteckenden — dritten Rayon; Reglementswidrigkeiten bei der Absteckung hindern den Eintritt der Wirkung nicht, RH I 29. Mai 74 E. 13,288.

§. 9. Unmittelbar nach der Absteckung der Rayonlinie hat die Kommandantur einen Rayonplan und ein Rayonkataster aufzustellen.

Der Rayonplan muß den allgemeinen Erfordernissen eines Situationsplanes entsprechen, insbesondere die Richtung und Entfernung der Rayonlinien von den Festungswerken, Lage und Nummer der Grenzmarken enthalten, und die Lage und Benutzungsweise, sowie Beschaffenheit der einzelnen in den Rayons belegenen Grundstücke erkennen lassen.

Das Rayon-Kataster enthält unter Bezugnahme auf den Rayonplan:

1) die Namen der Besitzer der einzelnen Grundstücke,
2) die Beschreibung des Zustandes und Umfanges, sowie der Zeit der Entstehung aller innerhalb der ersten beiden und der Zwischenrayons vorhandenen Baulichkeiten und Anlagen,

3) Vermerke über Entschädigungsberechtigung bei etwa stattfindender Demolirung.

§. 10. Behufs Aufnahme des Rayonplans und Rayonkatasters sind alle Behörden verpflichtet, den Kommandanturen die in ihrem Besitze befindlichen Flurkarten, Risse, Pläne, Zeichnungen, Vermessungs- und Bonitirungsregister, Taxen, Kataster und dergleichen unentgeltlich zur Benutzung offen zu legen oder gegen Empfangsbescheinigung zuzustellen.

§. 11. Rayonplan und Rayonkataster sind in derjenigen Gemeinde, in deren Bezirk die aufgenommenen Grundstücke liegen, während 6 Wochen öffentlich auszulegen.

Der Beginn der Auslegung ist durch den Gemeindevorstand ortsüblich öffentlich bekannt zu machen.

Die öffentliche Bekanntmachung muß die Aufforderung zur Erhebung etwaiger Einwendungen unter Angabe der Frist zu deren Anbringung bei dem Gemeindevorstande und die Verwarnung enthalten, daß nach Ablauf dieser Frist mit Feststellung des Katasters verfahren wird.

Alle während dieser Frist eingehenden Beschwerden oder Anträge werden mit dem Vermerk des Eingangstages versehen, gesammelt und nach Ablauf der Anmeldefrist mit der Bescheinigung über die stattgefundene öffentliche Auslegung und die vorschriftsmäßige öffentliche Bekanntmachung der Kommandantur zugestellt.

Letztere prüft die Einwendungen und ertheilt den Bescheid.

Gegen diesen steht innerhalb einer Präklusivfrist von vier Wochen nach dem Empfange den Betheiligten der bei der Kommandantur einzulegende Rekurs an die Reichs-Rayonkommission zu.

Nach Verlauf der obigen Frist, beziehungsweise nach Eingang der Rekursbescheide, erfolgt die Feststellung des Katasters und des Planes durch die Kommandantur. Hiervon erhalten die betreffenden Gemeindevorstände Kenntniß und haben diese die Feststellung öffentlich bekannt zu machen. .

§. 12. Die Kommandantur hat dafür Sorge zu tragen, daß im Rayonplan und Rayonkataster alle Veränderungen in baulicher Beziehung, sowie im Besitz, in der Benutzung oder Bestimmung der Grundstücke nachgetragen werden.

§. 13. Innerhalb sämmtlicher Rayons sind nicht ohne Genehmigung der Kommandantur zulässig, vorbehaltlich der Bestimmung in §. 30.:

1) jede dauernde Veränderung der Höhe der Terrainoberfläche, insbesondere die Anlage und der Betrieb von Lehm- und Sandgruben, Stein- und Kalkbrüchen, die Anlage von Plätzen zur Ablagerung von Ballast, sowie eine jede solche Ablagerung an nicht dazu bestimmten Plätzen;
2) alle Neuanlagen oder Veränderungen von Dämmen, Deichen, Gräben,[1]) sowie in den Vorfluthverhältnissen, Ent- und Bewässerungsanlagen und sonstigen Wasserbauten; desgleichen alle Neu-

anlagen oder Veränderungen von Chausseen, Wegen und Eisenbahnen;

3) die Anlage von größeren Parkanlagen, Baumschulen und Waldungen;

4) die Errichtung und Veränderung von Kirch- und Glockenthürmen, sowie alle thurmartigen Konstruktionen.

Die Genehmigung darf nicht versagt werden, wenn durch die bezeichneten Neuanlagen, beziehungsweise Veränderungen keine nachtheilige Deckung gegen die rasante Bestreichung der Werke, kein nachtheiliger Einfluß auf das Wasserspiel der Festungsgräben, auf Inundation des Vorterrains und auf die Tiefe der mit den Festungsanlagen in Beziehung stehenden Flußläufe entsteht, und keine vermehrte Einsicht in die Werke des Platzes gewonnen wird.

[1]) Auch nicht Aushebung eines Grabens zum Zwecke des Betriebes einer bei Inkrafttreten des Gesetzes schon bestehenden Ziegelei, R.G. I 16. März 75 E. 17,28.

§. **14.** Im dritten Rayon ist bei etwaiger Feststellung von Bebauungsplänen rücksichtlich der Breite und Richtung der Straßen die Genehmigung der Reichs-Rayonkommission (§. 31.) erforderlich.

§. **15.** Innerhalb des zweiten Rayons sind:

A. unzulässig:

1) alle Massivkonstruktionen von Gebäuden oder Gebäudetheilen mit Ausnahme massiver Feuerungsanlagen und solcher massiver Fundamente, die das umliegende Terrain nicht über 30 Centimeter überragen;

2) jede Art von Gewölbebauten, sowie Eindeckungen von Kelleranlagen mit steinerner und eiserner Konstruktion;

3) die Anlage von bleibenden Ziegel- und Kalköfen, sowie überhaupt massiver zu Fabrik- und sonstigen gewerblichen Zwecken bestimmter Oefen von größeren Abmessungen;

B. nicht ohne Genehmigung der Kommandantur zulässig:

1) die Anlage von Beerdigungsplätzen;

2) die Errichtung von Grabhügeln von mehr als 50 Centimetern Höhe, sowie von Denkmälern aus Stein oder Eisen, welche in den mehr als 50 Centimeter über der Erdoberfläche liegenden Theilen eine größere Stärke haben, als 15 Centimeter für Stein, bezüglich 2 Centimeter für Eisen;

3) die Errichtung von Gebäuden, welche nicht schon nach den Bestimmungen von A. unzulässig sind;

die Genehmigung darf bei Einhaltung nachstehender Bestimmungen nicht versagt werden:

a) die Gebäude dürfen nur von Holz, oder einer nach dem Urtheil der Militairbehörde leicht zerstörbaren Eisenkonstruktion, oder in ausgemauertem Fachwerk von nicht mehr als 15 Centimetern Stärke erbaut sein; doch dürfen sie eine Ziegelbedachung, massive Feuerungsanlagen, soweit solche nicht nach A. Nr. 3. unzulässig sind, und massive Fundamente haben, welche das umliegende Terrain nicht über 30 Centimeter überragen;

b) die Höhe des Gebäudes bis zur Dachfirst darf 13 Meter nicht übersteigen;

c) Keller dürfen nur hölzerne oder leichte eiserne Balken, mit gewöhnlichem Balkenzwischenraum und hölzernem Fußboden darüber, haben;

4) die Anlage massiver Dampfschornsteine; die Genehmigung darf nicht versagt werden, wenn die Höhe 20 Meter nicht übersteigt.

§. 16. Für den einfachen Zwischenrayon gelten die in §. 15. für den zweiten Rayon gegebenen Vorschriften, jedoch mit folgenden Abweichungen:

Zu A. Unter besonderen Verhältnissen kann die Herstellung massiver Bauten und gewölbter Anlagen gestattet werden.

Zu B. 3. b. Die Höhe des Gebäudes bis zur Dachfirst darf 8 Meter nicht übersteigen.

§. 17. Im ersten Rayon ist

A. unzulässig:

1) Alles, was im zweiten Rayon unzulässig ist; massive Fundamente dürfen jedoch das umliegende Terrain nicht über 15 Centimeter überragen;

2) Wohngebäude jeder Art;

3) Baulichkeiten von anderen Materialien, als von Holz oder einer nach dem Urtheil der Militairbehörde leicht zerstörbaren Eisenkonstruktion; Keller — oder mit dem Grund und Boden fest zusammenhängende Feuerungsanlagen; Baulich-

keiten von größerer Höhe, als 7 Meter bis zur Dachfirst; andere Bedachungsmaterialien, als Holz, Stroh, Rohr, Dachpappe, Dachfilz, Zink oder Schiefer;

4) die Aufstellung von Lokomobilen in fester Verbindung mit Baulichkeiten, oder auf Terrain, aus welchem dieselben nicht sofort entfernt werden können;

5) Denkmäler von Stein oder Eisen, welche in den mehr als 50 Centimeter über der Erdoberfläche liegenden Theilen eine größere Breite haben, als 30 Centimeter;

6) Einhegungen durch Neuanlage von lebendigen Hecken;

B. nicht ohne Genehmigung der Kommandantur zulässig:

1) die Anlage von Beerdigungsplätzen;

2) die Errichtung von Grabhügeln von mehr als 50 Centimetern Höhe, sowie von Denkmälern aus Stein oder Eisen, welche in den mehr als 50 Centimeter über der Erdoberfläche liegenden Theilen eine größere Stärke haben, als 15 Centimeter für Stein, bezüglich 2 Centimeter für Eisen;

3) die Anlage hölzerner Windmühlen;

die Genehmigung darf nicht versagt werden, wenn die Entfernung von den Festungswerken 300 Meter oder mehr beträgt;

4) alle vorstehend nicht als unzulässig bezeichneten

Baulichkeiten; bewegliche Feuerungsanlagen; hölzerne und eiserne Einfriedigungen, letztere, wenn sie ohne Schwierigkeit beseitigt werden können; Brunnen.

Die Genehmigung darf nur versagt werden, wenn es sich um wohnliche Einrichtungen irgend einer Art handelt. Jedoch darf bei nachgewiesener Nothwendigkeit der Anwesenheit eines Wächters die Aufstellung einer mit einem transportabeln eisernen Ofen versehenen Wächterhütte auf je einem Grundstück nicht verweigert werden, sofern dieselbe im Grundflächenmaß 20 Quadratmeter nicht überschreitet, mit anderen Baulichkeiten nicht in Verbindung gesetzt ist, und der Ofen mit blecherner Rauchröhre versehen ist.

§. 18. Das Alignement der im ersten und zweiten Rayon und einfachen Zwischenrayon zu errichtenden Gebäude in Beziehung auf die Festungswerke, insofern dasselbe nicht von der Richtung vorhandener öffentlicher Wege oder Straßen abhängig ist, unterliegt der Genehmigung der Kommandantur.

§. 19. Innerhalb des strengen Zwischenrayons sind alle baulichen Anlagen unzulässig.

Auf Esplanaden sind nur solche Anlagen gestattet, welche nach dem Urtheil der Militairbehörde zu Vertheidigung dienen können.

Die Anlage von Hecken ist im strengen Zwischenrayon, wie auf Esplanaden unzulässig.

§. 20 Im ersten und zweiten Rayon und im einfachen Zwischenrayon ist die Einrichtung von Niederlagen und Plätzen, auf welchen Vorräthe zu gewerblichen Zwecken im Freien oder in Schuppen aufgestapelt werden, nicht ohne Genehmigung der Kommandantur zulässig.

Die Genehmigung darf nicht versagt werden, wenn die Entfernung von den Festungswerken 225 Meter beträgt.

Die Höhe der zulässigen Aufstapelung beträgt:

a) für unverbrennliche Materialien, für Stein- und Braunkohlen, Koaks und dergleichen: im ersten Rayon 1½ Meter, im zweiten und einfachen Zwischenrayon 2 Meter,

b) für Torf und Lohkuchen: 3 Meter,

c) für Bau- und Brennholz: im ersten Rayon 4 Meter, im zweiten und einfachen Zwischenrayon 5 Meter.

Eine höhere Aufstapelung bedarf der Genehmigung der Kommandantur.

Auf dem Terrain, welches bei Festungen, die an schiff- oder flößbaren Gewässern liegen und besondere Kehlbefestigungen haben, zwischen diesen und dem Ufer befindlich ist (§. 4.), ist die Lagerung derartiger Vorräthe, sowie die Anlage der zum Ein- und Ausladen nöthigen Anstalten ohne Genehmigung der Kommandantur zulässig. Jedoch steht es der Kommandantur zu, die einzuhaltende Entfernung von der Kehle, und die Zeit für die Wiederbeseitigung zu bestimmen.

§. 21. Bei vorübergehenden Veränderungen der Höhe der Terrainoberfläche, wie der Auflagerung von Baumaterialien während der Ausführung eines genehmigten Baues, der Benutzung der Grabenränder zur Auflagerung der bei der Grabenräumung ausgeworfenen Erde und dergleichen ähnlichen Benutzungen bedarf es im ersten und zweiten Rayon und einfachen Zwischenrayon nur einer vorgängigen Anzeige an die Kommandantur. Jedoch steht es derselben zu, die Zeit der Wiederbeseitigung der vorübergehenden Erhöhung des Terrains zu bestimmen.

Zur Anlage von Komposthaufen ist die Genehmigung der Kommandantur erforderlich.

§. 22. Die einmal vorhandenen Baulichkeiten und Anlagen, auf denen nicht die besondere Bedingung des Eingehens durch Verfall, oder der künftigen Reduktion auf eine leichtere Bauart schon haftet, sollen, unbeschadet der Bestimmung des § 43., erhalten bleiben, auch wenn sie den Vorschriften dieses Gesetzes nicht entsprechen. Dieselben können, wenn sie ganz oder theilweise zerstört oder baufällig geworden sind, nach vorgängiger Anzeige bei der Kommandantur in den alten Abmessungen und der bisherigen Bauart wieder hergestellt werden.

Ueberschreiten Wiederherstellungsbauten das vorbestimmte Maaß, so bedarf es der Genehmigung der Kommandantur.

§. 23. Ob und in wie weit aus örtlichen Rücksichten Einschränkung der räumlichen Ausdehnung der Rayons oder Ermäßigungen der gesetzlichen Beschänkungen zulässig seien, bestimmt die Reichs-Rayonkommission.

§. 24. Die bisherigen von diesen Bestimmungen abweichenden Rayons bestehender Befestigungen, insbesondere die der vorhandenen detachirten Forts, verbleiben bis zur Ausführung eines Neu- oder Verstärkungsbaues unverändert.

Die vorhandenen Esplanaden bleiben in ihrer bisherigen Ausdehnung unverändert; bei Neubau einer Citadelle wird über den Umfang der Esplanade in jedem Falle besondere Bestimmung durch die Reichs-Rayonkommission getroffen.

Ebenso verbleiben alle übrigen zur Zeit vorhandenen besonderen Rayons, wie die von verschanzten Lägern, Städtebefestigungen, inneren Abschnitten in und bei Festungen unverändert.

§. 25. Bei den bestehenden Festungen bleibt die Anlegung eines Rayonplanes und Rayonkatasters der Kommandantur überlassen. Dieselbe muß nach Maßgabe der §§. 8—12. erfolgen, wenn in Folge eines Neu- oder Verstärkungsbaues die bisherigen Rayons verändert werden sollen.

Bis zur endgültigen Feststellung der Rayonkataster sind die bisher erforderlichen Reverse für die beabsichtigten Bauausführungen beizubehalten.

§. 26. Zu jeder Anlage, jeder Veränderung und Benutzung, die nach den §§. 13. ff. nicht ohne Genehmigung der Kommandantur zulässig ist, muß vor dem Beginn der Ausführung diese Genehmigung nachgesucht werden.

§. 27. Das Gesuch ist nebst zwei Exemplaren der etwa nöthigen Bauzeichnungen an die Ortspolizeibehörde zu richten. Findet diese gegen die Zulässigkeit nichts zu erinnern, so übersendet sie das Gesuch der Kommandantur, welche ihre Entscheidung, nebst einem Exemplar der Zeichnung, in welchem die im Festungs-Interesse nothwendigen Abänderungen einzutragen sind, an die Ortspolizeibehörde behufs Mittheilung an den Antragsteller zurückgelangen läßt.

§. 28. Die von der Kommandantur auszufertigende Genehmigung muß alle für den betreffenden Fall nach Maßgabe dieses Gesetzes festzustellenden speziellen Beschränkungen genau bestimmen, denen der Grundbesitzer, sowie alle Besitznachfolger bezüglich des Baues, der Niederlage von Materialien, der Anlage oder des Gewerbebetriebes sich zu unterwerfen haben. Insoweit nach Maßgabe dieses Gesetzes die Genehmigung nicht zu versagen ist, darf dieselbe auch nicht an Bedingungen geknüpft werden.

Sind seit der Aushändigung der Genehmigung zwei Jahre verflossen, ohne daß davon Gebrauch gemacht worden ist, so wird sie als erloschen betrachtet.

Wird die Genehmigung ganz oder theilweise versagt, so sind die Gründe der Ablehnung anzugeben.

§. 29. Gegen die Entscheidung der Kommandantur, wie gegen alle Anordnungen derselben, ist in Rayon-Angelegenheiten binnen einer vierwöchentlichen Präklusivfrist von der Zustellung ab, der Rekurs zulässig. Die

Entscheidung auf den Rekurs erfolgt endgültig durch die Reichs-Rayonkommission.

Nach Ablauf der Frist, eintretenden Falls nach der höheren Entscheidung, sind die Anordnungen vollstreckbar.

Ist durch eine Anordnung der Kommandantur eine Anlage untersagt, so darf diese erst dann begonnen oder fortgesetzt werden, wenn die Anordnung in der höheren Instanz aufgehoben ist.

§. 30. Die Projekte größerer Anlagen (Chausseen, Deiche, Eisenbahnen u. s. w.) in den Rayons der Festungen und festen Plätze werden durch eine gemischte Kommission erörtert, deren Mitglieder von dem zuständigen Kriegsministerium im Verein mit den betreffenden höheren Verwaltungsbehörden berufen werden, und in welcher auch die von der Anlage betroffenen Gemeinden durch Deputirte vertreten werden.

Das hierüber aufzunehmende Protokoll wird der Reichs-Rayonkommission übersandt, welche in Gemeinschaft mit der betreffenden Centralverwaltungsbehörde die Entscheidung trifft oder erforderlichen Falls herbeiführt.

§. 31. Die Reichs-Rayonkommission ist eine durch den Kaiser zu berufende ständige Militairkommission, in welcher die Staaten, in deren Gebieten Festungen liegen, vertreten sind.

§. 32. Grundbesitzer, welche ohne die gesetzlich erforderliche Genehmigung, oder mit eigenmächtiger Abweichung von dem genehmigten Plane eine Anlage, einen Neu- oder Wiederherstellungsbau ausführen oder ausführen lassen, werden mit einer Geldbuße bis zu funfzig Thalern bestraft. Eine gleiche Strafe trifft denjenigen, welcher als Baumeister oder Bauhandwerker die Ausführung geleitet hat. Soweit nach dem Urtheil der Kommandantur die Anlagen unzulässig befunden werden, ist der Besitzer innerhalb der vom Kommandanten zu bestimmenden Frist zu deren Beseitigung verbunden; nöthigenfalls erfolgt letztere auf Antrag der Kommandantur durch die Polizeibehörde auf Kosten des Besitzers. Die Einlegung des Rekurses hemmt die Vollstreckung, vorbehaltlich der Bestimmung in §. 29.

Wer die in den §§. 21. 22. vorgeschriebene Anzeige unterläßt, wird mit einer Geldbuße bis zu fünf Thalern bestraft.

§. **33.** Behufs der Kontrole über alle Bauten, Anlagen und die Benutzung von Grundstücken in den Rayons sind die Kommandanturen und Ortspolizeibehörden und deren Organe befugt, in den Stunden von 8 Uhr Morgens bis 4 Uhr Nachmittags den Zutritt zu allen Privat- und öffentlichen Grundstücken in den Rayons zu verlangen.

Die Organe der Kommandantur sind die Ingenieur-Offiziere vom Platz, Posten-Offiziere und Wallmeister.

Alljährlich einmal erfolgt eine allgemeine Revision der Bauten und Anlagen in allen Rayons durch die Kommandantur oder ihre Organe unter Zuziehung der Ortspolizeibehörde und des Gemeindevorstandes.

§. **34.** Für die in Folge dieses Gesetzes eintretenden Beschränkungen in der Benutzung des innerhalb der

Rayons belegenen Grundeigenthums leistet das Reich Entschädigung.

Entschädigung wird von Seiten des Reichs nicht gewährt:

1) für Beschränkungen jeder Art, welchen das Grundeigenthum innerhalb der bisherigen Rayons der bereits bestehenden Festungen nach der seitherigen Gesetzgebung unterworfen war, und auch nach dem gegenwärtigen Gesetz unterworfen bleibt;
2) für Beschränkungen der im Eigenthum des Reichs oder eines Bundesstaates befindlichen Grundstücke und für Beschränkungen in Betreff der Anlagen auf Beerdigungsplätzen;
3) für die Verpflichtung zur Duldung der Rayonsteine;
4) für die auf besonderem Rechtstitel beruhenden Rayonbeschränkungen, wenn nicht durch dieselben eine Entschädigung ausdrücklich zugesichert ist.

§. 35. Die Entschädigung besteht im Ersatz derjenigen Verminderung des Werthes des Grundstücks, welche für den Besitzer dadurch entsteht, daß das Grundstück fortan Beschränkungen in der Benutzung unterliegt, denen es bisher nicht unterworfen war.

Bei der Feststellung des bisherigen Werthes darf die Zeit nach der im Reichsgesetzblatt erfolgten Bekanntmachung des Reichskanzlers, daß die Neubefestigung des Platzes oder die Erweiterung der schon bestehenden Festungsanlage oder deren Rayons in Aussicht genommen ist,[1]) nicht berücksichtigt werden.

Steht das von der Beschränkung betroffene Grundstück mit anderem Grundbesitz desselben Besitzers dergestalt in Zusammenhang, daß die Beschränkung des ersteren auch auf den Werth des letzteren Einfluß übt, so ist der verminderte Werth des gesammten Grundbesitzes der Berechnung zu Grunde zu legen.

[1]) Die einzelnen auf Grund dieser Vorschrift erlassenen Bekanntmachungen haben nur örtliches Interesse.

§. 36. Die Entschädigung wird in Rente gewährt; falls jedoch die Werthverminderung mindestens ein Drittel des bisherigen Werthes beträgt, nach der Wahl des Besitzers entweder in Kapital, oder in Rente.

Wird die Entschädigung in Kapital geleistet, so besteht sie in Zahlung derjenigen Summe, um welche sich der Werth des Grundstücks vermindert hat, nebst fünf Prozent Zinsen von dem Tage der Absteckung der Rayonlinien.

Wird die Entschädigung in Rente gewährt, so beträgt die Rente jährlich sechs Prozent der vorgedachten Summe, wovon fünf Prozent als Verzinsung angesehen werden. Die Rente wird vom Tage der Absteckung der Rayonlinien auf die Dauer von 37 Jahren gewährt, erlischt jedoch, sobald das Grundstück aufhört, den Beschränkungen der ersten beiden Rayons oder der Zwischenrayons unterworfen zu sein.

Die Rente wird dem jeweiligen im Rayonkataster bezeichneten Besitzer des Grundstücks[1]) in vierteljährlichen Raten postnumerando aus der Festungskasse gezahlt.

Renten, welche jährlich weniger als Einen Thaler

betragen, werden mit dem $16^{2}/_{3}$fachen Betrage kapitalisirt und sofort an die Besitzer ausgezahlt.

[1]) Bedeutung der Eintragung in das Rayonkataster; Fiskus wird durch Zahlung an den darin eingetragenen Besitzer befreit und braucht mit einem nicht eingetragenen über dessen angebliches besseres Recht keinen Prozeß zu führen, R. II 29. Okt. 86, E. 16, 31.

§. 37. Welche Rechte anderen Realberechtigten an der Entschädigung zustehen, bestimmt sich nach den Landesgesetzen.[1])

[1]) Der Eigenthümer braucht sich nicht die Hinterlegung der Kapitalsentschädigung wegen des Vorhandenseins von Reallasten, Hypotheken und Grundschulden gefallen zu lassen; es muß der Initiative der Realberechtigten überlassen bleiben, ihre etwaigen, ihnen nach Landesrecht zustehenden Rechte zur Geltung zu bringen; so lange dies nicht geschehen, muß der Fiskus nach § 36 zahlen, R V. 26. Sept. 88 E. 22, 31.

§. 38. Für die gesetzlichen Beschränkungen im dritten Rayon wird Entschädigung nicht gewährt. Wenn jedoch die Genehmigung zu einer der im §. 13. gedachten Anlagen versagt wird, so gewährt das Reich Entschädigung. Bei Feststellung derselben ist die Zeit der Anbringung des Gesuchs bei der Kommandantur zu Grunde zu legen.

Im Uebrigen finden die Bestimmungen der §§. 35—37. Anwendung, mit der Maßgabe, daß die Zinsen der Entschädigung in Kapital, beziehungsweise die Entschädigungsrente vom Tage des ablehnenden Bescheides der Kommandantur zu zahlen ist.

§. 39. Die Besitzer der Grundstücke, die sich durch die auferlegten Beschränkungen beeinträchtigt glauben, haben ihren Anspruch auf Entschädigung binnen einer sechswöchentlichen Präklusivfrist nach Feststellung des Rayonplans bei der Kommandantur geltend zu machen.

Beginn und Ablauf der Frist sind gleichzeitig mit der Feststellung des Rayonplanes öffentlich bekannt zu machen.

§. 40. Die Kommandantur theilt die Anmeldungen der höheren Civil-Verwaltungsbehörde mit, welche einen Kommissarius ernennt, der die Entschädigungsansprüche in Gegenwart der Entschädigungsberechtigten und eines Vertreters der Kommandantur erörtert und, falls die Parteien sich einigen, einen Rezeß aufnimmt, welcher die Kraft einer gerichtlichen oder notariellen Urkunde hat.

Wird eine Einigung nicht erzielt, so bleibt, wenn die Entschädigungspflicht von der Kommandantur bestritten wird, dem Besitzer des Grundstücks die Betretung des Rechtsweges unbenommen.

Ist dagegen nur das Vorhandensein oder die Höhe des Schadens streitig, so erfolgt die Ermittelung der Entschädigung durch Sachverständige.

Wenn beide Parteien sich nicht über Einen Sachverständigen vereinigen, so wählt jede Partei einen Sachverständigen, den dritten ernennt der Kommissarius.

Die Sachverständigen haben ihr Gutachten zu begründen und die Richtigkeit desselben zu beschwören oder auf den ein- für alle Mal geleisteten Sachverständigen-Eid zu versichern.

Ist nach einem dieser Gutachten die Werthsverminderung so groß, daß der Entschädigungsberechtigte eine Entschädigung in Kapital zu verlangen berechtigt ist, so muß er auf die Aufforderung des Kommissarius binnen einer Präklusivfrist von vier Wochen erklären, daß er die Entschädigung in Kapital verlange, widrigenfalls er nur Entschädigung in Rente verlangen kann.

§. 41. Der Kommissarius überreicht die Abschätzungsverhandlungen mit seinem Gutachten der höheren Civil-Verwaltungsbehörde behufs Feststellung der Entschädigung durch Beschluß.

Dieselbe setzt den Entschädigungsbetrag nach ihrem aus der Verhandlung und den Umständen geschöpften pflichtmäßigen Ermessen fest. Das Gutachten der Sachverständigen dient jeder Behörde hierbei nur als Auskunft und Anhalt.

Gegen den Beschluß der Verwaltungsbehörde steht dem Entschädigungsberechtigten innerhalb einer Präklusivfrist von neunzig Tagen, vom Empfange des Beschlusses an gerechnet, der Rechtsweg offen.

Innerhalb derselben Präklusivfrist ist die Militairbehörde berechtigt, die Enteignung des Grundstücks zu verlangen. Macht sie von diesem Rechte Gebrauch, so ist der Besitzer die Ausdehnung der Enteignung auf alle diejenigen Theile des Grundstücks zu verlangen berechtigt, deren fernere Benutzung in der bisherigen Weise nach dem Gutachten von Sachverständigen durch die Abtrennung des den Rayonbeschränkungen unterworfenen Theils wesentlich beeinträchtigt, erschwert oder verhindert werden würde. Die Erklärung der Militairbehörde an die höhere Verwaltungsbehörde, daß von dieser Befugniß Gebrauch gemacht wird, unterbricht den

Lauf der im Absatz 3 bestimmten Frist und das gerichtliche Verfahren über die Höhe der Entschädigung.

Das Verfahren bei der Enteignung richtet sich nach den Landesgesetzen.

§. 42.[1]) Die nach den §§. 40. und 41. anzustellenden Klagen sind gegen den Reichsfiskus zu richten, welcher durch die Kommandantur vertreten wird.

Zuständig ist das Gericht, in dessen Bezirk das betreffende Grundstück belegen ist.

Das Gericht hat das Ergebniß der Beweisaufnahme nach freier Ueberzeugung zu würdigen.

[1]) Die Vorschriften des § 42 sind als prozeßrechtliche aufrecht erhalten durch § 13 Abs. 1 d. Einf.-Ges. z. CPO.

§. 43. Wird die Armirung permanenter Befestigungen angeordnet, so sind die Besitzer der innerhalb der Rayons belegenen Grundstücke verpflichtet, der schriftlichen oder öffentlich bekannt gemachten Aufforderung der Kommandantur zur Niederlegung von baulichen und sonstigen Anlagen, Wegschaffung von Materialien-Vorräthen, Beseitigung von Pflanzungen und Einstellung des Gewerbebetriebes nachzukommen. Wird dieser Aufforderung nicht in der gestellten Frist genügt, so können die Besitzer der betreffenden Grundstücke durch administrative Zwangsmaßregeln hierzu angehalten werden.

§. 44. Wird im Falle einer Armirung die Freilegung der Festungs-Rayons von der Kommandantur angeordnet, so veranlaßt die letztere vor der Beseitigung der baulichen und sonstigen Anlagen, Pflanzungen und dergleichen eine Beschreibung und nähere Feststellung des Zustandes durch die Ortsobrigkeit unter Zuziehung des Besitzers, eines Vertreters der Kommandantur und zweier Sachverständigen, und ertheilt über die stattgefundene Zerstörung oder Entziehung ein Anerkenntniß.

Die hierüber aufgenommene Verhandlung wird von der Ortsobrigkeit der höheren Civil-Verwaltungsbehörde überreicht, auch der Kommandantur und den Betheiligten in Abschrift mitgetheilt.

Die Entschädigungsermittelung erfolgt sobald als möglich, spätetens sofort nach Aufhebung des Armirungszustandes der Festung nach Vorschrift der §§. 39. ff.

Das Reich stellt Anerkenntnisse über die zu gewährende Entschädigung aus, welche bis zur Zahlung vom ersten Tage des auf die stattgefundene Zerstörung oder Entziehung folgenden Monates mit fünf Prozent jährlich verzinst wird.

Entschädigung wird nicht gewährt:

1) hinsichtlich derjenigen vor Eintritt der Geltung dieses Gesetzes vorhandenen Gebäude und Anlagen, welche nach der bisherigen Gesetzgebung, oder in Folge besonderer Rechtstitel, die Besitzer auf Befehl der Kommandantur unentgeltlich zu beseitigen verpflichtet waren;
2) hinsichtlich derjenigen Gebäude und Anlagen, welche nach Eintritt der Geltung dieses Gesetzes
   a) entweder im ersten oder zweiten Rayon, oder in einem Zwischen-Rayon einer neu angelegten Befestigung,

b) oder auf einem Terrain, welches in Folge des Neu- oder Verstärkungsbaues einer schon bestehenden Festung in einen strengeren Rayon fällt,

nach erfolgter Absteckung der Rayonlinien errichtet worden sind.

Die Kosten der Beseitigung der vorstehend unter 1. und 2. erwähnten Gebäude und Anlagen trägt der Besitzer, die Kosten der Beseitigung anderer Gebäude und Anlagen fallen dem Reich zur Last.

§. **45.** Alle Zustellungen in Rayon-Angelegenheiten sind gültig, wenn sie nach den für bürgerliche Rechtsstreitigkeiten bestehenden Vorschriften geschehen.

Die vereideten Verwaltungsbeamten haben dabei den Glauben der Gerichtsbeamten.

§. **46.** Alle administrativen Verhandlungen und Gesuche in Rayon-Angelegenheiten sind kosten- und stempelfrei.

§. **47.** Alle den Vorschriften dieses Gesetzes zuwiderlaufenden Bestimmungen werden aufgehoben.

Die zur Ausführung dieses Gesetzes erforderlichen Anordnungen erfolgen durch besondere Verordnungen.[1])

[1]) Die Reichs-Rayonkommission hat unter dem 4. Januar 1873 eine amtlich nicht veröffentlichte Instruktion zur Handhabung des Gesetzes erlassen. S. dieselbe Gesetzg. II S. 621 ff.

Seemannsordnung. Vom 27. Dezember 1872. (RGBl. S. 409.)[1])

[1]) Das Gesetz enthält theils polizeiliche, theils privatrechtliche (§§ 24—71), theils Disziplinar- und Strafbestimmungen. Die

privatrechtlichen Vorschriften sind an Stelle des 4. Titels des V. Buches des Handelsgesetzbuchs (Art. 528—556) getreten (§ 110). S. Einzelausg. Nr. 19 S. 198 ff.

Gesetz, betreffend die Verpflichtung deutscher Kauffahrteischiffe zur Mitnahme hülfsbedürftiger Seeleute. Vom 27. Dezember 1872. (RGBl. S. 432.)[1])

[1]) S. Einzelausg. Nr. 19 S. 241.

Gesetz, betreffend die Rechtsverhältnisse der Reichsbeamten. Vom 31. März 1873. (RGBl. S. 61.)[1])

[1]) Dieses umfangreiche — durch Ges. v. 21. April 1886 (RGBl. S. 80) um zwei neue §§ (24a und 60a) vermehrte und in den §§ 41, 48 abgeänderte sowie durch Ges. v. 25. Mai 1887 (RGBl. S. 194) in den §§ 42, 54, 69, 150 abgeänderte — Gesetz ist überwiegend staatsrechtlichen Inhalts. Die zahlreichen Bestimmungen, welche auch privatrechtliche Bedeutung haben (s. §§ 5 bis 9, 13, 19 bis 21, 24 bis 31, 34 ff., 128 ff., 139 ff., 149 ff.) hängen mit den staatsrechtlichen Vorschriften auf das engste zusammen. Vgl. Einzelausg. Nr. 10.

Gesetz, betreffend das Aufgebot und die Amortisation verlorener oder vernichteter Schuldurkunden des Norddeutschen Bundes und des Deutschen Reichs. Vom 12. Mai 1873. (RGBl. S. 91; ausg. am 15. Mai 1873.)[1])

[1]) Nach § 837 Abs. 2 CPO. finden die Vorschriften in §§ 838 ff. CPO. auf die unter dies Gesetz fallenden Papiere nur insoweit Anwendung, als in dem Gesetze nicht besondere Vorschriften enthalten sind, jedoch mit der in § 849 CPO. bezeichneten Ausnahme. — S. auch Einzelausg. Nr. 23 S. 223 ff.

§. 1. Das im §. 6 des Gesetzes, betreffend den außerordentlichen Geldbedarf des Norddeutschen Bundes, vom 9. November 1867 (Bundesgesetzbl. S. 157)[1]) vorgeschriebene Verfahren findet mit den in den nachfolgenden Paragraphen bestimmten Maßgaben auf solche verlorene oder vernichtete Schuldverschreibungen und Schatzanweisungen des Norddeutschen Bundes und des Deutschen Reichs Anwendung, welche entweder niemals mit Zinsscheinen versehen waren oder zu einem bereits abgelegten Theile der Bundes- oder Reichsschuld gehören.[2])

[1]) Derselbe lautet:

In Ansehung der verlorenen oder vernichteten Schuldverschreibungen oder Zinscoupons finden die auf die Preußischen Staatsschuldscheine und deren Zinscoupons Bezug habenden §§. 1. bis 13. der Verordnung vom 16. Juni 1819. wegen des Aufgebots und der Amortisation verlorener oder vernichteter Staatspapiere (Preußische Gesetz-Samml. von 1819. S. 157.) mit nachstehenden näheren Bestimmungen Anwendung:

a) Die im §. 1. jener Verordnung vorgeschriebene Anzeige muß der Bundes-Schuldenverwaltung gemacht werden. Dieser werden alle diejenigen Geschäfte und Befugnisse beigelegt, welche nach der angeführten Verordnung dem Schatzministerium zukommen.

b) Das im §. 5. gedachte Aufgebot erfolgt bei dem Stadtgerichte zu Berlin.

c) Die in den §§. 6. 9. und 12. vorgeschriebenen Bekanntmachungen sollen durch den Preußischen Staatsanzeiger oder die Zeitung, welche an seine Stelle tritt, und durch je eine der in Leipzig, Hamburg und Frankfurt a. M. erscheinenden Zeitungen, deren Bestimmung der Bundes-Schuldenverwaltung überlassen bleibt, erfolgen.

Die in diesem §. in Bezug genommenen Preußischen Vorschriften sind durch §. 20 des Preuß. Ausführungsges. zur CPO. abgeändert. Ueber die Zweifel, ob diese Aenderung eine Rückwirkung auf das Reichsrecht ausgeübt habe, s. Gesetzgeb. III S. 80 Anm. 3.

²) Hinsichtlich anderer, insbesondere neu ausgegebener verzinslicher Anleihen sind in den betr. Spezialgesetzen immer die Vorschriften des in Anm. 1 abgedruckten § 6 des Ges. vom 9. Nov. 1867 und des Gesetzes v. 12. Mai 1873 durch Bezugnahme auf das (wiederum in § 2 auf die angeführten Vorschriften verweisende) Ges. v. 27. Jan. 1875 (RGBl. S. 18) für anwendbar erklärt.

§. 2. Das gerichtliche Aufgebot wird ohne vorgängige Bekanntmachung der Reichsschuldenverwaltung auf Grund eines Zeugnisses der letzteren darüber,

daß die durch die verloren gegangene Urkunde verbriefte Schuld in ihren Büchern oder Etats noch offen stehe,

erlassen.

§. 3. Der Aufgebotstermin wird mit zwölfmonatlicher[1]) Frist anberaumt.

¹) jetzt sechsmonatiger v. § 847 verb. m. § 848 Abs. 1 CPO.

§. 4. Ist das Aufgebot ohne Erfolg geblieben, und wird demnächst von der Reichsschuldenverwaltung unter Wiederholung des im §. 2 erwähnten Zeugnisses bescheinigt, daß die aufgebotene Urkunde auch bis dahin nicht zum Vorschein gekommen sei, so wird das Amortisations-Erkenntniß abgefaßt.

§. 5. Die nach §. 6 des Gesetzes vom 9. November 1867 und nach dem gegenwärtigen Gesetze erforderlichen Bekanntmachungen erfolgen durch den Deutschen Reichs-Anzeiger und durch je eine der in Frankfurt a. M., Augsburg, Leipzig und Hamburg erscheinenden Zeitungen, deren Bestimmung der Reichsschuldenverwaltung überlassen ist.

§. 6. An Stelle der amortisirten Schuldverschreibung oder Schatzanweisung wird eine neue nicht ausgefertigt, wenn die Verbriefung des bezüglichen Theils der Bundes- oder Reichsschuld bereits geschlossen ist. In diesem Falle hat die Reichsschuldenverwaltung einer von ihr zu beglaubigenden Abschrift der mit dem Atteste der Rechtskraft versehenen Ausfertigung des Amortisations-Erkenntnisses, welche letztere bei ihren Akten aufzubewahren ist, ein Anerkenntniß der durch die amortisirte Urkunde verbrieften Forderung beizufügen. In dieses Anerkenntniß ist möglichst der vollständige Inhalt der amortisirten Urkunde und die Erklärung aufzunehmen, daß die Zahlung des Kapitals und, soweit der Gläubiger Zinsen zu fordern berechtigt ist, auch dieser von Seiten der Reichsschuldenverwaltung an den Inhaber des Anerkenntnisses ohne weitere Legitimation desselben mit voller Wirkung geschehen werde.

Gesetz über die Rechtsverhältnisse der zum dienstlichen Gebrauche einer Reichsverwaltung bestimmten Gegenstände. Vom 25. Mai 1873. (RGBl. S. 113; ausg. am 28. Mai 1873.)

§. 1. An allen dem dienstlichen Gebrauche einer verfassungsmäßig aus Reichsmitteln zu unterhaltenden Verwaltung gewidmeten Gegenständen stehen das Eigenthum und die sonstigen dinglichen Rechte, welche den einzelnen Bundesstaaten zugestanden haben, dem Deutschen Reiche zu. Der Zeitpunkt des Uebergangs dieser Gegenstände in eine solche Verwaltung ist als

Zeitpunkt des Uebergangs der Rechte auf das Reich anzusehen.

Hinsichtlich der Befreiung von Steuern und sonstigen dinglichen Lasten sind die im Eigenthume des Reichs befindlichen Gegenstände den im Eigenthume des einzelnen Staates befindlichen gleichartigen Gegenständen gleichgestellt.

Auch unterliegt das Reich bezüglich der ihm zugehörigen Gegenstände der nämlichen Gerichtszuständigkeit, welcher der Staat, in dessen Bereich jene Gegenstände sich befinden, bezüglich der ihm zugehörigen gleichartigen Gegenstände unterworfen ist.[1])

[1]) Nach § 13 Abs. 1 Einf.-Ges. z. CPO. unberührt gebliebene prozeßrechtliche Vorschrift; vgl. auch § 20 CPO. — Vertretung des Reichsmilitärfiskus durch die Landeskontingentsverwaltungen, R. III 9. März 88 E. 20, 148 (das abweichende Urtheil R. II 13. Juni 82 E. 8, 1, beruht auf einer besonderen, die Festung Ulm betreffenden Vereinbarung).

§. 2. Ausgenommen von den Bestimmungen im §. 1 bleiben:

1) solche beim Erlaß dieses Gesetzes den Zwecken einer Reichsverwaltung dienenden Grundstücke und deren gesetzliche Zubehörungen, welche nach den in den einzelnen Bundesstaaten geltenden Bestimmungen der Benutzung des Staatsoberhauptes oder der Apanagirung der Mitglieder des regierenden Hauses gewidmet sind;

2) Grundstücke, welche bei dem Uebergange in eine Verwaltung des Reichs dieser nur auf eine be-

stimmte Zeit, oder auf Widerruf, oder miethweise überlassen sind;

3) Grundstücke, aus deren Erlös die zur Erwerbung oder Bebauung eines im Besitze derselben Reichsverwaltung befindlichen Grundstücks von einem Bundesstaate gemachten Ausgaben nach den darüber getroffenen Bestimmungen zu erstatten sind;

4) Grundstücke, welche bei dem Uebergange in eine Verwaltung des Reichs dem betreffenden Dienstzweige nicht unmittelbar dienten, vielmehr nur insofern mit ihm in einem Zusammenhange standen, als die aus den Grundstücken aufkommenden Einkünfte bei jenem Dienstzweige mit verrechnet wurden;

5) Grundstücke, welche zu einem Theile von einer Reichsverwaltung, zu einem anderen Theile von einer Landesverwaltung benutzt werden, sofern der letzteren die Mitbenutzung nicht lediglich auf eine bestimmte Zeit oder auf Widerruf oder miethweise eingeräumt ist. An solchen Grundstücken steht dem Reiche auch ein Miteigenthum nicht zu, die Reichsverwaltung behält aber, bis sie mit der Landesverwaltung eine Theilung oder sonstige Auseinandersetzung vereinbart, das Benutzungsrecht im bisherigen Umfange.

§. 3. Wenn aus einem in das Eigenthum des Reichs übergegangenen Grundstücke, neben der Benutzung zum Dienstgebrauche oder zu Dienstwohnungen, noch sonst

Erträgnisse gezogen werden, so ist eine feste Geldrente, welche nach dem nachhaltigen Werthe dieser Erträgnisse zu ermitteln ist, an denjenigen Bundesstaat abzuführen, von welchem das betreffende Grundstück an das Reich übergegangen ist.

§. 4. Die nach der Bestimmung im §. 1 in das Eigenthum des Reichs übergegangenen Grundstücke können, wenn sie für die Zwecke der Reichsverwaltung in demjenigen Dienstzweige, dem sie bisher gewidmet waren, entbehrlich oder unbrauchbar werden, für Zwecke eines anderen Dienstzweiges der Reichsverwaltung verwendet werden.

§. 5. Das Reich ist zur Veräußerung eines nach §. 1 in sein Eigenthum übergegangenen Grundstücks nur dann befugt, wenn dasselbe für die Zwecke der Reichsverwaltung entbehrlich oder unbrauchbar wird und der Erlös aus seinem Verkaufe dazu bestimmt ist, durch die Erwerbung eines anderen Grundstücks, oder die Herstellung einer anderen Baulichkeit im Gebiete desselben Bundesstaates einen Ersatz für das entbehrlich oder unbrauchbar gewordene Grundstück zu beschaffen.

§. 6. Ist für ein entbehrlich oder unbrauchbar gewordenes Grundstück ein Ersatz nicht nothwendig, so ist dasselbe in dem Zustande, in welchem es sich befindet, unentgeltlich und ohne Ersatzleistung für etwaige Verbesserungen oder Verschlechterungen demjenigen Bundesstaate zurückzugeben, aus dessen Besitz es in die Verwaltung des Reichs übergegangen war.

§. 7. Die Rückgabe (§. 6) solcher Grundstücke,

welche den Zwecken der Militärverwaltung gewidmet sind, erfolgt, wenn sie für diese Verwaltung entbehrlich oder unbrauchbar werden, und weder nach §. 5 ein Ersatz für sie zu beschaffen, noch ihre Verwendung für Zwecke der Marine erforderlich ist.

Im Falle der Einziehung einer Befestigung erfolgt die Rückgabe nur nach Vollendung der im Interesse der Landesvertheidigung nothwendigen Einebnungsarbeiten gegen Erstattung der Kosten dieser Arbeiten.

§. 8. Die Entscheidung darüber, ob für ein von der Reichsverwaltung nicht weiter verwendbares Grundstück – §§. 5 bis 7 – ein Ersatz erforderlich sei, und die Feststellung der zu erstattenden Einebnungskosten stehen der obersten Behörde derjenigen Reichsverwaltung zu, in deren Besitz sich das Grundstück befindet.

§. 9. Durch den Uebergang des Eigenthums an den im §. 1 bezeichneten unbeweglichen Gegenständen an das Reich werden nicht berührt:

1) Verfügungen, welche in Betreff dieser Gegenstände vor dem 1. Januar 1873 getroffen sind;
2) die Fortdauer von Zahlungen oder anderen Leistungen, welche von einer Reichsverwaltung für die Einräumung eines Rechts an einem Grundstücke oder einem Theile desselben (§. 1 und §. 2 Nr. 5) bisher an einen Bundesstaat zu entrichten waren;
3) die Rechte Dritter, insbesondere der Staatsgläubiger.

Die zur Wahrung dieser Rechte in den Landesgesetzen bestehenden Vorschriften sind auch von dem Reiche zu erfüllen.

Rechte und Pflichten in Bezug auf rückständige Kaufgelder gehen auf das Reich nicht über.

§. 10. Alle Einnahmen aus der Veräußerung von Grundstücken, Materialien, Utensilien oder sonstigen Gegenständen, welche sich im Besitz der Reichsverwaltung befinden, müssen für jedes Jahr veranschlagt und auf den Reichhaushalts-Etat gebracht werden (Art. 69 der Verfassung). Eine Nachweisung der Ueberschreitungen solcher Einnahme-Etats und der außeretatsmäßigen Einnahmen aus der Veräußerung der erwähnten Gegenstände ist jedesmal spätestens in dem auf das Etatsjahr folgenden zweiten Jahre dem Bundesrath und dem Reichstage zur nachträglichen Genehmigung vorzulegen.

§. 11. Die Einnahmen aus der Veräußerung der im Besitz der Reichsverwaltung befindlichen Grundstücke dürfen nur unter Genehmigung des Bundesrathes und des Reichstages verausgabt werden und sind, sofern diese Genehmigung nicht anderweitig erfolgt ist, im nächsten Reichshaushalts-Etat in die zur Deckung der gemeinschaftlichen Ausgaben bestimmten Einnahmen einzustellen.

§. 12. Dem Reichstage ist ein Verzeichniß des als Eigenthum des Reichs festgestellten Grundbesitzes mitzutheilen, auch alljährlich von den im Grundbesitz des Reichs stattgehabten Veränderungen Kenntniß zu geben.

Gesetz, betreffend die Registrirung und die Bezeichnung der Kauffahrteischiffe. Vom 28. Juni 1873. (RGBl. S. 184.)[1])

[1]) S. oben Anm. 1 zum Gesetze v. 25. Okt. 1867 (S. 2).

Münzgesetz. Vom 9. Juli 1873. (RGBl. S. 233; ausg. am 15. Juli 1873.)[1])

[1]) S. Einzelausg. Nr. 26 S. 14 ff.

Art. 1. An die Stelle der in Deutschland geltenden Landeswährungen tritt die Reichsgoldwährung. Ihre Rechnungseinheit bildet die Mark, wie solche durch §. 2 des Gesetzes vom 4. Dezember 1871, betreffend die Ausprägung von Reichsgoldmünzen (Reichs-Gesetzbl. S. 404), festgestellt worden ist.

Der Zeitpunkt, an welchem die Reichswährung im gesammten Reichsgebiete in Kraft treten soll, wird durch eine mit Zustimmung des Bundesrathes zu erlassende, mindestens drei Monate vor dem Eintritt dieses Zeitpunktes zu verkündende Verordnung des Kaisers bestimmt.[1]) Die Landesregierungen sind ermächtigt, auch vor diesem Zeitpunkte für ihr Gebiet die Reichsmarkrechnung im Verordnungswege einzuführen.

[1]) Ist geschehen durch Verordn. v. 22. Sept. 1875 (RGBl. S. 303) auf den 1. Januar 1876.

Art. 2. Außer den in dem Gesetze vom 4. Dezember 1871 bezeichneten Reichsgoldmünzen sollen ferner ausgeprägt werden Reichsgoldmünzen zu fünf Mark, von welchen aus einem Pfunde feinen Goldes 279 Stück ausgebracht werden. Die Bestimmungen der §§. 4, 5, 7, 8 und 9 jenes Gesetzes finden auf diese Münzen entsprechende Anwendung, jedoch mit der Maßgabe, daß bei denselben die Abweichung in Mehr oder Weniger im Gewicht (§. 7) vier Tausendtheile, und der Unterschied zwischen dem Normalgewicht und dem Passirgewicht (§. 9) acht Tausendtheile betragen darf.

Art. 3. Außer den Reichsgoldmünzen sollen als Reichsmünzen und zwar

1) als Silbermünzen:
Fünfmarkstücke,
Zweimarkstücke,
Einmarkstücke,
Fünfzigpfennigstücke und
Zwanzigpfennigstücke;

2) als Nickelmünzen:
Zwanzigpfennigstücke,[1])
Zehnpfennigstücke und
Fünfpfennigstücke;

3) als Kupfermünzen:
Zweipfennigstücke und
Einpfennigstücke

nach Maßgabe folgender Bestimmungen ausgeprägt werden.

[1]) eingeschaltet durch Ges. v. 1. April 1886 (RGBl. S. 67).

§. 1. Bei Ausprägung der Silbermünzen wird das Pfund feinen Silbers in

20 Fünfmarkstücke,
50 Zweimarkstücke,
100 Einmarkstücke,

200 Fünfzigpfennigstücke und in
500 Zwanzigpfennigstücke
ausgebracht.

Das Mischungsverhältniß beträgt 900 Theile Silber und 100 Theile Kupfer, so daß 90 Mark in Silbermünzen 1 Pfund wiegen.

Das Verfahren bei Ausprägung dieser Münzen wird vom Bundesrath festgestellt. Bei den einzelnen Stücken darf die Abweichung im Mehr oder Weniger im Feingehalt nicht mehr als drei Tausendtheile, im Gewicht, mit Ausnahme der Zwanzigpfennigstücke, nicht mehr als zehn Tausendtheile betragen. In der Masse aber müssen das Normalgewicht und der Normalgehalt bei allen Silbermünzen innegehalten werden.

§. 2. Die Silbermünzen über eine Mark tragen auf der einen Seite den Reichsadler mit der Inschrift „Deutsches Reich" und mit der Angabe des Werthes in Mark, sowie mit der Jahreszahl der Ausprägung, auf der anderen Seite das Bildniß des Landesherrn beziehungsweise das Hoheitszeichen der freien Städte mit einer entsprechenden Umschrift und dem Münzzeichen. Durchmesser der Münzen, Beschaffenheit und Verzierung der Ränder derselben werden vom Bundesrathe festgestellt.

§. 3. Die übrigen Silbermünzen, die Nickel- und Kupfermünzen tragen auf der einen Seite die Werthangabe, die Jahreszahl und die Inschrift „Deutsches Reich", auf der andern Seite den Reichsadler und das Münzzeichen. Die näheren Bestimmungen über Zusammensetzung, Gewicht und Durchmesser dieser Münzen, sowie über die Verzierung der Schriftseite und die Beschaffenheit der Ränder werden vom Bundesrathe festgestellt.

§. 4. Die Silber-, Nickel und Kupfermünzen werden auf den Münzstätten derjenigen Bundesstaaten, welche sich dazu bereit erklären, ausgeprägt. Die Ausprägung und Ausgabe dieser Münzen unterliegt der Beaufsichtigung von Seiten des Reichs. Der Reichskanzler bestimmt unter Zustimmung des Bundesrathes die auszuprägenden Beträge, die Vertheilung dieser Beträge auf die einzelnen Münzgattungen und auf die einzelnen Münzstätten und die den letzteren für die Prägung jeder einzelnen Münzgattung gleichmäßig zu gewährende Vergütung. Die Beschaffung der Münzmetalle für die Münzstätten erfolgt auf Anordnung des Reichskanzlers.

Art. 4. Der Gesammtbetrag der Reichssilbermünzen soll bis auf Weiteres zehn Mark für den Kopf der Bevölkerung des Reichs nicht übersteigen.

Bei jeder Ausgabe dieser Münzen ist eine dem Werthe nach gleiche Menge der umlaufenden groben Landessilbermünzen und zwar zunächst der nicht dem Dreißigthalerfuße angehörenden einzuziehen. Der Werth wird nach der Vorschrift im Art. 14 §. 2 berechnet.

Art. 5. Der Gesammtbetrag der Nickel- und Kupfermünzen soll zwei und eine halbe Mark für den Kopf der Bevölkerung des Reichs nicht übersteigen.

Art. 6. Von den Landesscheidemünzen sind:

1) die auf andere als Thalerwährung lautenden, mit Ausschluß der bayerischen Heller und der mecklenburgischen nach dem Marksysteme ausgeprägten Fünf-, Zwei- und Einpfennigstücke,
2) die auf der Zwölftheilung des Groschens beruhenden Scheidemünzen zu 2 und 4 Pfennigen,
3) die Scheidemünzen der Thalerwährung, welche auf einer anderen Eintheilung des Thalers, als der in 30 Groschen beruhen, mit Ausnahme der Stücke im Werthe von $^1/_{12}$ Thaler,

bis zu dem Zeitpunkte des Eintritts der Reichswährung (Art. 1) einzuziehen.

Nach diesem Zeitpunkte ist Niemand verpflichtet, diese Scheidemünzen in Zahlung zu nehmen, als die mit der Einlösung derselben beauftragten Kassen.

Art. 7. Die Ausprägung der Silber-, Nickel- und Kupfermünzen (Art. 3), sowie die vom Reichskanzler anzuordnende Einziehung der Landessilbermünzen und Landesscheidemünzen erfolgt auf Rechnung des Reichs.

Art. 8. Die Anordnung der Außerkurssetzung von Landesmünzen und Feststellung der für dieselbe erforderlichen Vorschriften erfolgt durch den Bundesrath.[1])

Die Bekanntmachungen über Außerkurssetzung von Landesmünzen sind außer in den zu der Veröffentlichung von Landesverordnungen bestimmten Blättern auch durch das Reichs-Gesetzblatt zu veröffentlichen.

Eine Außerkurssetzung darf erst eintreten, wenn eine Einlösungsfrist von mindestens vier Wochen festgesetzt und mindestens drei Monate vor ihrem Ablaufe durch die vorbezeichneten Blätter bekannt gemacht worden ist.

[1]) Die bezüglichen Bekanntmachungen sind aufgezählt Einzelausg. Nr. 26 S. 24 Anm. 17; Gesetzgeb. III S. 161 Anm. 13. Die einzigen noch nicht außer Kurs gesetzten Landesmünzen sind die Einthalerstücke deutschen Gepräges und die Hellerstücke bayerischen Gepräges.

Art. 9. Niemand ist verpflichtet, Reichssilbermünzen im Betrage von mehr als zwanzig Mark und Nickel- und Kupfermünzen im Betrage von mehr als einer Mark in Zahlung zu nehmen.

Von den Reichs- und Landeskassen werden Reichssilbermünzen in jedem Betrage in Zahlung genommen. Der Bundesrath wird diejenigen Kassen bezeichnen, welche Reichsgoldmünzen gegen Einzahlung von Reichssilbermünzen in Beträgen von mindestens 200 Mark oder von Nickel- und Kupfermünzen in Beträgen von mindestens 50 Mark auf Verlangen verabfolgen. Derselbe wird zugleich die näheren Bedingungen des Umtausches festsetzen.[1])

[1]) Bekanntm. v. 19. Dez. 1875 (Centralbl. S. 802). Vgl. Einzelausg. Nr. 26 S. 25 Anm. 20; Gesetzgeb. III S. 162 Anm. 15.

Art. 10. Die Verpflichtung zur Annahme und zum Umtausch (Art. 9) findet auf durchlöcherte und anders, als durch den gewöhnlichen Umlauf im Gewicht verringerte, ingleichen auf verfälschte Münzstücke keine Anwendung.

Reichs-Silber-, Nickel- und Kupfermünzen, welche in Folge längerer Cirkulation und Abnutzung an Gewicht oder Erkennbarkeit erheblich eingebüßt haben, werden zwar noch in allen Reichs- und Landeskassen angenommen, sind aber auf Rechnung des Reichs einzuziehen.

Art. 11. Eine Ausprägung von anderen, als den durch dieses Gesetz eingeführten Silber-, Nickel- und Kupfermünzen findet nicht ferner statt. Die durch die Bestimmung im §. 10 des Gesetzes, betreffend die Ausprägung von Reichsgoldmünzen, vom 4. Dezember 1871 (Reichs-Gesetzbl. S. 404), vorbehaltene Befugniß, Silbermünzen als Denkmünzen auszuprägen, erlischt mit dem 31. Dezember 1873.

Art. 12. Die Ausprägung von Reichsgoldmünzen geschieht auch ferner nach Maßgabe der Bestimmung im §. 6 des Gesetzes, betreffend die Ausprägung von Reichsgoldmünzen, vom 4. Dezember 1871 (Reichs-Gesetzbl. S. 404), auf Rechnung des Reichs.

Privatpersonen haben das Recht, auf denjenigen Münzstätten, welche sich zur Ausprägung auf Reichsrechnung bereit erklärt haben, Zwanzigmarkstücke für ihre Rechnung ausprägen zu lassen, soweit diese Münzstätten nicht für das Reich beschäftigt sind.[1])

Die für solche Ausprägungen zu erhebende Gebühr wird vom Reichskanzler mit Zustimmung des Bundesrathes festgestellt, darf aber das Maximum von 7 Mark auf das Pfund fein Gold nicht übersteigen.

Die Differenz zwischen dieser Gebühr und der Vergütung, welche die Münzstätte für die Ausprägung in Anspruch nimmt, fließt in die Reichskasse. Diese Differenz muß für alle deutschen Münzstätten dieselbe sein.

Die Münzstätten dürfen für die Ausprägung keine

höhere Vergütung in Anspruch nehmen, als die Reichskasse für die Ausprägung von Zwanzigmarkstücken gewährt.

[1]) Bekanntm. v. 8. Juni 1875 (Centralbl. S. 348). Vgl. Einzelausg. Nr. 26 S. 40; Gesetzgeb. III S. 164 Anm. 17.

Art. 13. Der Bundesrath ist befugt:

1) den Werth zu bestimmen, über welchen hinaus fremde Gold- und Silbermünzen nicht in Zahlung angeboten und gegeben werden dürfen, sowie den Umlauf fremder Münzen gänzlich zu untersagen[1]);

2) zu bestimmen, ob ausländische Münzen von Reichs- oder Landeskassen zu einem öffentlich bekannt zu machenden Kurse im inländischen Verkehr in Zahlung genommen werden dürfen, auch in solchem Falle den Kurs festzusetzen.

Gewohnheitsmäßige oder gewerbsmäßige Zuwiderhandlungen gegen die vom Bundesrathe in Gemäßheit der Bestimmungen unter 1 getroffenen Anordnungen werden bestraft mit Geldstrafe bis zu 150 Mark oder mit Haft bis zu sechs Wochen.

[1]) Die zahlreichen in Ausführung dieser Bestimmung bis in die neueste Zeit erlassenen Bekanntmachungen haben kein privatrechtliches Interesse.

Art. 14. Von dem Eintritt der Reichswährung an gelten folgende Vorschriften:

§. 1. Alle Zahlungen, welche bis dahin in Münzen einer inländischen Währung oder in landesgesetzlich den inländischen Münzen gleichgestellten ausländischen Münzen zu leisten waren, sind vorbehaltlich der Vorschriften Art. 9, 15 und 16 in Reichsmünzen zu leisten.

§. 2. Die Umrechnung solcher Goldmünzen, für welche ein bestimmtes Verhältniß zu Silbermünzen gesetzlich nicht feststeht, erfolgt nach Maßgabe des Verhältnisses des gesetzlichen Feingehalts derjenigen Münzen, auf welche die Zahlungsverpflichtung lautet, zu dem gesetzlichen Feingehalte der Reichsgoldmünzen.

Bei der Umrechnung anderer Münzen werden
der Thaler zum Werthe von 3 Mark,
der Gulden süddeutscher Währung zum Werthe $1^{5}/_{7}$ Mark,
die Mark lübischer oder hamburgischer Kurantwährung zum Werthe von $1^{1}/_{5}$ Mark,
die übrigen Münzen derselben Währungen zu entsprechenden Werthen nach ihrem Verhältniß zu den genannten berechnet.

Bei der Umrechnung werden Bruchtheile von Pfennigen der Reichswährung zu einem Pfennig berechnet, wenn sie einen halben Pfennig oder mehr betragen, Bruchtheile unter einem halben Pfennig werden nicht gerechnet.[1])

§. 3. Werden Zahlungsverpflichtungen nach Eintritt der Reichswährung unter Zugrundelegung vormaliger inländischer Geld- oder Rechnungswährungen begründet, so ist die Zahlung vorbehaltlich der Vorschriften Art. 9, 15 und 16 in Reichsmünzen unter Anwendung der Vorschriften des §. 2 zu leisten.

§. 4. In allen gerichtlich oder notariell aufgenommenen Urkunden, welche auf einen Geldbetrag lauten, desgleichen in allen zu einem Geldbetrag verurtheilenden gerichtlichen Entscheidungen ist dieser Geldbetrag, wenn für denselben ein bestimmtes Verhältniß zur Reichswährung gesetzlich feststeht, in Reichswährung auszudrücken; woneben jedoch dessen gleichzeitige Bezeichnung nach derjenigen Währung, in welcher ursprünglich die Verbindlichkeit begründet war, gestattet bleibt.

[1]) Art. 14 §§ 1, 2 findet auch auf Zahlungen Anwendung, welche ein Ausländer in bestimmter Summe deutscher Silberwährung an einem deutschen Platze zu leisten vor Einführung der Reichsgoldwährung versprochen hat, RH. I 19. Febr. 78 E. 23,205; RH. I 8. April 1879 E. 25,41; R. II 12. Dez. 79 E. 1,28; R. I 1. März 82 E. 6,125; R. I 9. Febr. 87 E. 19,47 (letzteres bezüglich eines Falles, in welchem Zahlung alternativ in deutscher Währung aber ohne Festsetzung eines Zahlungsortes in Deutschland zugesagt war). Die sämmtlichen Entscheidungen betreffen die Einlösung der Kupons österreichischer Eisenbahnobligationen (sog. Kuponprozesse).

Art. 15. An Stelle der Reichsmünzen sind bei allen Zahlungen bis zur Außerkurssetzung[1]) anzunehmen:

1) im gesammten Bundesgebiete an Stelle aller Reichsmünzen die Ein- und Zweithalerstücke deutschen Gepräges unter Berechnung des Thalers zu drei Mark;[2])

2) im gesammten Bundesgebiete an Stelle der Reichssilbermünzen, Silberkurantmünzen deutschen Gepräges zu $^1/_3$ und $^1/_6$ Thaler unter Berechnung des $^1/_3$ Thalerstücks zu einer Mark und des $^1/_6$ Thalerstücks zu einer halben Mark;

3) in denjenigen Ländern, in welchen gegenwärtig die Thalerwährung gilt, an Stelle der Reichs-, Nickel- und Kupfermünzen die nachbezeichneten

Münzen der Thalerwährung zu den daneben bezeichneten Werthen:

1/12	Thalerstücke	zum	Werthe	von	25	Pfennig,
1/15	"	"	"	"	20	"
1/30	"	"	"	"	10	"
1/2	Groschenstücke	"	"	"	5	"
1/5	"	"	"	"	2	"
1/10 und 1/12	"	"	"	"	1	"

4) in denjenigen Ländern, in welchen die Zwölftheilung des Groschens besteht, an Stelle der Reichs-, Nickel- und Kupfermünzen die auf der Zwölftheilung des Groschens beruhenden Dreipfennigstücke zum Werthe von 2 1/2 Pfennig;

5) in Bayern an Stelle der Reichskupfermünzen die Hellerstücke zum Werthe von 1/2 Pfennig;

6) in Mecklenburg an Stelle der Reichskupfermünzen die nach dem Marksystem ausgeprägten Fünfpfennigstücke, Zweipfennigstücke und Einpfennigstücke zum Werthe von 5, 2 und 1 Pfennig.

Die sämmtlichen sub 3 und 4 verzeichneten Münzen sind an allen öffentlichen Kassen des gesammten Bundesgebietes zu den angegebenen Werthen bis zur Außerkurssetzung in Zahlung anzunehmen.

Der Bundesrath ist befugt, zu bestimmen, daß die Einthalerstücke deutschen Gepräges, sowie die in Oesterreich bis zum Schlusse des Jahres 1867 geprägten Vereinsthaler bis zu ihrer Außerkurssetzung nur noch an Stelle der Reichssilbermünzen, unter Berechnung des Thalers zu 3 Mark, in Zahlung anzunehmen sind.

Eine solche Bestimmung ist durch das Reichs-Gesetzblatt zu veröffentlichen und tritt frühestens einen Monat nach ihrer Veröffentlichung in Kraft.[3])

[1]) Durch die fortschreitenden Außerkurssetzungen (s. Anm. 1 zu Art. 8) sind heute nur noch Ziff. 1 (mit Ausnahme der Zweithalerstücke) und 5 des ersten Absatzes anwendbar.

[2]) Vgl. Ges., betr. die Abänderung des Art. 15 des Münzgesetzes vom 9. Juli 1873. Vom 20. April 1874 (RGBl. S. 35. Ausgegeben am 30. April 1874).

Einziger Artikel: Die Bestimmung im Artikel 15, Ziffer 1 des Münzgesetzes vom 9. Juli 1873 (Reichs-Gesetzbl. S. 233) findet auch auf die in Oesterreich bis zum Schlusse des Jahres 1867 geprägten Vereinsthaler und Vereinsdoppelthaler Anwendung.

Ueber die Bedeutung des Art. 16 Ziff. 1 vgl. RG. 18. April 1879 E. 25,41.

[3]) Die beiden letzten Absätze sind beigefügt durch Gesetz, betreffend die Abänderung des Artikels 15 des Münzgesetzes vom 9. Juli 1873, vom 6. Januar 1876. (RGBl. S. 3; ausgegeben am 13. Jan. 1876.) Die in ihnen vorgesehene Bestimmung ist noch nicht erlassen.

Art. 16. Deutsche Goldkronen, Landesgoldmünzen und landesgesetzlich den inländischen Münzen gleichgestellte ausländische Goldmünzen, sowie grobe Silbermünzen, welche einer anderen Landeswährung als der Thalerwährung angehören, sind bis zur Außerkurssetzung als Zahlung anzunehmen, soweit die Zahlung nach den bisherigen Vorschriften in diesen Münzsorten angenommen werden mußte.

Art. 17. Schon vor Eintritt der Reichsgoldwährung können alle Zahlungen, welche gesetzlich in Münzen einer inländischen Währung oder in ausländischen, den inländischen Münzen landesgesetzlich gleichgestellten

Münzen geleistet werden dürfen, ganz oder theilweise in Reichsmünzen, vorbehaltlich der Vorschrift Art. 9, dergestalt geleistet werden, daß die Umrechnung nach den Vorschriften Art. 14 §. 2 erfolgt.

Art. 18. Bis zum 1. Januar 1876 sind sämmtliche nicht auf Reichswährung lautenden Noten der Banken einzuziehen. Von diesem Termine an dürfen nur solche Banknoten, welche auf Reichswährung in Beträgen von nicht weniger als 100 Mark lauten, in Umlauf bleiben oder ausgegeben werden.[1])

Dieselben Bestimmungen gelten für die bis jetzt von Korporationen ausgegebenen Scheine.

Das von den einzelnen Bundesstaaten ausgegebene Papiergeld ist spätestens bis zum 1. Januar 1876 einzuziehen und spätestens sechs Monate vor diesem Termine öffentlich aufzurufen. Dagegen wird nach Maßgabe eines zu erlassenden Reichsgesetzes[2]) eine Ausgabe von Reichspapiergeld stattfinden. Das Reichsgesetz wird über die Ausgabe und den Umlauf des Reichspapiergeldes, sowie über die den einzelnen Bundesstaaten zum Zweck der Einziehung ihres Papiergeldes zu gewährenden Erleichterungen die näheren Bestimmungen treffen.

[1]) S. jetzt § 3 des Bankges. v. 14. März 1875.

[2]) S. jetzt Ges., betr. die Ausgabe von Reichskassenscheinen, v. 30. April 1874.

Gesetz, betreffend die Abänderung des Artikel 15 des Münzgesetzes vom 9. Juli 1873. Vom 20. April 1874. (RGBl. S. 35.)[1])

[1]) S. oben S. 153 Anm. 2.

Gesetz, betreffend die Ausgabe von Reichskassenscheinen. Vom 30. April 1874. (RGBl. S. 40; ausgeg. am 5. Mai 1874.)[1])

[1]) Vgl. Art. 18 des Münzges. v. 9. Juli 1873. — S. Einzelausg. Nr. 26 S. 43 ff.

§. 1. Der Reichskanzler wird ermächtigt, Reichskassenscheine zum Gesammtbetrage von 120 Millionen Mark in Abschnitten zu 5, 20 und 50 Mark ausfertigen zu lassen und unter die Bundesstaaten nach dem Maßstabe ihrer durch die Zählung vom 1. Dezember 1871 festgestellten Bevölkerung zu vertheilen.

Ueber die Vertheilung des Gesammtbetrages auf die einzelnen Abschnitte beschließt der Bundesrath.

[1]) Nähere Nachweisungen s. Einzelausg. Nr. 26 S. 44 Anm. 5; Gesetzg. III S. 205 Anm. 4.

§. 2. Jeder Bundesstaat hat das von ihm seither ausgegebene Staatspapiergeld spätestens bis zum 1. Juli 1875 zur Einlösung öffentlich aufzurufen und thunlichst schnell einzuziehen.

Zur Annahme von Staatspapiergeld sind vom 1. Januar 1876 an nur die Kassen desjenigen Staats verpflichtet, welcher das Papiergeld ausgegeben hat.

§. 3. Denjenigen Staaten, deren Papiergeld den ihnen nach §. 1 zu überweisenden Betrag von Reichskassenscheinen übersteigt, werden zwei Drittheile des überschießenden Betrages aus der Reichskasse als ein Vorschuß überwiesen und zwar, soweit die Bestände der letzteren es gestatten, in baarem Gelde, soweit sie es nicht gestatten, in Reichskassenscheinen.

Der Reichskanzler wird zu diesem Zwecke ermächtigt, Reichskassenscheine über den im §. 1 festgesetzten Betrag hinaus bis auf Höhe des zu leistenden Vorschusses anfertigen zu lassen, und soweit als nöthig in Umlauf zu setzen.

Ueber die Art der Tilgung dieses Vorschusses wird gleichzeitig mit der Ordnung des Zettelbankwesens Bestimmung getroffen. In Ermangelung einer solchen Bestimmung hat die Rückzahlung des Vorschusses innerhalb 15 Jahren, vom 1. Januar 1876 an gerechnet, in gleichen Jahresraten zu erfolgen.

Die auf den Vorschuß eingehenden Rückzahlungen sind zunächst zur Einziehung der nach vorstehenden Bestimmungen ausgefertigten Reichskassenscheine zu verwenden.

§. 4. Diejenigen Bundesstaaten, welche Papiergeld ausgegeben haben, werden die ihnen ausgefolgten Reichskassenscheine (§§. 1 und 3), soweit der Betrag der letzteren den Betrag des ausgegebenen Staatspapiergeldes nicht übersteigt, nur in dem Maße in Umlauf setzen, als Staatspapiergeld zur Einziehung gelangt.

§. 5. Die Reichskassenscheine werden bei allen Kassen des Reichs und sämmtlicher Bundesstaaten nach ihrem Nennwerthe in Zahlung angenommen und von der Reichs-Hauptkasse für Rechnung des Reichs jederzeit auf Erfordern gegen baares Geld eingelöst.[1])

Im Privatverkehr findet ein Zwang zu ihrer Annahme nicht statt.

[1]) Vgl. Ges., betr. die Einziehung der mit dem Datum vom 11. Juli 1874 ausgefertigten Kassenscheine vom 21. Juli 1884 (RGBl. S. 172), s. Einzelausg. Nr. 28 S. 48.

§. 6. Die Ausfertigung der Reichskassenscheine wird der Preußischen Haupt-Verwaltung der Staatsschulden unter der Benennung „Reichsschulden-Verwaltung" übertragen.

Die Reichsschulden-Verwaltung hat für beschädigte oder unbrauchbar gewordene Exemplare für Rechnung des Reichs Ersatz zu leisten, wenn das vorgelegte Stück zu einem echten Reichskassenscheine gehört und mehr als die Hälfte eines solchen beträgt. Ob in anderen Fällen ausnahmsweise ein Ersatz geleistet werden kann, bleibt ihrem pflichtmäßigen Ermessen überlassen.[1])

[1]) Vgl. Bekanntm. v. 18. Mai 1876 (CBl. S. 296). S. Einzelausg. Nr. 26 S. 47 Anm. 19; Gesetzg. III S. 207 Anm. 10.

§. 7. Vor der Ausgabe der Reichskassenscheine ist eine genaue Beschreibung derselben öffentlich bekannt zu machen.

Die Kontrole über die Ausfertigung und Ausgabe der Reichskassenscheine übt die Reichsschulden-Kommission.

§. 8. Von den Bundesstaaten darf auch ferner nur auf Grund eines Reichsgesetzes Papiergeld ausgegeben oder dessen Ausgabe gestattet werden.

Reichs-Militärgesetz. Vom 2. Mai 1874. (RGBl. S. 45; ausgeg. am 9. Mai 1874.)[1])

[1]) Dieses durch die Gesetze vom 6. Mai 1880 (RGBl. S. 103), 11. März 1887 (RGBl. S. 117), 11. Febr. 1888 (RGBl. S. 11) und 27. Januar 1890 (RGBl. S. 7) wesentlich abgeänderte Gesetz greift in das Privatrecht ein in seinem

III. Abschnitt.

Vom aktiven Heere.

§. 38. Zum aktiven Heere gehören:

A. Die Militärpersonen des Friedensstandes, und zwar:

1) die Offiziere, Aerzte und Militärbeamten des Friedensstandes vom Tage ihrer Anstellung bis zum Zeitpunkte ihrer Entlassung aus dem Dienste;

2) die Kapitulanten vom Beginn bis zum Ablauf oder bis zur Aufhebung der abgeschlossenen Kapitulation;

3) die Freiwilligen und die ausgehobenen Rekruten von dem Tage, mit welchem ihre Verpflegung durch die Militärverwaltung beginnt, Einjährig-Freiwillige von dem Zeitpunkte ihrer definitiven Einstellung in einen Truppentheil an, sämmtlich bis zum Ablauf des Tages ihrer Entlassung aus dem aktiven Dienste.

B. 1) Die aus dem Beurlaubtenstande (V. Abschnitt) zum Dienst einberufenen Offiziere, Aerzte, Militärbeamten und Mannschaften von dem Tage, zu welchem sie einberufen sind, bis zum Ablauf des Tages der Wiederentlassung;

2) alle in Kriegszeiten zum Heeresdienste aufgebotenen oder freiwillig eingetretenen Offiziere, Aerzte, Militärbeamten und Mannschaften, welche zu keiner der vorgenannten Kategorien gehören, von dem Tage, zu welchem sie einberufen sind, bzw. vom Zeitpunkte des freiwilligen Eintritts an, bis zum Ablauf des Tages der Entlassung.

C. Die Civilbeamten der Militärverwaltung, vom Tage ihrer Anstellung bis zum Zeitpunkte ihrer Entlassung aus dem Dienste.

§. 39. Die besondere Gerichtsbarkeit über Militärpersonen beschränkt sich auf Strafsachen[1]) und wird durch Reichsgesetz geregelt.[2])

[3]) Den allgemeinen Gerichtsstand haben die Militärpersonen bei dem Gerichte des Garnisonortes;[4]) diejenigen jedoch, welche nur zur Erfüllung der Wehrpflicht dienen oder welche selbständig einen Wohnsitz nicht begründen können, nur bezüglich der Klagen wegen vermögensrechtlicher Ansprüche.[5])

[3]) Es bleiben diejenigen landesgesetzlichen Vorschriften in Kraft, nach welchen für Truppentheile, die nach der Mobilmachung ihre Garnison verlassen haben oder sich dauernd im Auslande aufhalten,[6]) die Ausübung der streitigen oder freiwilligen Gerichtsbarkeit einem inländischen Gerichte oder den Auditeuren ein für alle Mal übertragen ist, oder für den einzelnen Fall im Verordnungswege übertragen werden kann.

[1]) Vgl. § 7 Einf.-Ges. z. GVG.

[2]) Ist noch nicht ergangen.

[3]) Abs. 2 und 3 sind an sich, auch soweit sie Civilprozesse betreffen, in Kraft geblieben, § 13 Abs. 1 Einf.-Ges. CPO; sie sind aber durch einzelne in den folgenden Anm. zu erwähnende Vorschriften ersetzt bezw. abgeändert.

[4]) Statt dieses Satzes s. jetzt § 14 Abs. 1 verb. m. § 13 CPO.

[5]) S. jetzt § 14 Abs. 2 verb. m. § 21 Abs. 2 CPO.

[6]) Für diese s. jetzt § 15 verb. m. § 13 CPO.; im übrigen gilt Abs. 3 auch hinsichtlich der streitigen Gerichtsbarkeit noch (streitig).

§. 40. Die Militärpersonen des Friedensstandes bedürfen zu ihrer Verheirathung der Genehmigung ihrer Vorgesetzten.[1])

[1]) Aber Mangel dieser Genehmigung hat nur Strafe, nicht Ungültigkeit der Ehe zur Folge, § 38 Personenstandsges. vom 6. Febr. 1875.

§. 41. Die Militärpersonen des Friedensstandes und die Civilbeamten der Militärverwaltung können die Uebernahme von Vormundschaften ablehnen, und sind zu deren Uebernahme nur mit Genehmigung ihrer Vorgesetzten berechtigt.

§. 42. Die landesgesetzlich für einzelne Klassen von Militärpersonen bestehenden Beschränkungen hinsichtlich der Erwerbung, Veräußerung und Belastung von Grundstücken werden aufgehoben.

§. 43. Zum Betriebe eines Gewerbes bedürfen die Militärpersonen des Friedensstandes für sich und für die in Dienstgebäuden bei ihnen wohnenden Mitglieder ihres Hausstandes der Erlaubniß ihrer Vorgesetzten, insofern nicht das Gewerbe mit der Bewirthschaftung eines ihnen gehörigen ländlichen Grundstückes verbunden ist.

§. 44. In Kriegszeiten oder während eines Belagerungszustandes können die im §. 38 bezeichneten und die nach §§. 155 bis 158 des Militär-Strafgesetzbuchs vom 20. Juni 1872 den Militärgesetzen unterworfenen Personen letztwillige Verordnungen unter besonders erleichterten Formen gültig errichten (privilegirte militärische letztwillige Verfügungen). Die Vorrechte der Militärpersonen in Beziehung auf diese letztwilligen Verordnungen bestehen allein darin, daß sie nach Maßgabe der nachstehenden Bestimmungen den für ordentliche letztwillige Verfügungen vorgeschriebenen Förmlichkeiten nicht unterworfen sind. Es sind dabei die folgenden Bestimmungen zu beobachten:

1) Die Befugniß, in Kriegszeiten oder während eines Belagerungszustandes privilegirte militärische letztwillige Verfügungen zu errichten, beginnt für die oben bezeichneten Personen von der Zeit, wo sie entweder ihre Standquartiere oder im Fall ihnen solche nicht angewiesen sind, ihre bisherigen Wohnorte im Dienste verlassen oder in denselben angegriffen oder belagert werden.

Kriegsgefangene oder Geißeln haben diese Befugniß, so lange sie sich in der Gewalt des Feindes befinden.

2) Privilegirte militärische letztwillige Verfügungen sind in gültiger Form errichtet:

a) wenn sie von dem Testator eigenhändig geschrieben und unterschrieben sind;

b) wenn sie von dem Testator eigenhändig unterschrieben und von zwei Zeugen oder einem Auditeur oder Offizier mitunterzeichnet sind;

c) wenn von einem Auditeur oder Offizier, unter Zuziehung zweier Zeugen oder noch eines Auditeurs oder Offiziers, über die mündliche Erklärung des Testators eine schriftliche Verhandlung aufgenommen und diese dem Testator vorgelesen, sowie von dem Auditeur oder Offizier und den Zeugen, bezw. von den Auditeuren oder Offizieren unterschrieben ist.

Bei verwundeten oder kranken Militärpersonen können die unter b. und c. erwähnten Auditeure und Offiziere durch Militärärzte oder höhere Lazarethbeamte oder Militärgeistliche vertreten werden.

3) Die sub 2 erwähnten Zeugen sind Beweiszeugen; sie brauchen nicht die Eigenschaft von Instrumentszeugen zu haben und es kann die Aussage eines derselben für vollständig beweisend angenommen werden.

4) Die nach Vorschrift sub 2c. aufgenommene Verhandlung hat in Betreff ihres Inhalts und der in ihr angebenen Zeit der Aufnahme die Beweiskraft einer öffentlichen Urkunde.

Ist in der eigenhändig geschriebenen und unterschriebenen, oder in der eigenhändig unterschriebenen letztwilligen Verfügung (2a. b.) die Zeit der Errichtung angegeben, so streitet die Vermuthung bis zum Beweise des Gegentheils für die Richtigkeit dieser Angabe.

Eine gleiche Vermuthung streitet dafür, daß die letztwillige Verfügung während des die privilegirte Form zulassenden Ausnahmezustandes errichtet ist, wenn dieselbe während dieser Zeit oder innerhalb vierzehn Tage nach deren Aufhören einer vorgesetzten Militärbehörde zur Aufbewahrung übergeben ist, oder wenn dieselbe in dem Feldnachlaß des Testators aufgefunden wird.

5) Privilegirte militärische letztwillige Verfügungen verlieren ihre Gültigkeit mit dem Ablauf eines Jahres von dem Tage ab, an welchem der Truppentheil, zu dem der Testator gehört, demobil

gemacht ist, oder der Testator aufgehört hat zu dem mobilen Truppentheil zu gehören, oder als Kriegsgefangener oder Geißel aus der Gewalt des Feindes entlassen ist.

Der Lauf dieser Frist wird jedoch suspendirt durch anhaltende Unfähigkeit des Testators zur Errichtung einer anderweiten letztwilligen Verordnung.

Wenn der Testator innerhalb des Jahres vermißt und in dem Verfahren auf Todeserklärung oder auf Abwesenheitserklärung festgestellt wird, daß er seit jener Zeit verschollen ist, so tritt die Ungültigkeit der letztwilligen Verfügung nicht ein.

§. 45. Die durch Reichs- oder Landesgesetze vorgeschriebenen Beschränkungen der gerichtlichen Zwangsvollstreckungen gegen Militärpersonen[1]) finden auf alle Arten der Zwangsvollstreckung gegen die letzteren entsprechende Anwendung. Eine Aufhebung dieser Beschränkungen durch vorgängige Einwilligung des Schuldners ist ohne rechtliche Wirkung.

Den Anspruch auf Zahlung von Diensteinkünften, Wartegeldern oder Pensionen können die Militärpersonen mit rechtlicher Wirkung nur insoweit abtreten, verpfänden oder sonst übertragen, als eine Beschlagnahme im Falle einer Zwangsvollstreckung zulässig gewesen wäre.[2]) Die Benachrichtigung an die auszahlende Kasse geschieht durch eine der Kasse auszuhändigende öffentliche Urkunde.

[1]) S. jetzt §§ 678, 699, 749, 785, 786, 793 CPO.

[2]) § 749 Abs. 1 Z. 5, 6, 8, Abs. 2, 4, 5.

§§ 46 bis 49 betreffen lediglich öffentlich-rechtliche Verhältnisse.

Aus dem V. Abschnitt (Vom Beurlaubtenstande und der Ersatzreserve erster Klasse) ist noch zu erwähnen:

§. 60. Ziff. 4. Die vorläufig in die Heimath beurlaubten Rekruten und Freiwilligen bedürfen zur Verheirathung der Genehmigung der Militärbehörde.

Ferner § 66 Abs. 1, nach welchem Reichs-, Staats- und Kommunalbeamte durch ihre Einberufung zum Militärdienste in ihren bürgerlichen Verhältnissen keinen Nachtheil erleiden sollen; derselbe ist neu gefaßt im Ges. v. 6. Mai 1880; dazu sind erlassen die Bestimmungen v. 8. Mai 1888 (CBl. S. 169). Vgl. betreffs der Anwendung dieses Grundsatzes auf preußische Gerichtsvollzieher, R. IV 5. März 85 E. 13, 33.

Strandungsordnung. Vom 17. Mai 1874. (RGBl. S. 73.)[1]

[1]) Das Gesetz, welches privatrechtliche, strafrechtliche und polizeiliche Vorschriften in sich vereinigt, ergänzt den 9 Titel des V. Buchs des HGB. (Art. 742—756). Wegen jenes gemischten Inhalts und dieses Zusammenhangs mit dem Seerecht des HGB. ist es hier nicht aufgenommen. S. Einzelausg. Nr. 19 S. 331 ff.

Gesetz, betreffend die Aufhebung der Artikel 11 und 12 Buch III. Titel 12 des revidirten Lübischen Rechts, sowie der Artikel 14 und 16 Theil III. Titel 12 des Rostocker Stadtrechts. Vom 4. November 1874. (RGBl. S. 128.)[1]

[1]) Ist wegen seiner beschränkten örtlichen Geltung nicht abgedruckt.

Gesetz über Markenschutz. Vom 30. November 1874. (RGBl. 143.)[1]

[1]) S. Einzelausg. Nr. 22 S. 75 ff.

§. 1. Gewerbetreibende, deren Firma im Handelsregister eingetragen ist, können Zeichen, welche zur Unterscheidung ihrer Waaren von den Waaren anderer Gewerbetreibenden auf den Waaren selbst oder auf deren Verpackung angebracht werden sollen,[1]) zur Eintragung in das Handelsregister des Ortes ihrer Hauptniederlassung bei dem zuständigen Gerichte anmelden.

[1]) Etiketten als Waarenzeichen, R. III 29. März 86 E. 14,59 (63). S. Anm. 4 zu § 13.

§. 2. Der Anmeldung muß eine deutliche Darstellung des Waarenzeichens (§. 1)[1]) nebst einem Verzeichniß der Waarengattungen, für welche das Zeichen bestimmt ist, mit der Unterschrift der Firma versehen, beigefügt sein.[2])

[1]) Dafür, ob mehrere selbständige, nur gleichzeitig angebrachte Einzelzeichen oder ob eine Kollektivmarke vorliegt, und ob demnach die Nachbildung eines einzelnen Bestandtheils des Zeichens unter § 14 fällt oder nicht, ist die Form der Anmeldung entscheidend, R III 11. Febr. 82 E. 6,28.

[2]) Ausführungsbestimmungen: Bekanntm. v. 8. Febr. 1875 (CBl. S. 123); s. Einzelausg. Nr. 22 S. 126; Gesetzg. III S. 331.

§. 3. Die Eintragung von Waarenzeichen, deren Benutzung für den Anmeldenden landesgesetzlich[1]) geschützt ist, ferner von solchen Zeichen, welche bis zum Beginn des Jahres 1875 im Verkehr[2]) allgemein als Kennzeichen der Waaren eines bestimmten Gewerbetreibenden gegolten haben, darf nicht versagt werden.[3])

Im Uebrigen ist die Eintragung zu versagen, wenn die Zeichen ausschließlich in Zahlen, Buchstaben oder Worten[4]) bestehen, oder wenn sie öffentliche Wappen[5]) oder Aergerniß erregende Darstellungen enthalten.

¹) Aeltere französische Gesetze in Elsaß-Lothringen als Landesgesetze, R. III 18. April 82 E. 6, 272.

²) Zu berücksichtigen ist auch der Verkehr außerhalb des Deutschen Reichs, R. II 7. Jan. 81 E. 3, 74. S. Anm. 1 zu § 9.

³) Jedoch nur, wenn die Anmeldung vor dem 1. Okt. 1875 erfolgt ist (§ 9), R. II 30. Okt. 83 E. 10, 58.

⁴) Ob Verzierungen, Umrahmungen rc. den Buchstabenkarakter aufheben, ist Thatfrage, R. II 9. Okt. 83 E. 10, 56; R. III 11. Febr. 82 E. 6, 28. — Ein längeres Schriftstück ist niemals ein Waarenzeichen, es kann daher auch, wenn es im Auslande geschützt sein sollte, niemals auf Grund des § 20 den Markenschutz beanspruchen, während für die Zulässigkeit ausländischer, nur aus Zahlen, Buchstaben oder Worten bestehender Zeichen, wenn es nur eben Zeichen sind, das ausländische Recht maßgebend ist, R. III 21. Juni 86 E. 14, 234.

⁵) d. h. inländische, RH. I 10. Dez. 78 E. 24, 292; R. II 21. Dez. 80 E. 3, 69; R. III 19. Jan. 88 E. 17, 84. — Es genügt, daß ein öffentliches Wappen nur an irgend einer Stelle eines auch sonstige Figuren enthaltenden Waarenzeichens enthalten ist, R. III 28. April 84 E. 10, 358.

§. 4. Die Eintragung erfolgt unter der Firma des Anmeldenden. Die Zeit der Anmeldung ist dabei zu vermerken. Gelangt ein bereits eingetragenes Waarenzeichen aus Anlaß der Verlegung der Hauptniederlassung wiederholt zur Eintragung, so ist dabei die Zeit der ersten Anmeldung zu vermerken.[1])

¹) Ist durch Versehen des Registerrichters der früheren Hauptniederlassung die Firma und das Waarenzeichen gelöscht, durch Versehen des Registerrichters der neuen Hauptniederlassung der Vermerk über die Zeit der ersten Anmeldung unterblieben, so erlischt das Schutzrecht gleichwohl nicht, R. I 24. März 88 E. 20, 107.

§. 5. Auf Antrag des Inhabers der Firma wird das eingetragene Waarenzeichen gelöscht.

Von Amtswegen erfolgt die Löschung:[1])

1) wenn die Firma im Handelsregister gelöscht wird;[2])
2) wenn eine Aenderung der Firma und nicht zugleich die Beibehaltung des Zeichens angemeldet wird;[3])
3) wenn seit der Eintragung des Zeichens, ohne daß dessen weitere Beibehaltung angemeldet worden, oder seit einer solchen Anmeldung, ohne daß dieselbe wiederholt worden, zehn Jahre verflossen sind;
4) wenn das Zeichen nach §. 3 nicht hätte eingetragen werden dürfen.

[1]) Auf die Behauptung, daß ein Waarenzeichen zu dem alleinigen Zwecke, um einen Anderen am Gebrauche eines thatsächlich geführten Zeichens zu hindern, und zu dem Zwecke, die Waaren fälschlich als die eines Anderen erscheinen zu lassen, angemeldet worden sei, kann ein Anspruch auf Löschung nicht gestützt werden (sondern nur eine Einrede gegen die Klage des eingetragenen Berechtigten), R. I 18. Nov. 86 E. 18, 98. Vgl. Anm. 9 zu § 13.

[2]) Mit Rücksicht auf die Fortdauer der Firma bis zur Beendigung der Liquidation ist es statthaft, während der Liquidation einer Aktiengesellschaft deren Firma mit dem Waarenzeichen einem Einzelkaufmann zu übertragen, R. I 5. Dez. 88 E. 15, 102.

[3]) Das Zeichen ist mit der Firma insofern verbunden, als es nicht ohne dieselbe übertragen werden kann (s. hierüber auch R. I 2. Juli 85 E. 12, 327); bei Löschung der Firma und gleichzeitiger Eintragung einer neuen Firma für den früheren Firmeninhaber findet Nr. 2 Anwendung; dies gilt auch für den Fall, daß die Löschung auf eine Anfechtung sich gründet, R. II 4. März 84 E. 11, 140.

§. 6. Die erste Eintragung und die Löschung eines

Zeichens wird im „Deutschen Reichs-Anzeiger" bekannt gemacht.

Die Kosten der Bekanntmachung der Eintragung hat der Inhaber der Firma zu tragen.[1])

[1]) S. Bekanntm. v. 22. Dez. 1886 (CBl. S. 418).

§. 7. Für die erste Eintragung eines Zeichens, welches landesgesetzlich nicht geschützt ist, wird eine Gebühr von fünfzig Mark entrichtet.

Von der Entrichtung einer Gebühr für die Eintragung solcher Zeichen, welche bis zum Beginn des Jahres 1875 im Verkehr allgemein als Kennzeichen der Waaren eines bestimmten Gewerbetreibenden gegolten haben, können die Landesregierungen entbinden.

Andere Eintragungen und Löschungen geschehen unentgeltlich.

§. 8. Das Recht, Waaren oder deren Verpackung mit einem für diese Waaren zum Handelsregister angemeldeten Zeichen zu versehen oder auf solche Art bezeichnete Waaren in Verkehr zu bringen, steht dem Inhaber derjenigen Firma, für welche zuerst die Anmeldung bewirkt ist,[1]) ausschließlich zu.

[1]) Die Anmeldung hat keine rechtliche Wirkung, so lange die nach dem Gesetz erforderlichen Unterlagen noch nicht vollständig beschafft sind; diese Wirkung ist nach vollständiger Beibringung nicht auf den Zeitpunkt der Anmeldung zurückzubeziehen, RG. III 12. Sept. 78 E. 24, 74.

§. 9. Auf Waarenzeichen, welche landesgesetzlich[1]) geschützt sind, ferner auf solche Zeichen, welche bis zum Beginn des Jahres 1875 im Verkehr[2]) allgemein als

Kennzeichen der Waaren eines bestimmten Gewerbetreibenden[3]) gegolten haben,[4]) kann durch die Anmeldung außer den gesetzlich geschützten oder im Verkehr allgemein anerkannten Inhabern[5]) niemand ein Recht erwerben, sofern diese vor dem 1. Oktober 1875 die Anmeldung bewirken.[5])[6])

[1]) S. Anm. 1 zu § 3.

[2]) Auch der Verkehr außerhalb Deutschlands ist zu berücksichtigen, RH. I 18. Okt. 78 E. 24,220 (s. Anm. 2 zu § 3 — das RH. will ihn nur in Verbindung mit dem deutschen inländischen Verkehr in Betracht ziehen, das RG. ohne diese Beschränkung).

[3]) Fall, wo das Zeichen als Kennzeichen der Waaren mehrerer Gewerbetreibenden galt, RH. III 22 Juni 76 E. 20,353; R. II 11. Jan. 81 E. 3,77.

[4]) Nur ein redlicher Besitzstand genießt den Vorzug des § 9, RH. I 5. Juni 77 E. 22,376.

[5]) auch ausländischen, soweit sie nach § 20 Schutz genießen, R. II 29. April 81 E. 4,35. Vgl. Anm. 6 zu § 20.

[6]) Haben sie die Anmeldung unterlassen, so können sie sich gegen den, der demnächst anmeldet, nicht auf den Besitzstand berufen, R. II 21. Dez. 80 E. 3,69.

§. 10. Durch die Anmeldung eines Waarenzeichens, welches Buchstaben- oder Worte enthält, wird niemand gehindert, seinen Namen oder seine Firma, sei es auch in abgekürzter Gestalt, zur Kennzeichnung seiner Waaren zu gebrauchen.

Auf Waarenzeichen,[1]) welche bisher im freien[2]) Gebrauche aller oder gewisser Klassen von Gewerbetreibenden sich befunden haben,[3]) oder deren Eintragung nicht zulässig ist, kann durch Anmeldung niemand ein Recht erwerben.[4])

¹) Sog. Freizeichen. — Preismedaillen sind keine Freizeichen, können vielmehr, insbesondere in Kombination mit Worten, als Waarenzeichen benutzt werden, R. I 6. Nov. 82 E. 7,214.

²) Eine allgemeine, aber mißbräuchliche Anwendung genügt nicht, R. I 23. Febr. 80 E. 1,218.

³) Dieselben dienen im Gegensatze zu § 9 nicht zur Unterscheidung von den Waaren anderer Gewerbetreibenden; nicht erforderlich ist Anwendung in der Absicht, den Gewerbetreibenden oder dessen Waare als dieser Klasse angehörig zu bezeichnen, ebensowenig der Zweck, durch die Freizeichen herkömmlicherweise bestimmte Qualitäts- oder Größenverhältnisse, die Natur der Waaren oder deren Herkunft aus bestimmten Orten oder Bezirken erkennbar zu machen oder eine bestimmte Eigenschaft der Waare zu kennzeichnen, RH. I 7. Febr. 79 E. 25,68. Wohl aber kann ein Freizeichen dazu dienen, solche Verhältnisse zu bezeichnen (im Gegensatze zur Kenntlichmachung der Waare bestimmter Gewerbetreibenden); auch ist die Entstehung eines Freizeichens in der Art möglich, daß die Zeichen, welche ursprünglich als Kennzeichen der Waare eines bestimmten Gewerbetreibenden gedient haben, diese Bedeutung im Laufe der Zeit völlig verloren haben, und ohne weiteren Zweck zur Zeit nur noch gebraucht werden, weil das Publikum sich gewöhnt hat, auf bestimmten Waaren bestimmte Zeichen angebracht zu sehen, R. II 11. Juni 81 E. 3,77.

⁴) Freizeichen dürfen aber als Bestandtheile anderer Waarenzeichen angemeldet werden, wenn diese durch Zusätze (welche auch in Worten bestehen können) von dem Freizeichen ersichtlich unterschieden werden, RH. I 10. Dez. 78 E. 24,292; R. II 21. Dez. 80 E. 3,69.

§. 11. Der Inhaber einer Firma, für welche ein Waarenzeichen eingetragen ist, hat dasselbe auf Verlangen desjenigen, welcher ihn von der Benutzung des Zeichens auszuschließen berechtigt ist, oder sofern das Waarenzeichen zu den im §. 10 Absatz 2 erwähnten gehört, auf Verlangen eines Betheiligten löschen zu lassen.[1])

¹) Die Löschung eines ausländischen Waarenzeichens kann aus dem Grunde, weil dessen Eintragung nach § 10 Abs. 2 unzulässig gewesen sei, nicht verlangt werden, wenn der Anmeldende den in §. 20 Abs. 2 erforderten Nachweis geführt hat, nachträglich aber sich zeigt, daß in dem Heimathlande des Anmelders ein Schutz für das Waarenzeichen nicht besteht, R. II 17. Febr. 85 E. 13, 1. — S. auch Anm. 1 zu § 5.

§. 12. Das durch die Anmeldung eines Waarenzeichens erlangte Recht erlischt:

1) mit der Zurücknahme der Anmeldung, oder mit dem Antrage auf Löschung seitens des Inhabers der berechtigten Firma;
2) mit dem Eintritte eines der im §. 5 Nr. 1 bis 3 bezeichneten Fälle.

§. 13. Jeder inländische Produzent oder Handeltreibende kann gegen denjenigen, welcher Waaren[1]) oder deren Verpackung[2]) mit einem für den Ersteren nach Maßgabe dieses Gesetzes zu schützenden[3]) Waarenzeichen[4]) oder mit dem Namen oder der Firma[5]) des Ersteren widerrechtlich bezeichnet,[6]) im Wege der Klage beantragen,[7]) daß derselbe für nicht berechtigt erklärt werde, diese Bezeichnung zu gebrauchen.[8])[9])

Desgleichen kann der Produzent oder Handeltreibende gegen denjenigen, welcher dergleichen widerrechtlich bezeichnete Waaren in Verkehr bringt oder feilhält, im Wege der Klage beantragen, daß derselbe für nicht berechtigt erklärt werde, so bezeichnete Waaren in Verkehr zu bringen oder feil zu halten.

¹) Auch die Benutzung eines für eine besondere Waarengattung bestimmten Waarenzeichens zur Bezeichnung anderer, von dem-

selben Produzenten bezogener Waaren, enthält eine Verletzung des Markenrechts, R. II 13. Mai 81 E. 4, 121.

²) Gebrauch des Zeichens auf weder mit Waaren noch mit deren Verpackung verbundenen Prospekten, Fakturen und Gebrauchsanweisungen verletzt das Markenrecht nicht, R. I 27. April 87 E. 17, 101.

³) Der Strafrichter ist trotz der Eintragung des Waarenzeichens zur Prüfung der Frage berufen, ob das angemeldete Zeichen eintragungsfähig war, R. III 28. April 84 E. 10, 353. Gleiches muß vom Civilrichter gelten. — Gegenüber der Klage des eingetragenen Firmeninhabers auf Schutz des für diese Firma eingetragenen Waarenzeichens keine Einrede, daß Kläger zur Führung der Firma nicht befugt sei, RH. I 13. Dez. 78 E. 24, 298.

⁴) Unterschied von Waarenzeichen und Etiketten; eine Firma auf der Etikette ist darum noch nicht Bestandtheil des Waarenzeichens, R. I 11. Febr. 80 E. 1, 74. S. Anm. 1 zu § 1. — Ob durch Beifügung der eigenen Firma zu einem fremden Waarenzeichen die Identität des letzteren aufgehoben wird, ist Thatfrage, R. III 24. Dez. 79 E. 1, 230. Ebenso bezüglich der Veränderung des Waarenzeichens durch Hinzufügung einer andern Figur einerseits angef. R. E. 1, 230, andererseits RH. III 29. Januar 77 E. 21, 410 und R. II 14. Febr. 82 E. 6, 75 (77). — Im Falle eines sog. Kombinationszeichens ist für die Frage, ob eine Nachahmung vorliegt, nicht die Figur für sich allein, sondern nur die Figur in Kombination mit den Worten u. s. w. entscheidend, RH. III 22. Juni 76 E. 20, 353.

⁵) Unterschied zwischen dem Mißbrauch einer fremden Firma und dem eines fremden Waarenzeichens, RH. I 29. Oktober 78 E. 24, 228. — Wenn Jemand das Recht erworben hat, Waaren mit einer fremden Firma bezeichnen zu dürfen, kann er dieselbe auch faksimiliren; es giebt kein Recht auf eine bestimmte Schreibweise der Firma, R. I 10. Nov. 80. E. 2, 140. Daß der Name des Erfinders der Waaren oder der Methode ihrer Zubereitung ebenso lautet wie die gebrauchte Firma, schließt das Verbot nicht aus, RH. I 13. Dez. 78 E. 24, 298. — Dagegen ist unter „Name" nur der bürgerliche Name des Produzenten oder Handeltreibenden zu ver-

stehen, nicht die Benennungen welche diesem oder seinem Unternehmer im Verkehr thatsächlich beigelegt werden, R. II 19. Dez. 79 E. 1, 26.

[6]) Bloße Anfertigung des Waarenzeichens ohne Anbringung auf der Waare oder deren Verpackung ist rechtlich bedeutungslos, R. I 4. März 86 E. 13, 388. — Nachträgliches Unkenntlichmachen des Zeichens mittels Ueberdrucks eines Stempels hebt die Rechtsverletzung nicht wieder auf, R. I 23. Sept. 86 E. 14, 415. — Auch die im Auslande erfolgende Benutzung eines im Inlande geschützten Zeichens durch einen Inländer fällt unter §§. 13, 14, R. 12. Okt. 86 E. 18, 28.

[7]) Negatorienklage dessen, welchem eine thatsächlich angewendete Waarenbezeichnung von einem angeblich Markenschutzberechtigten untersagt wird, gegen den Untersagenden, R. I 27. Okt. 88 E. 22, 93.

[8]) Auch Klage auf Untersagung des Gebrauchs unter Strafandrohung, RG. I 29. Oktober 78 E. 24, 228 (231). Vgl. jetzt § 775 CPO.

[9]) Einwendung, daß der Kläger das Zeichen selbst weder führe, noch führen wolle, sondern es nur habe eintragen lassen, um Andere am Gebrauche derselben zu hindern, ist zulässig, R. I 25. April 88 E. 13, 157. (Dagegen kein Klagerecht auf Löschung in diesem Falle. S. Anm. 1 zu § 5.)

§. 14.[1]) Wer Waaren oder deren Verpackung wissentlich[2]) mit einem nach Maßgabe dieses Gesetzes zu schützenden Waarenzeichen, oder mit dem Namen oder der Firma eines inländischen Produzenten oder Handeltreibenden widerrechtlich bezeichnet, oder wissentlich[2]) dergleichen widerrechtlich bezeichnete Waaren in Verkehr bringt[3]) oder feilhält, wird mit Geldstrafe von einhundertfünfzig bis dreitausend Mark oder mit Gefängniß bis zu sechs Monaten bestraft und ist dem Verletzten zur Entschädigung verpflichtet.[2])

Die Strafverfolgung tritt nur auf Antrag ein.

[1]) Soweit der Thatbestand des § 14 sich mit dem des § 13 deckt, sind die Anmerkungen zu letzterem zu vergleichen.

[2]) Ueber den Begriff der Wissentlichkeit, durch welchen § 14 sich von § 13 unterscheidet, s. R. I 8. Juli 85 E. 14, 69 (Wissen, daß bereits ein Anderer im Verkehr des Zeichens thatsächlich zur Unterscheidung von den Waaren anderer Gewerbetreibenden sich bedient; Irrthum in Bezug auf die Existenz oder die rechtliche Konsequenz der Thatsachen; Beweislast für den guten Glauben trifft den Beklagten); R. III 18. April 84 E. 6, 272 (dolus eventualis genügt); R. III 18. Sept. 84 E. 11, 30 (Irrthum über das Strafgesetz schützt nicht); R. IV 1. Mai 87 E. 15, 349 (nur Irrthum über thatsächliche Thatbestandsmerkmale schützt).

[3]) Wissentliches Inverkehrbringen von widerrechtlich bezeichneten Waaren fällt auch dann unter § 14, wenn zur Zeit der Bezeichnung der Schutz noch nicht bestand oder der Thäter in gutem Glauben war, R. II 30. Sept. 81 E. 5, 105.

[4]) Weitergehende Landesgesetze, insbesondere solche, welche zu Schadenersatz auch wegen Fahrlässigkeit verpflichten, sind beseitigt, R. II 30. Nov. 80 E. 3, 67; R. I 8. Juli 85 E. 14, 69.

§. 15. Statt jeder aus diesem Gesetze entspringenden Entschädigung kann auf Verlangen des Beschädigten neben der Strafe auf eine an ihn zu erlegende Buße bis zum Betrage von fünftausend Mark erkannt werden.[1]) Für diese Buße haften die zu derselben Verurtheilten als Gesammtschuldner.

Eine erkannte Buße schließt die Geltendmachung eines weiteren Entschädigungsanspruchs aus.

[1]) nur im Strafverfahren, doch kann ein Antrag auf Buße im Civilverfahren als Entschädigungsanspruch aufgefaßt werden, R. 14. Febr. 82 E. 6, 75.

§. 16. Darüber, ob ein Schaden entstanden ist, und wie hoch sich derselbe beläuft, entscheidet das Gericht unter Würdigung aller Umstände nach freier Ueberzeugung.[1])

[1]) Aufrecht erhalten durch § 13 Abs. 1 Einf.-Ges. z. CPO.; inhaltlich übereinstimmend mit §§ 259, 260 CPO.

§. 17. Erfolgt eine Verurtheilung auf Grund des §. 14, so ist auf Antrag des Verletzten bezüglich der im Besitze des Verurtheilten befindlichen Waaren auf Vernichtung der Zeichen auf der Verpackung oder den Waaren, oder, wenn die Beseitigung der Zeichen in anderer Weise nicht möglich ist, auf Vernichtung der Verpackung oder der Waaren selbst zu erkennen.[1])

Erfolgt die Verurtheilung im Strafverfahren, so ist dem Verletzten die Befugniß zuzusprechen, die Verurtheilung auf Kosten des Verurtheilten öffentlich bekannt zu machen. Die Art der Bekanntmachung, sowie die Frist zu derselben ist in dem Urtheil zu bestimmen.

[1]) Auch im Civilprozesse, RG. I 29. Okt. 78 E. 24,228 (231).

§. 18. Der dem Inhaber eines Waarenzeichens,[1]) eines Namens oder einer Firma nach Inhalt dieses Gesetzes gewährte Schutz wird dadurch nicht ausgeschlossen, daß das Waarenzeichen, der Name oder die Firma mit Abänderungen wiedergegeben sind, welche nur durch Anwendung besonderer Aufmerksamkeit wahrgenommen werden können.[2])

[1]) Benutzer eines Freizeichens (§. 10) können gegen den, welcher dasselbe täuschend ähnlich nachmacht, nicht klagen, RG. I 10. Dez. 78 E. 24, 282.

[2]) Entscheidend ist der Gesammteindruck des Zeichens, sowie er in der Erinnerung des kaufenden Publikums zu stehen pflegt.

Unerheblich ist, ob die Verschiedenheit bei gleichzeitiger unmittelbarer Vergleichung wahrnehmbar ist. Eine Verschiedenheit der Firmen allein hebt die täuschende Aehnlichkeit noch nicht auf. Abweichungen in der Etikette dürfen bei Gleichheit des Waarenzeichens nicht in Betracht gezogen werden. Dagegen ist die Gleichheit der Verpackung bei Verschiedenheit des Zeichens einflußlos, RH. I 9. März 77 E. 22, 5; RH. I 5. Juni 77 E. 22, 376; RH. I 19. Okt. 77 E. 23, 135; R. I 6. Nov. 82 E. 7, 214; R. III 24. Dez. 79 E. 1, 130; R. I 24. Juni 89 E. 19, 316; R. II 14. Febr. 82 E. 6, 75; R. I 1. Okt. 87 E. 19, 170. — Der Vergleichung kann nur das Zeichen zu Grunde gelegt werden, wie es angemeldet, nicht so, wie es etwa hiervon abweichend thatsächlich geführt wird, angef. R. E. 19, 170.

§. 19. Bürgerliche Rechtsstreitigkeiten, in welchen durch die Klage ein Anspruch auf Grund dieses Gesetzes erhoben wird, gelten im Sinne der Reichs- und Landesgesetze als Handelssachen.[1])

[1]) Die Vorschrift hat noch Bedeutung im Hinblick auf §. 12 des Ges., betr. die Errichtung eines obersten Gerichtshofes für Handelssachen, v. 12. Juni 1869 in Verb. mit § 8 Einf.-Ges. z. GVG. (oben S. 19). — Die Zuständigkeit der Kammern für Handelssachen in Markensachen beruht jetzt auf §. 101 Z. 3c GVG.

§. 20. Auf Waarenzeichen von Gewerbetreibenden, welche im Inlande eine Handelsniederlassung[1]) nicht besitzen,[2]) sowie auf die Namen oder die Firmen ausländischer Produzenten oder Handeltreibenden finden, wenn in dem Staate, wo ihre Niederlassung sich befindet, nach einer in dem Reichs-Gesetzblatt enthaltenen[3]) Bekanntmachung deutsche Waarenzeichen, Namen und Firmen einen[4]) Schutz genießen,[5]) die Bestimmungen dieses Gesetzes[6]) Anwendung, jedoch in Ansehung der Waarenzeichen (§. 1)[7]) mit folgenden Maßgaben:

1) die Anmeldung eines Waarenzeichens hat bei dem Handelsgerichte[8]) in Leipzig mit der Erklärung zu erfolgen, daß sich der Anmeldende für Klagen auf Grund dieses Gesetzes[9]) der Gerichtsbarkeit des genannten Gerichts unterwirft;

2) mit der Anmeldung ist der Nachweis zu verbinden, daß in dem fremden Staate die Voraussetzungen erfüllt sind, unter welchen der Anmeldende dort einen Schutz für das Zeichen beanspruchen kann;[10])

3) die Anmeldung begründet ein Recht auf das Zeichen nur insofern und auf so lange, als in dem fremden Staate der Anmeldende in der Benutzung des Zeichens geschützt ist.[11])

[1]) Gemeint ist nur eine Hauptniederlassung, nicht eine Zweigniederlassung, R. II 28. Febr. 88 S. 21, 1.

[2]) Eintragung einer Marke für eine inländische Firma, wenn das Zeichen von einem Ausländer, der im Inlande keine Handelsniederlassung besitzt, und dessen Zeichen wegen Mangels der Gegenseitigkeit kein Schutzrecht in Deutschland gewinnen kann, gebraucht wird, ist dann zulässig, falls die inländische Firma mit Zustimmung des Ausländers dessen Waare in Deutschland einführen und mit der Marke in Verkehr bringen will, R. III 10. Nov. 87 E. 18, 312.

[3]) wenn auch vor dem Inkrafttreten des Gesetzes erschienenen, R. II 17. Dez. 80 E. 3, 127.

[4]) wenn auch nicht den gleichen, wie in Deutschland, R. III 18. April 82 E. 6, 272.

[5]) S. die Nachweisungen der einzelnen Staaten in Einzelausg. Nr. 22 S. 95; Gesetzg. III S. 329 Anm. 13. Vgl. auch bezüglich des Schutzes im Verhältniß zu den Vereinigten Staaten von Amerika R. I 14. Okt. 80 E. 2, 343; zu Frankreich (nach der Deklaration vom 8. Okt. 1873, RGBl. S. 365) R. I 15. Jan. 85 E. 11, 398;

s. auch R. III 18. April 82 E. 6, 272; zu Großbritannien (ältere englische Gesetzgebung hinsichtlich der Textilindustrie) R. III 21. April 84 E. 10, 285; zu Spanien (Kuba) R. III 31. Jan./7. Febr. 89 E. 19, 274.

[6]) Auch § 9, jedoch nur, wenn die Waarenzeichen in Deutschland landesgesetzlichen Schutz genossen oder als Kennzeichen der Waare eines bestimmten Gewerbetreibenden gegolten haben, RH. III 16. April 78 E. 24, 78; R. II 29. April 81 E. 1, 35; R. II 7. Jan. 81 E. 3, 74.

[7]) nicht der Firmen, R. I 15. Jan. 85 E. 11, 398.

[8]) jetzt dem Amtsgericht.

[9]) d. h. nur für Klagen, zu welchen die Anmeldnng und Eintragung Anlaß giebt (also ist der Gerichtsstand begründet für Klagen auf Untersagung des Gebrauchs der eingetragenen Marke, nicht für Klagen wegen allgemeiner Untersagung des Gebrauchs der Firma zur Waarenbezeichnung), R. II 16. Nov. 83 E. 10, 62.

[10]) Der Richter im Civil- oder Strafprozeß hat aber nachher selbständig zu prüfen, ob ein Schutz für das eingetragene Zeichen im Auslande begründet war, RH. III 16. Sept. 78 E. 24, 78; R. III 8. Nov. 84 E. 11, 233; R. III 29. März 86 E. 14, 59.

[11]) Die Frage, ob ein gemäß § 20 eingetragenes Waarenzeichen durch Erlöschen der ausländischen Firma untergegangen ist, ist nach ausländischem Recht zu beurtheilen, angef. R. E. 14, 59.

§. 21. Dieses Gesetz tritt mit dem 1. Mai 1875 in Kraft.

Auf Waarenzeichen, welche bis zu diesem Tage landesgesetzlich geschützt waren, finden jedoch die landesgesetzlichen Bestimmungen noch bis dahin, daß die Anmeldung nach Maßgabe gegenwärtigen Gesetzes erfolgt ist, längstens bis zum 1. Oktober 1875 Anwendung.

Gesetz, betreffend die Ausgabe von Banknoten. Vom 21. Dezember 1874. (RGBl. S. 193.)[1])

[1]) Von den Bestimmungen dieses nach Art. III vom 1. Juli 1875 in Kraft getretenen Gesetzes hatten Art. I, Art. II § 3 nur vor-

übergehende Bedeutung. Art. II §§ 1, 2 sind durch §§ 3, 55 des Bankgesetzes v. 14. März 1875 ersetzt; dagegen gilt noch (s. Einzelausg. Nr. 26 S. 59 Anm. 18)

Art. II. §. 4. Die Banken sind ferner verpflichtet, dem Reichskanzler behufs der Veröffentlichung spätestens am siebenten Tage eines jeden Monats den am letzten Tage des vorausgegangenen Monats vorhanden gewesenen Betrag

der umlaufenden —

der in den Bankkassen (einschließlich der Filiale, Agenturen und sonstigen Zweiganstalten) befindlichen —

eintretendenfalls auch der nach erfolgter Einlösung vernichteten —

Noten, nach den einzelnen Abschnitten (Appoints) gesondert, anzuzeigen.

Gesetz über die Beurkundung des Personenstandes und die Eheschließung. Vom 6. Februar 1875. (RGBl. S. 23.)

Erster Abschnitt.

Allgemeine Bestimmungen.

§. 1. Die Beurkundung der Geburten, Heirathen und Sterbefälle erfolgt ausschließlich durch die vom Staate bestellten Standesbeamten mittels Eintragung in die dazu bestimmten Register.

§. 2. Die Bildung der Standesamtsbezirke erfolgt durch die höhere Verwaltungsbehörde.

Die Standesamtsbezirke können aus einer oder

mehreren Gemeinden gebildet, größere Gemeinden in mehrere Standesamtsbezirke getheilt werden.

§. 3. Für jeden Standesamtsbezirk ist ein Standesbeamter und mindestens ein Stellvertreter zu bestellen. Für den Fall vorübergehender Behinderung oder gleichzeitiger Erledigung des Amtes des Standesbeamten und der Stellvertreter ist die nächste Aufsichtsbehörde ermächtigt, die einstweilige Beurkundung des Personenstandes einem benachbarten Standesbeamten oder Stellvertreter zu übertragen.

Die Bestellung erfolgt, soweit nicht im §. 4 ein Anderes bestimmt ist, durch die höhere Verwaltungsbehörde.

Geistlichen und anderen Religionsdienern darf das Amt eines Standesbeamten oder die Stellvertretung eines solchen nicht übertragen werden.

§. 4. In den Standesamtsbezirken, welche den Bezirk einer Gemeinde nicht überschreiten, hat der Vorsteher der Gemeinde (Bürgermeister, Schultheiß, Ortsvorsteher oder deren gesetzlicher Stellvertreter) die Geschäfte des Standesbeamten wahrzunehmen, sofern durch die höhere Verwaltungsbehörde nicht ein besonderer Beamter für dieselben bestellt ist. Der Vorsteher ist jedoch befugt, diese Geschäfte mit Genehmigung der höheren Verwaltungsbehörde anderen Gemeindebeamten widerruflich zu übertragen.

Die Gemeindebehörde kann die Anstellung besonderer Standesbeamten beschließen. Die Ernennung der Standesbeamten erfolgt in diesem Falle durch den Gemeindevorstand unter Genehmigung der höheren Verwaltungsbehörde.

In der gleichen Weise erfolgt die Bestellung der Stellvertreter.

Die durch den Gemeindevorstand ernannten besonderen Standesbeamten und deren Stellvertreter sind Gemeindebeamte.

§. 5. Die durch die höhere Verwaltungsbehörde erfolgte Bestellung und Genehmigung zur Bestellung ist jederzeit widerruflich.

§. 6. Ist ein Standesamtsbezirk aus mehreren Gemeinden gebildet, so werden der Standesbeamte und dessen Stellvertreter stets von der höheren Verwaltungsbehörde bestellt.

Ein jeder Vorsteher oder andere Beamte einer dieser Gemeinden ist verpflichtet, das Amt des Standesbeamten oder des Stellvertreters zu übernehmen.

Die landesgesetzlichen Vorschriften, nach welchen den Vorstehern der aus mehreren Gemeinden gebildeten Verbände die gleiche Verpflichtung obliegt, werden hierdurch nicht berührt.

§. 7. Die etwa erforderliche Entschädigung der nach §. 4 von den Gemeinden bestellten Standesbeamten fällt der Gemeinde zur Last.

Die in §. 6 Absatz 2 und 3 bezeichneten Beamten sind berechtigt, für Wahrnehmung der Geschäfte des Standesbeamten von den zum Bezirk ihres Hauptamtes nicht gehörigen Gemeinden eine in allen Fällen als Pauschquantum festzusetzende Entschädigung zu beanspruchen.

Die Festsetzung erfolgt durch die untere Verwaltungsbehörde; über Beschwerden entscheidet endgültig die höhere Verwaltungsbehörde.

Bestellt die höhere Verwaltungsbehörde andere Personen zu Standesbeamten oder zu Stellvertretern, so fällt die etwa zu gewährende Entschädigung der Staatskasse zur Last.

§. 8. Die sächlichen Kosten werden in allen Fällen von den Gemeinden getragen; die Register und Formulare zu allen Registerauszügen werden jedoch den Gemeinden von der Zentralbehörde des Bundesstaats kostenfrei geliefert.

§. 9. In Standesamtsbezirken, welche aus mehreren Gemeinden gebildet sind, wird die den Standesbeamten oder den Stellvertretern zu gewährende Entschädigung und der Betrag der sächlichen Kosten auf die einzelnen betheiligten Gemeinden nach dem Maßstabe der Seelenzahl vertheilt.

§. 10. Den Gemeinden im Sinne dieses Gesetzes werden die außerhalb der Gemeinden stehenden Gutsbezirke, den Gemeindevorstehern die Vorsteher dieser Bezirke gleich geachtet.

§. 11. Die Aufsicht über die Amtsführung der Standesbeamten wird von der unteren Verwaltungsbehörde, in höherer Instanz von der höheren Verwaltungsbehörde geübt, insoweit die Landesgesetze nicht andere Aufsichtsbehörden bestimmen.

Die Aufsichtsbehörde ist befugt, gegen den Standesbeamten Warnungen, Verweise und Geldstrafen zu verhängen. Letztere dürfen für jeden einzelnen Fall den Betrag von einhundert Mark nicht übersteigen.

Lehnt der Standesbeamte die Vornahme einer Amtshandlung ab, so kann er dazu auf Antrag der Betheiligten durch das Gericht angewiesen werden. Zuständig ist das Gericht erster Instanz, in dessen Bezirk der Standesbeamte seinen Amtssitz hat. Das Verfahren und die Beschwerdeführung regelt sich, insoweit die Landesgesetze nicht ein Anderes bestimmen, nach den Vorschriften, welche in Sachen der nichtstreitigen Gerichtsbarkeit gelten.

§. 12. Von jedem Standesbeamten sind drei Standesregister unter der Bezeichnung:

Geburtsregister,
Heirathsregister,
Sterberegister

zu führen.

§. 13. Die Eintragungen in die Standesregister erfolgen unter fortlaufenden Nummern und ohne Abkürzungen. Unvermeidliche Zwischenräume sind durch Striche auszufüllen, die wesentlichen Zahlenangaben mit Buchstaben zu schreiben.

Die auf mündliche Anzeige oder Erklärung erfolgenden Eintragungen sollen enthalten:

1. den Ort und Tag der Eintragung;
2. die Bezeichnung der Erschienenen;
3. den Vermerk des Standesbeamten, daß und auf welche Weise er sich die Ueberzeugung von der Persönlichkeit der Erschienenen verschafft hat;

4. den Vermerk, daß die Eintragung den Erschienenen vorgelesen und von denselben genehmigt ist;
5. die Unterschrift der Erschienenen und, falls sie schreibensunkundig oder zu schreiben verhindert sind, ihr Handzeichen oder die Angabe des Grundes, aus welchem sie dieses nicht beifügen konnten;
6. die Unterschrift des Standesbeamten.

Die auf schriftliche Anzeige erfolgenden Eintragungen sind unter Angabe von Ort und Tag der Eintragung zu bewirken und durch die Unterschrift des Standesbeamten zu vollziehen.

Zusätze, Löschungen oder Abänderungen sind am Rande zu vermerken und gleich der Eintragung selbst besonders zu vollziehen.

§. 14. Von jeder Eintragung in das Register ist von dem Standesbeamten an demselben Tage eine von ihm zu beglaubigende Abschrift in ein Nebenregister einzutragen.

Nach Ablauf des Kalenderjahres hat der Standesbeamte jedes Haupt- und jedes Nebenregister unter Vermerkung der Zahl der darin enthaltenen Eintragungen abzuschließen und das Nebenregister der Aufsichtsbehörde einzureichen; die letztere hat dasselbe nach erfolgter Prüfung dem Gerichte erster Instanz zur Aufbewahrung zuzustellen.

Eintragungen, welche nach Einreichung des Nebenregisters in dem Hauptregister gemacht werden, sind gleichzeitig der Aufsichtsbehörde in beglaubigter Abschrift mitzutheilen. Die Letztere hat zu veranlassen, daß diese Eintragungen dem Nebenregister beigeschrieben werden.

§. 15. Die ordnungsmäßig geführten Standesregister (§§. 12 bis 14) beweisen diejenigen Thatsachen, zu deren Beurkundung sie bestimmt und welche in ihnen eingetragen sind, bis der Nachweis der Fälschung, der unrichtigen Eintragung oder der Unrichtigkeit der Anzeigen und Feststellungen, auf Grund deren die Eintragung stattgefunden hat, erbracht ist.

Dieselbe Beweiskraft haben die Auszüge, welche als gleichlautend mit dem Haupt- oder Nebenregister bestätigt und mit der Unterschrift und dem Dienstsiegel des Standesbeamten oder des zuständigen Gerichtsbeamten versehen sind.

Inwiefern durch Verstöße gegen die Vorschriften dieses Gesetzes über Art und Form der Eintragungen die Beweiskraft aufgehoben oder geschwächt wird, ist nach freiem richterlichen Ermessen zu beurtheilen.[1])

[1]) Durch § 18 Abs. 1 Einf.-Ges. z. CPO. aufrechterhaltene prozeßrechtliche Vorschrift.

§. 16. Die Führung der Standesregister und die darauf bezüglichen Verhandlungen erfolgen kosten- und stempelfrei.

Gegen Zahlung der nach dem angehängten Tarife zulässigen Gebühren müssen die Standesregister jedermann zur Einsicht vorgelegt, sowie beglaubigte Auszüge (§. 15) aus denselben ertheilt werden. In amtlichem Interesse und bei Unvermögen der Betheiligten ist die Einsicht der Register und die Ertheilung der Auszüge gebührenfrei zu gewähren.

Jeder Auszug einer Eintragung muß auch die zu derselben gehörigen Ergänzungen und Berichtigungen enthalten.

Zweiter Abschnitt.

Beurkundung der Geburten.

§. 17. Jede Geburt eines Kindes ist innerhalb einer Woche dem Standesbeamten des Bezirks, in welchem die Niederkunft stattgefunden hat, anzuzeigen.

§. 18. Zur Anzeige sind verpflichtet:

1. der eheliche Vater;
2. die bei der Niederkunft zugegen gewesene Hebamme;
3. der dabei zugegen gewesene Arzt;
4. jede andere dabei zugegen gewesene Person;
5. die Mutter, sobald sie dazu im Stande ist.

Jedoch tritt die Verpflichtung der in der vorstehenden Reihenfolge später genannten Personen nur dann ein, wenn ein früher genannter Verpflichteter nicht vorhanden oder derselbe an der Erstattung der Anzeige verhindert ist.

§. 19. Die Anzeige ist mündlich von dem Verpflichteten selbst oder durch eine andere aus eigener Wissenschaft unterrichtete Person zu machen.

§. 20. Bei Geburten, welche sich in öffentlichen Entbindungs-, Hebammen-, Kranken-, Gefangen- und ähnlichen Anstalten, sowie in Kasernen ereignen, trifft die Verpflichtung zur Anzeige ausschließlich den Vorsteher der Anstalt oder den von der zuständigen Behörde ermächtigten Beamten. Es genügt eine schriftliche Anzeige in amtlicher Form.

§. 21. Der Standesbeamte ist verpflichtet, sich von der Richtigkeit der Anzeige (§§. 17 bis 20), wenn er dieselbe zu bezweifeln Anlaß hat, in geeigneter Weise Ueberzeugung zu verschaffen.

§. 22. Die Eintragung des Geburtsfalles soll enthalten:

1. Vor- und Familiennamen, Stand oder Gewerbe und Wohnort des Anzeigenden;
2. Ort, Tag und Stunde der Geburt;
3. Geschlecht des Kindes;
4. Vornamen des Kindes;
5. Vor- und Familiennamen, Religion, Stand oder Gewerbe und Wohnort der Eltern.

Bei Zwillings- oder Mehrgeburten ist die Eintragung für jedes Kind besonders und so genau zu bewirken, daß die Zeitfolge der verschiedenen Geburten ersichtlich ist.

Standen die Vornamen des Kindes zur Zeit der Anzeige noch nicht fest, so sind dieselben nachträglich und längstens binnen zwei Monaten nach der Geburt anzuzeigen. Ihre Eintragung erfolgt am Rande der ersten Eintragung.

§. 23. Wenn ein Kind todtgeboren oder in der Geburt verstorben ist, so muß die Anzeige spätestens am nächstfolgenden Tage geschehen. Die Eintragung ist alsdann mit dem im §. 22 unter Nr. 1 bis 3 und 5 angegebenen Inhalte nur im Sterberegister zu machen.

§. 24. Wer ein neugeborenes Kind findet, ist verpflichtet, hiervon spätestens am nächstfolgenden Tage Anzeige bei der Ortspolizeibehörde zu machen. Die Letztere hat die erforderlichen Ermittelungen vorzunehmen und dem Standesbeamten des Bezirks von deren Ergebniß behufs Eintragung in das Geburtsregister Anzeige zu machen.

Die Eintragung soll enthalten die Zeit, den Ort und die Umstände des Auffindens, die Beschaffenheit und die Kennzeichen der bei dem Kinde vorgefundenen Kleider und sonstigen Gegenstände, die körperlichen Merkmale des Kindes, sein vermuthliches Alter, sein Geschlecht, die Behörde, Anstalt oder Person, bei welcher das Kind untergebracht worden, und die Namen, welche ihm beigelegt werden.

§. 25. Die Anerkennung eines unehelichen Kindes darf in das Geburtsregister nur dann eingetragen werden, wenn dieselbe vor dem Standesbeamten oder in einer gerichtlich oder notariell aufgenommenen Urkunde erklärt ist.

§. 26. Wenn die Feststellung der Abstammung eines Kindes erst nach Eintragung des Geburtsfalles erfolgt oder die Standesrechte durch Legitimation, Annahme an Kindesstatt oder in anderer Weise eine Veränderung erleiden, so ist dieser Vorgang, sofern er durch öffentliche Urkunden nachgewiesen wird, auf Antrag eines Betheiligten am Rande der über den Geburtsfall vorgenommenen Eintragung zu vermerken.

§. 27. Wenn die Anzeige eines Geburtsfalles über drei Monate verzögert wird, so darf die Eintragung nur mit Genehmigung der Aufsichtsbehörde nach Ermittelung des Sachverhalts erfolgen.

Die Kosten dieser Ermittelung sind von demjenigen einzuziehen, welcher die rechtzeitige Anzeige versäumt hat.

Dritter Abschnitt.

Erfordernisse der Eheschließung.

§. 28. Zur Eheschließung ist die Einwilligung und die Ehemündigkeit der Eheschließenden erforderlich.

Die Ehemündigkeit des männlichen Geschlechts tritt mit dem vollendeten zwanzigsten Lebensjahre, die des weiblichen Geschlechts mit dem vollendeten sechszehnten Lebensjahre ein. Dispensation ist zulässig.

§. 29. Eheliche Kinder bedürfen zur Eheschließung, so lange der Sohn das fünfundzwanzigste, die Tochter das vierundzwanzigste Lebensjahr nicht vollendet hat, der Einwilligung des Vaters, nach dem Tode des Vaters der Einwilligung der Mutter und, wenn sie minderjährig sind, auch des Vormundes.

Sind beide Eltern verstorben, so bedürfen Minderjährige der Einwilligung des Vormundes.

Dem Tode des Vaters oder der Mutter steht es gleich, wenn dieselben zur Abgabe einer Erklärung dauernd außer Stande sind, oder ihr Aufenthalt dauernd unbekannt ist.

Eine Einwilligung des Vormundes ist für diejenigen Minderjährigen nicht erforderlich, welche nach Landesrecht einer Vormundschaft nicht unterliegen.

Inwiefern die Wirksamkeit einer Vormundschaftsbehörde oder eines Familienrathes stattfindet, bestimmt sich nach Landesrecht.

§. 30. Auf uneheliche Kinder finden die im vorhergehenden Paragraphen für vaterlose eheliche Kinder gegebenen Bestimmungen Anwendung.

§. 31. Bei angenommenen Kindern tritt an Stelle des Vaters (§. 29) derjenige, welcher an Kindesstatt angenommen hat. Diese Bestimmung findet in denjenigen Theilen des Bundesgebietes keine Anwendung, in welchen durch eine Annahme an Kindesstatt die Rechte der väterlichen Gewalt nicht begründet werden können.

§. 32. Im Falle der Versagung der Einwilligung zur Eheschließung steht großjährigen Kindern die Klage auf richterliche Ergänzung zu.[1])

[1]) im ordentlichen Rechtswege; partikularrechtliche Vorschriften, nach welchen die Ergänzung der Vormundschaftsgerichte zugewiesen ist, sind aufgehoben, R. III 8. Mai 88 E. 21, 43.

§. 33. Die Ehe ist verboten:

1. zwischen Verwandten in auf- und absteigender Linie,
2. zwischen voll- und halbbürtigen Geschwistern,
3. zwischen Stiefeltern und Stiefkindern, Schwiegereltern und Schwiegerkindern jeden Grades,

   ohne Unterschied, ob das Verwandtschafts- oder Schwägerschaftsverhältniß auf ehelicher oder außerehelicher Geburt beruht und ob die Ehe, durch welche die Stief- oder Schwiegerverbindung begründet wird, noch besteht oder nicht,

4. zwischen Personen, deren eine die andere an Kindesstatt angenommen hat, so lange dieses Rechtsverhältniß besteht,
5. zwischen einem wegen Ehebruchs Geschiedenen[1]) und seinem Mitschuldigen.

Im Falle der Nr. 5 ist Dispensation zulässig.

[1]) Daher ist § 33 Z. 5 unanwendbar auf den Kläger, wenn die des Ehebruchs schuldige Ehefrau die Einrede des Ehebruchs des Klägers erhoben hat und diese Einrede nur auf die Schuldfrage in dem (wegen Ehebruchs der Frau trennenden) Urtheile von Einfluß gewesen ist, R. IV 5. Dez. 87 E. 20, 238.

§. 34. Niemand darf eine neue Ehe schließen, bevor seine frühere Ehe aufgelöst, für ungültig oder für nichtig erklärt ist.

§. 35. Frauen dürfen erst nach Ablauf des zehnten Monats seit Beendigung der früheren Ehe eine weitere Ehe schließen.

Dispensation ist zulässig.

§. 36. Hinsichtlich der rechtlichen Folgen einer gegen die Bestimmungen der §§. 28 bis 35 geschlossenen Ehe sind die Vorschriften des Landesrechts maßgebend.

Dasselbe gilt von dem Einflusse des Zwangs, Irrthums und Betrugs auf die Gültigkeit der Ehe.

§. 37. Die Eheschließung eines Pflegebefohlenen mit seinem Vormund oder dessen Kindern ist während der Dauer der Vormundschaft unzulässig.

Ist die Ehe gleichwohl geschlossen, so kann dieselbe als ungültig nicht angefochten werden.

§. 38. Die Vorschriften, welche die Ehe der Militärpersonen,[1]) der Landesbeamten und der Ausländer[2]) von einer Erlaubniß abhängig machen, werden nicht berührt. Auf die Rechtsgültigkeit der geschlossenen Ehe ist der Mangel dieser Erlaubniß ohne Einfluß.

Ein Gleiches gilt von den Vorschriften, welche vor der Eheschließung eine Nachweisung, Auseinandersetzung oder Sicherstellung des Vermögens erfordern.

[1]) S. § 40 und § 60 Z. 4 des Reichsmilitärgesetzes v. 2. Mai 1874 (oben S. 159, 164).

[2]) S. wegen Italien Uebereink. v. 3. Dez. 1874 (CBl. 1875 S. 155), wegen Belgien Uebereink. v. 8. Okt. 1875 (CBl. S. 719), wegen der Schweiz Uebereink. v. 3. Juni 1886 (CBl. S. 232). Ueber Bayerns Sonderstellung vgl. Gesetzg. II 387 A. 1 u. Bek. v. 19. Juni 1877 (CBl. S. 334).

§. 39. Alle Vorschriften, welche das Recht zur Eheschließung weiter beschränken, als es durch dieses Gesetz geschieht, werden aufgehoben.

§. 40. Die Befugniß zur Dispensation von Ehehindernissen steht nur dem Staate zu. Ueber die Ausübung dieser Befugniß haben die Landesregierungen zu bestimmen.

Vierter Abschnitt.

Form und Beurkundung der Eheschließung.

§. 41. Innerhalb des Gebietes des Deutschen Reichs kann eine Ehe rechtsgültig nur vor dem Standesbeamten geschlossen werden.

§. 42. Zuständig ist der Standesbeamte, in dessen Bezirk einer der Verlobten seinen Wohnsitz hat oder sich gewöhnlich aufhält. Unter mehreren zuständigen Standesbeamten haben die Verlobten die Wahl.

Eine nach den Vorschriften dieses Gesetzes geschlossene

Ehe kann nicht aus dem Grunde angefochten werden, weil der Standesbeamte nicht der zuständige gewesen ist.

§. 43. Auf schriftliche Ermächtigung des zuständigen Standesbeamten darf die Eheschließung auch vor dem Standesbeamten eines anderen Orts stattfinden.

§. 44. Der Eheschließung soll ein Aufgebot vorhergehen.

Für die Anordnung desselben ist jeder Standesbeamte zuständig, vor welchem nach §. 42 Abs. 1 die Ehe geschlossen werden kann.

§. 45. Vor Anordnung des Aufgebots sind dem Standesbeamten (§. 44) die zur Eheschließung gesetzlich nothwendigen Erfordernisse als vorhanden nachzuweisen.

Insbesondere haben die Verlobten in beglaubigter Form beizubringen:

1. ihre Geburtsurkunden,
2. die zustimmende Erklärung derjenigen, deren Einwilligung nach dem Gesetze erforderlich ist.

Der Beamte kann die Beibringung dieser Urkunden erlassen, wenn ihm die Thatsachen, welche durch dieselben festgestellt werden sollen, persönlich bekannt oder sonst glaubhaft nachgewiesen sind. Auch kann er von unbedeutenden Abweichungen in den Urkunden, beispielsweise von einer verschiedenen Schreibart der Namen oder einer Verschiedenheit der Vornamen absehen, wenn in anderer Weise die Persönlichkeit der Betheiligten festgestellt wird.

Der Beamte ist berechtigt, den Verlobten die eidesstattliche Versicherung über die Richtigkeit der Thatsachen abzunehmen, welche durch die vorliegenden Urkunden oder die sonst beigebrachten Beweismittel ihm nicht als hinreichend festgestellt erscheinen.

§. 46. Das Aufgebot ist bekannt zu machen:

1. in der Gemeinde oder in den Gemeinden, woselbst die Verlobten ihren Wohnsitz haben;
2. wenn einer der Verlobten seinen gewöhnlichen Aufenthalt außerhalb seines gegenwärtigen Wohnsitzes hat, auch in der Gemeinde seines jetzigen Aufenthalts;
3. wenn einer der Verlobten seinen Wohnsitz innerhalb der letzten sechs Monate gewechselt hat, auch in der Gemeinde seines früheren Wohnsitzes.

Die Bekanntmachung hat die Vor- und Familiennamen, den Stand oder das Gewerbe und den Wohnort der Verlobten und ihrer Eltern zu enthalten.

Sie ist während zweier Wochen an dem Raths- oder Gemeindehause, oder an der sonstigen, zu Bekanntmachungen der Gemeindebehörde bestimmten Stelle auszuhängen.

§. 47. Ist einer der Orte, an welchem nach §. 46 das Aufgebot bekannt zu machen ist, im Auslande belegen, so ist an Stelle des an diesem Orte zu bewirkenden Aushanges die Bekanntmachung auf Kosten des Antragstellers einmal in ein Blatt einzurücken, welches an dem ausländischen Orte erscheint oder verbreitet ist. Die Eheschließung ist nicht vor Ablauf zweier Wochen nach dem Tage der Ausgabe der betreffenden Nummer des Blattes zulässig.

Es bedarf dieser Einrückung nicht, wenn eine Bescheinigung der betreffenden ausländischen Ortsbehörde dahin beigebracht wird, daß ihr von dem Bestehen eines Ehehindernisses nichts bekannt sei.

§. 48. Kommen Ehehindernisse zur Kenntniß des Standesbeamten, so hat er die Eheschließung abzulehnen.

§. 49. Soll die Ehe vor einem anderen Standesbeamten als demjenigen geschlossen werden, welcher das Aufgebot angeordnet hat, so hat der letztere eine Bescheinigung dahin auszustellen, daß und wann das Aufgebot vorschriftsmäßig erfolgt ist und daß Ehehindernisse nicht zu seiner Kenntniß gekommen sind.

§. 50. Die Befugniß zur Dispensation von dem Aufgebot steht nur dem Staate zu. Ueber die Ausübung dieser Befugniß haben die Landesregierungen zu bestimmen.

Wird eine lebensgefährliche Krankheit, welche einen Aufschub der Eheschließung nicht gestattet, ärztlich bescheinigt, so kann der Standesbeamte (§. 42 Abs. 1) auch ohne Aufgebot die Eheschließung vornehmen.

§. 51. Das Aufgebot verliert seine Kraft, wenn seit dessen Vollziehung sechs Monate verstrichen sind, ohne daß die Ehe geschlossen worden ist.

§. 52. Die Eheschließung erfolgt in Gegenwart von zwei Zeugen durch die an die Verlobten einzeln und nach einander gerichtete Frage des Standesbeamten:

> ob sie erklären, daß sie die Ehe mit einander eingehen wollen,

durch die bejahende Antwort der Verlobten und den

hierauf erfolgenden Ausspruch des Standesbeamten, daß er sie nunmehr kraft des Gesetzes für rechtmäßig verbundene Eheleute erkläre.

§. 53. Als Zeugen sollen nur Großjährige zugezogen werden. Verwandtschaft und Schwägerschaft zwischen den Betheiligten und den Zeugen, oder zwischen den Zeugen unter einander steht deren Zuziehung nicht entgegen.

§. 54. Die Eintragung in das Heirathsregister soll enthalten:

1. Vor- und Familiennamen, Religion, Alter, Stand oder Gewerbe, Geburts- und Wohnort der Eheschließenden;
2. Vor- und Familiennamen, Stand oder Gewerbe und Wohnort ihrer Eltern;
3. Vor- und Familiennamen, Alter, Stand oder Gewerbe und Wohnort der zugezogenen Zeugen;
4. die Erklärung der Eheschließenden;
5. den Ausspruch des Standesbeamten.

Ueber die erfolgte Eheschließung ist den Eheleuten sofort eine Bescheinigung auszustellen.

§. 55. Ist eine Ehe für aufgelöst, ungültig oder nichtig erklärt worden, so ist dies am Rande der über die Eheschließung bewirkten Eintragung zu vermerken.

Die landesgesetzlichen Vorschriften, nach welchen es zur Trennung einer Ehe einer besonderen Erklärung und Beurkundung vor dem Standesbeamten bedarf, werden hierdurch nicht berührt.

Fünfter Abschnitt.

Beurkundung der Sterbefälle.

§. 56. Jeder Sterbefall ist spätestens am nächstfolgenden Wochentage dem Standesbeamten des Bezirks, in welchem der Tod erfolgt ist, anzuzeigen.

§. 57. Zu der Anzeige verpflichtet ist das Familienhaupt, und wenn ein solches nicht vorhanden oder an der Anzeige behindert ist, derjenige, in dessen Wohnung oder Behausung der Sterbefall sich ereignet hat.

§. 58. Die §§. 19 bis 21 kommen auch in Beziehung auf die Anzeige der Sterbefälle zur Anwendung.

Findet eine amtliche Ermittelung über den Todesfall statt, so erfolgt die Eintragung auf Grund der schriftlichen Mittheilung der zuständigen Behörde.

§. 59. Die Eintragung des Sterbefalles soll enthalten:

1. Vor- und Familiennamen, Stand oder Gewerbe und Wohnort des Anzeigenden;
2. Ort, Tag und Stunde des erfolgten Todes;
3. Vor- und Familiennamen, Religion, Alter, Stand oder Gewerbe, Wohnort und Geburtsort des Verstorbenen;
4. Vor- und Familiennamen seines Ehegatten, oder Vermerk, daß der Verstorbene ledig gewesen sei;
5. Vor- und Familiennamen, Stand oder Gewerbe und Wohnort der Eltern des Verstorbenen.

Soweit diese Verhältnisse unbekannt sind, ist dies bei der Eintragung zu vermerken.

§. 60. Ohne Genehmigung der Ortspolizeibehörde

darf keine Beerdigung vor der Eintragung des Sterbefalles in das Sterberegister stattfinden. Ist die Beerdigung dieser Vorschrift entgegen geschehen, so darf die Eintragung des Sterbefalles nur mit Genehmigung der Aufsichtsbehörde nach Ermittelung des Sachverhaltes erfolgen.

Sechster Abschnitt.

Beurkundung des Personenstandes der auf See befindlichen Personen.

§. **61.** Geburten und Sterbefälle, welche sich auf Seeschiffen während der Reise ereignen, sind nach den Vorschriften dieses Gesetzes spätestens am nächstfolgenden Tage nach der Geburt oder dem Todesfall von dem Schiffer, unter Zuziehung von zwei Schiffsoffizieren oder anderen glaubhaften Personen, in dem Tagebuch zu beurkunden. Bei Sterbefällen ist zugleich die muthmaßliche Ursache des Todes zu vermerken.

§. **62.** Der Schiffer hat zwei von ihm beglaubigte Abschriften der Urkunden demjenigen Seemannsamte, bei dem es zuerst geschehen kann, zu übergeben. Eine dieser Abschriften ist bei dem Seemannsamte aufzubewahren, die andere ist demjenigen Standesbeamten, in dessen Bezirk die Eltern des Kindes, beziehungsweise der Verstorbene ihren Wohnsitz haben oder zuletzt gehabt haben, behufs der Eintragung in das Register zuzufertigen.

§. **63.** Ist der Schiffer verstorben oder verhindert, so hat der Steuermann die in den §§. 61 und 62 dem Schiffer auferlegten Verpflichtungen zu erfüllen.

§. 64. Sobald das Schiff in den inländischen Hafen eingelaufen ist, in welchem es seine Fahrt beendet, ist das Tagebuch der für den Standesbeamten des Hafenorts zuständigen Aufsichtsbehörde vorzulegen.

Diese hat beglaubigte Abschrift der in das Tagebuch eingetragenen Standesurkunde dem Standesbeamten in dessen Register der Fall gehört (§. 62), behufs Kontrolirung der Eintragungen zuzustellen.

Siebenter Abschnitt.

Berichtigung der Standesregister.

§. 65. Die Berichtigung einer Eintragung in dem Standesregister kann nur auf Grund gerichtlicher Anordnung erfolgen. Sie geschieht durch Beischreibung eines Vermerks am Rande der zu berichtigenden Eintragung.

§. 66. Für das Berichtigungsverfahren gelten, insoweit die Landesgesetze nicht ein Anderes bestimmen, die nachstehenden Vorschriften.

Die Aufsichtsbehörde hat, wenn ein Antrag auf Berichtigung gestellt wird, oder wenn sie eine solche von Amtswegen für erforderlich erachtet, die Betheiligten zu hören und geeignetenfalls eine Aufforderung durch ein öffentliches Blatt zu erlassen. Die abgeschlossenen Verhandlungen hat sie demnächst dem Gerichte erster Instanz vorzulegen. Dieses kann noch weitere thatsächliche Aufklärungen veranlassen und geeignetenfalls den Antragsteller auf den Prozeßweg verweisen.

Im Uebrigen finden die für Sachen der nichtstreitigen Gerichtsbarkeit geltenden Vorschriften Anwendung.

Achter Abschnitt.

Schlußbestimmungen.

§. 67. Ein Geistlicher oder anderer Religionsdiener, welcher zu den religiösen Feierlichkeiten einer Eheschließung schreitet, bevor ihm nachgewiesen worden ist, daß die Ehe vor dem Standesbeamten geschlossen sei, wird mit Geldstrafe bis zu dreihundert Mark oder mit Gefängniß bis zu drei Monaten bestraft.

§. 68. Wer den in den §§. 17 bis 20, 22 bis 24, 56 bis 58 vorgeschriebenen Anzeigepflichten nicht nachkommt, wird mit Geldstrafe bis zu einhundertfünfzig Mark oder mit Haft bestraft. Die Strafverfolgung tritt nicht ein, wenn die Anzeige, obwohl nicht von den zunächst Verpflichteten, doch rechtzeitig gemacht worden ist.

Die bezeichnete Strafe trifft auch den Schiffer oder Steuermann, welcher den Vorschriften der §§. 61 bis 64 zuwiderhandelt.

Die Standesbeamten sind außerdem befugt, die zu Anzeigen oder zu sonstigen Handlungen auf Grund dieses Gesetzes Verpflichteten hierzu durch Geldstrafen anzuhalten, welche für jeden einzelnen Fall den Betrag von fünfzehn Mark nicht übersteigen dürfen.

§. 69. Ein Standesbeamter, welcher unter Außerachtlassung der in diesem Gesetze gegebenen Vorschriften eine Eheschließung vollzieht, wird mit Geldstrafe bis zu sechshundert Mark bestraft.

§. 70. Gebühren und Geldstrafen, welche in Gemäßheit dieses Gesetzes zur Erhebung gelangen, fließen, insoweit die Landesgesetze nicht ein Anderes bestimmen, den Gemeinden zu, welche die sächlichen Kosten der Standesämter (§§. 8, 9) zu tragen haben.

§. 71. In welcher Weise die Verrichtungen der Standesbeamten in Bezug auf solche Militärpersonen wahrzunehmen sind, welche ihr Standquartier nicht innerhalb des Deutschen Reichs, oder dasselbe nach eingetretener Mobilmachung verlassen haben,[1]) oder welche sich auf den in Dienst gestellten Schiffen oder anderen Fahrzeugen der Marine befinden,[2]) wird durch Kaiserliche Verordnung bestimmt.

[1]) S. Verordnung v. 20. Januar 1879 (RGBl. S. 5).

[2]) S. Verordnung v. 4. November 1875 (RGBl. S. 313).

§. 72. Für die Landesherren und die Mitglieder der landesherrlichen Familien, sowie der Fürstlichen Familie Hohenzollern erfolgt die Ernennung des Standesbeamten und die Bestimmung über die Art der Führung und Aufbewahrung der Standesregister durch Anordnung des Landesherrn.

In Betreff der Stellvertretung der Verlobten und in Betreff des Aufgebots entscheidet die Observanz.

Im Uebrigen werden in Ansehung der Mitglieder dieser Häuser die auf Hausgesetzen oder Observanz beruhenden Bestimmungen über die Erfordernisse der Eheschließung und über die Gerichtsbarkeit in Ehesachen nicht berührt.[1])

[1]) Ueber die Befugniß des Landesherrn zur Bestellung eines besonderen Ehegerichtshofs s. R. III 12. Dez. 84 E. 12, 417 (432).

§. 73. Den mit der Führung der Standesregister oder Kirchenbücher bisher betraut gewesenen Behörden und Beamten verbleibt die Berechtigung und Verpflichtung, über die bis zur Wirksamkeit dieses Gesetzes eingetragenen Geburten, Heirathen und Sterbefälle Zeugnisse zu ertheilen.

§. 74. Unberührt bleiben die landesgesetzlichen Vorschriften, welche

1. Geistlichen und Kirchendienern aus Anlaß der Einführung der bürgerlichen Standesregister und der bürgerlichen Form der Eheschließung einen Anspruch auf Entschädigung gewähren;
2. bestimmten Personen die Pflicht zu Anzeigen von Geburts- und Todesfällen auferlegen.

Wo die Zulässigkeit der Ehe nach den bestehenden Landesgesetzen von einem Aufgebote abhängig ist, welches durch andere bürgerliche Beamte als die Standesbeamten vollzogen wird, vertritt dieses die Stelle des von den Standesbeamten anzuordnenden Aufgebots.

§. 75. Innerhalb solcher Grenzpfarreien, deren Bezirk sich in das Ausland erstreckt, bleibt das bestehende Recht für die Beurkundung derjenigen Geburten und Sterbefälle, sowie für die Form und Beurkundung derjenigen Eheschließungen maßgebend, für welche ein Standesbeamter nach den Vorschriften dieses Gesetzes nicht zuständig, dagegen nach dem bestehenden Recht die Zuständigkeit des Geistlichen begründet ist.

Im Geltungsgebiet des preußischen Gesetzes vom 9. März 1874 ist unter dem bestehenden Recht dasjenige

Recht zu verstehen, welches vor dem Inkrafttreten jenes Gesetzes maßgebend war.

§. 76. In streitigen Ehe- und Verlöbnißsachen sind die bürgerlichen Gerichte ausschließlich zuständig. Eine geistliche oder eine durch die Zugehörigkeit zu einem Glaubensbekenntniß bedingte Gerichtsbarkeit findet nicht statt.

§. 77. Wenn nach dem bisherigen Rechte auf beständige Trennung der Ehegatten von Tisch und Bett zu erkennen sein würde, ist fortan die Auflösung des Bandes der Ehe auszusprechen.[1])

Ist vor dem Tage, an welchem dieses Gesetz in Kraft tritt, auf beständige Trennung von Tisch und Bett erkannt worden, so kann, wenn eine Wiedervereinigung der getrennten Ehegatten nicht stattgefunden hat, jeder derselben auf Grund des ergangenen Urtheils die Auflösung des Bandes der Ehe im ordentlichen Prozeßverfahren beantragen.[2])

[1]) Auch anwendbar auf die Ehen von Ausländern, insbesondere Oesterreichern, R. II 4. Jan. 81 E. 3, 27; R. II 22. April 84 E. 11, 29. — § 77 hat nicht die Folge, daß fortan das protestantische Ehescheidungsrecht für alle Ehen oder doch die gemischten Ehen maßgebend sei, R. I 1. Juni 84 E. 12, 285.

[2]) Nicht anwendbar auf Ehegatten, denen von österreichischen Gerichten im Wege der freiwilligen Gerichtsbarkeit die beständige Trennung von Tisch und Bett auf beiderseitiges Verlangen gestattet ist, R. II 1. Juni 83 E. 9, 88.

§. 78. Ehestreitigkeiten, welche in Bayern vor dem Tage, an welchem dieses Gesetz daselbst in Kraft tritt, durch Zustellung des Beschlusses über Zulässigkeit der

Klage anhängig geworden sind, werden von dem mit der Sache befaßten Gericht bis zur rechtskräftigen Entscheidung nach Maßgabe der bisher geltenden Gesetze durchgeführt.

Daselbst kann die Auflösung der Ehe auf Grund eines die beständige Trennung von Tisch und Bett verfügenden Urtheils geltend gemacht werden, nachdem das Gericht auf Anrufen eines Ehegatten in dem nach Artikel 675 Absatz 1 und 2 der Prozeßordnung in bürgerlichen Rechtsstreitigkeiten vom 29. April 1869 vorgesehenen Verfahren die Auflösung des Bandes der Ehe ausgesprochen hat.

Das Verfahren in streitigen Ehesachen richtet sich in Bayern in den rechtsrheinischen Gebietstheilen nach den Bestimmungen des Hauptstückes XXVI. der genannten Prozeßordnung, in der Pfalz nach den Bestimmungen des Artikels 69 des Gesetzes über die Einführung dieser Prozeßordnung.[1])

[1]) jetzt nach §§ 568—592 CPO. — Abs. 3 ist aufgehoben durch § 13 Z. 6 Einf.-Ges. z. CPO.

§. 79. Dieses Gesetz tritt mit dem 1. Januar 1876 in Kraft. Es bleibt den Landesregierungen überlassen, das ganze Gesetz oder auch den dritten Abschnitt und §. 77 im Verordnungswege früher einzuführen.

§. 80. Die vor dem Tage, an welchem dieses Gesetz in Kraft tritt, nach den Vorschriften des bisherigen Rechts ergangenen Aufgebote behalten ihre Wirksamkeit.

§. 81. Auf Geburts- und Sterbefälle, welche sich vor dem Tage, an welchem dieses Gesetz in Kraft tritt, ereignet haben, an diesem Tage aber noch nicht eingetragen sind, findet das gegenwärtige Gesetz mit der Maßgabe Anwendung, daß der Lauf der vorgeschriebenen Anzeigefristen mit dem Tage beginnt, an welchem dieses Gesetz in Kraft tritt.

Ein Gleiches gilt für den Fall, daß auch nur die Vornamen eines Kindes an diesem Tage noch nicht eingetragen sind.

§. 82. Die kirchlichen Verpflichtungen in Beziehung auf Taufe und Trauung werden durch dieses Gesetz nicht berührt.

§. 83. Die zur Ausführung dieses Gesetzes erforderlichen Bestimmungen werden, soweit dieselben nicht durch eine vom Bundesrathe erlassene Ausführungsverordnung getroffen werden[1]), von den einzelnen Landesregierungen erlassen.

[1]) Vgl. Bekanntm. d. Reichskanzlers v. 22. Juni 1875 (C. Bl. S. 380). S. Gesetzg. III S. 307 ff.

§. 84. Welche Behörden in jedem Bundesstaate unter der Bezeichnung: höhere Verwaltungsbehörde, untere Verwaltungsbehörde, Gemeindebehörde, Gemeindevorstand, Gericht erster Instanz zu verstehen sind, wird von der Zentralbehörde des Bundesstaates bekannt gemacht.

§. 85. Durch dieses Gesetz werden die Bestimmungen des Gesetzes vom 4. Mai 1870, betreffend die Eheschließung und die Beurkundung des Personenstandes von Reichsangehörigen im Auslande, nicht berührt.

Der Reichskanzler kann einem diplomatischen Vertreter oder einem Konsul des Deutschen Reichs die allgemeine Ermächtigung zur Vornahme von Eheschließungen und zur Beurkundung der Geburten, Heirathen und Sterbefälle, wie für Reichsangehörige, so auch für Schutzgenossen ertheilen. Diese Vorschrift tritt mit dem 1. März 1875 in Kraft.

Gebührentarif.

I. Gebührenfrei sind die nach §§. 49 und 54 oder zum Zwecke der Taufe oder der Beerdigung ertheilten Bescheinigungen.

II. An Gebühren kommen zum Ansatz:

1. für Vorlegung der Register zur Einsicht, und zwar für jeden Jahrgang . . . eine halbe Mark, für mehrere Jahrgänge zusammen jedoch höchstens . . . . ein und eine halbe Mark,
2. für die schriftliche Ermächtigung nach §. 43 und für jeden beglaubigten Auszug aus den Registern mit Einschluß der Schreibgebühren . . . . . eine halbe Mark,

   Bezieht sich der Auszug auf mehrere Eintragungen und erfordert derselbe das Nachschlagen von mehr als einem Jahrgange der Register, für jeden weiter nachzuschlagenden Jahrgang noch ..... eine halbe Mark, jedoch zusammen höchstens .... zwei Mark.

Gesetz über die Naturalleistungen für die bewaffnete Macht im Frieden. Vom 13. Februar 1875. (RGBl. S. 52.[1])

[1]) Das Gesetz ist ausschließlich öffentlich rechtlichen Charakters; durch Art. II § 7 Ges. v. 21. Juni 1887 (RGBl. S. 245) ist der Rechtsweg für Ansprüche aus demselben ausgeschlossen.

Gesetz, betreffend das Alter der Großjährigkeit. Vom 17. Februar 1875. (RGBl. S. 71.)

§. 1. Das Alter der Großjährigkeit beginnt im ganzen Umfange des Deutschen Reichs mit dem vollendeten einundzwanzigsten Lebensjahre.

§. 2. Die hausverfassungsmäßigen oder landesgesetzlichen Bestimmungen über den Beginn der Großjährigkeit der Landesherren und der Mitglieder der landesherrlichen Familien, sowie der Fürstlichen Familie Hohenzollern werden durch die Vorschrift des §. 1 nicht berührt.

§. 3. Dieses Gesetz tritt mit dem 1. Januar 1876 in Kraft.

Bankgesetz. Vom 14. März 1875. (RGBl. S. 177; ausgeg. am 18. März 1875.)[1])

[1]) S. Einzelausg. Nr. 20 S. 59 ff.

Titel I.

Allgemeine Bestimmungen.

§. 1. Die Befugniß zur Ausgabe von Banknoten kann nur durch Reichsgesetz erworben, oder über den bei Erlaß des gegenwärtigen Gesetzes zulässigen Betrag der Notenausgabe hinaus erweitert werden.

Den Banknoten im Sinne dieses Gesetzes wird dasjenige Staatspapiergeld gleich geachtet, dessen Ausgabe einem Bankinstitute zur Verstärkung seiner Betriebsmittel übertragen ist.

§. 2. Eine Verpflichtung zur Annahme von Banknoten bei Zahlungen, welche gesetzlich in Geld zu leisten sind, findet nicht statt und kann auch für Staatskassen durch Landesgesetz nicht begründet werden.

§. 3. Banknoten dürfen nur auf Beträge von 100, 200, 500 und 1000 Mark oder von einem Vielfachen von 1000 Mark ausgefertigt werden.

§. 4. Jede Bank ist verpflichtet, ihre Noten sofort auf Präsentation zum vollen Nennwerthe einzulösen, auch solche nicht nur an ihrem Hauptsitz, sondern auch bei ihren Zweiganstalten jederzeit zum vollen Nennwerthe in Zahlung anzunehmen.

Für beschädigte Noten hat sie Ersatz zu leisten, sofern der Inhaber entweder einen Theil der Note präsentirt, welcher größer ist, als die Hälfte, oder den Nachweis führt, daß der Rest der Note, von welcher er nur die Hälfte oder einen geringeren Theil als die Hälfte präsentirt, vernichtet sei.

Für vernichtete oder verlorene Noten Ersatz zu leisten ist sie nicht verpflichtet.

§. 5. Banknoten, welche in die Kasse der Bank oder einer ihrer Zweiganstalten oder in eine von ihr bestellte Einlösungskasse in beschädigtem oder beschmutztem Zustande zurückkehren, dürfen nicht wieder ausgegeben werden.

§. 6. Der Aufruf und die Einziehung der Noten einer Bank oder einer Gattung von Banknoten darf nur auf Anordnung oder mit Genehmigung des Bundesraths erfolgen.

Die Anordnung erfolgt, wenn ein größerer Theil des Umlaufs sich in beschädigtem oder beschmutztem Zustande befindet, oder wenn die Bank die Befugniß zur Notenausgabe verloren hat.

Die Genehmigung darf nur ertheilt werden, wenn nachgewiesen wird, daß Nachahmungen der aufzurufenden Noten in den Verkehr gebracht sind.

In allen Fällen schreibt der Bundesrath die Art, die Zahl und die Fristen der über den Aufruf zu erlassenden Bekanntmachungen, den Zeitraum, innerhalb dessen und die Stellen, an welchen die Noten eingelöst werden sollen, die Maßgaben, unter denen nach Ablauf der Fristen eine Einlösung der aufgerufenen Noten noch stattzufinden hat, und die zur Sicherung der Noteninhaber sonst erforderlichen Maßregeln vor.

Die nach dem Vorstehenden von dem Bundesrathe zu erlassenden Vorschriften sind durch das Reichs-Gesetzblatt zu veröffentlichen.[1])

[1]) Vgl. die Uebersicht Einzelausg. Nr. 26 S. 58 Anm. 11 Gesetzg. III S. 510 Anm. 11. Hinzuzufügen sind der letzteren Uebersicht noch Bekanntm. v. 8. Aug. 1880 (RGBl. S. 260), 7. Juli 1887 (RGBl. S. 286), 16. Juli u. 25. Okt. 1889 (RGBl. S. 169, 199).

§. 7. Den Banken, welche Noten ausgeben, ist nicht gestattet:

1. Wechsel zu akzeptiren,
2. Waaren oder kurshabende Papiere für eigene oder für fremde Rechnung auf Zeit zu kaufen oder auf Zeit zu verkaufen, oder für die Erfüllung solcher Kaufs- oder Verkaufsgeschäfte Bürgschaft zu übernehmen.

§. 8. Banken, welche Noten ausgeben, haben

1. den Stand ihrer Aktiva und Passiva vom 7., 15., 23. und Letzten jedes Monats, spätestens am fünften Tage nach diesen Terminen und
2. spätestens drei Monate nach dem Schlusse jedes Geschäftsjahres eine genaue Bilanz ihrer Aktiva und Passiva, sowie den Jahresabschluß des Gewinn- und Verlustkontos

durch den Reichsanzeiger auf ihre Kosten zu veröffentlichen.[1])

Die wöchentliche Veröffentlichung muß angeben

1. auf Seiten der Passiva:
   - das Grundkapital,
   - den Reservefonds,
   - den Betrag der umlaufenden Noten,
   - die sonstigen täglich fälligen Verbindlichkeiten,
   - die an eine Kündigungsfrist gebundenen Verbindlichkeiten,
   - die sonstigen Passiva;

2. auf Seiten der Aktiva:
den Metallbestand (den Bestand an kursfähigem deutschem Gelde und an Gold in Barren oder ausländischen Münzen, das Pfund fein zu 1392 Mark berechnet),
den Bestand:
an Reichs-Kassenscheinen,
an Noten anderer Banken,
an Wechseln,
an Lombardforderungen,
an Effekten,
an sonstigen Aktiven.

Welche Kategorien der Aktiva und Passiva in der Jahresbilanz gesondert nachzuweisen sind, bestimmt der Bundesrath.[2])

Außerdem sind in beiden Veröffentlichungen die aus weiterbegebenen im Inlande zahlbaren Wechseln entsprungenen eventuellen Verbindlichkeiten ersichtlich zu machen.

[1]) Vgl. auch Ges. v. 21. Dez. 1874 oben S. 178.

[2]) S. Bekanntm. v. 15. Jan. 1877 (CBl. S. 24) vgl. Einzelausg. Nr. 26 S. 142; Gesetzg. III S. 511 A. 16.

§. 9. Banken, deren Notenumlauf ihren Baarvorrath und den ihnen nach Maßgabe der Anlage zugewiesenen Betrag übersteigt, haben vom 1. Januar 1876 ab von dem Ueberschusse eine Steuer von jährlich Fünf vom Hundert an die Reichskasse zu entrichten. Als Baarvorrath gilt bei Feststellung der Steuer der in den Kassen der Bank befindliche Betrag an kursfähigem deutschem Gelde, an Reichs-Kassenscheinen, an Noten anderer deutscher Banken und an Gold in Barren oder ausländischen Münzen, das Pfund fein zu 1392 Mark berechnet.

Erlischt die Befugniß einer Bank zur Notenausgabe (§. 49), so wächst der derselben zustehende Antheil an dem Gesammtbetrage des der Steuer nicht unterliegenden ungedeckten Notenumlaufs dem Antheile der Reichsbank zu[1]).

[1]) Zur Zeit beträgt dieser Antheil 286 785 000 M. (Bekanntm. v. 25. Okt. 89 RGBl. S. 200) S. unten S. 245 ff.

§. 10. Zum Zweck der Feststellung der Steuer hat die Verwaltung der Bank am 7., 15., 23. und Letzten jedes Monats den Betrag des Baarvorraths und der umlaufenden Noten der Bank festzustellen und diese Feststellung an die Aufsichtsbehörde einzureichen. Am Schluß jedes Jahres wird von der Aufsichtsbehörde auf Grund dieser Nachweisungen die von der Bank zu zahlende Steuer in der Weise festgestellt, daß von dem aus jeder dieser Nachweisungen sich ergebenden steuerpflichtigen Ueberschusse des Notenumlaufs $^5/_{48}$ Prozent als Steuersoll berechnet werden. Die Summe dieser für jede einzelne Nachweisung als Steuersoll berechneten Beträge ergiebt die von der Bank spätestens am 31. Januar des folgenden Jahres zur Reichskasse abzuführende Steuer.

§. 11. Ausländische Banknoten oder sonstige auf den Inhaber lautende unverzinsliche Schuldverschreibungen ausländischer Korporationen, Gesellschaften oder Privaten dürfen, wenn sie ausschließlich oder neben anderen Werthbestimmungen in Reichswährung oder einer deutschen Landeswährung ausgestellt sind, innerhalb des Reichsgebietes zu Zahlungen nicht gebraucht werden.

Titel II.
Reichsbank.

§. 12. Unter dem Namen

„Reichsbank"

wird eine unter Aufsicht und Leitung des Reichs stehende Bank errichtet, welche die Eigenschaft einer juristischen Person besitzt und die Aufgabe hat, den Geldumlauf im gesammten Reichsgebiete zu regeln, die Zahlungsausgleichungen zu erleichtern und für die Nutzbarmachung verfügbaren Kapitals zu sorgen[1]).

Die Reichsbank hat ihren Hauptsitz in Berlin. Sie ist berechtigt, aller Orten im Reichsgebiete Zweiganstalten zu errichten.

Der Bundesrath kann die Errichtung solcher Zweiganstalten an bestimmten Plätzen anordnen.

[1]) S. über den rechtlichen Karakter der Reichsbank R. IV 13. Jan. 86 E. 15, 230 (236).

§. 13. Die Reichsbank ist befugt, folgende Geschäfte zu betreiben:

1. Gold und Silber in Barren und Münzen zu kaufen und zu verkaufen;
2. Wechsel, welche eine Verfallzeit von höchstens drei Monaten haben und aus welchen in der Regel drei, mindestens aber zwei als zahlungsfähig bekannte Verpflichtete haften, ferner Schuldverschreibungen des Reichs, eines deutschen Staats oder inländischer kommunaler Korporationen,

welche nach spätestens drei Monaten mit ihrem Nennwerthe fällig sind, zu diskontiren, zu kaufen und zu verkaufen;

3. zinsbare Darlehne auf nicht länger als drei Monate gegen bewegliche Pfänder zu ertheilen (Lombardverkehr), und zwar:

a) gegen Gold und Silber, gemünzt und ungemünzt,

b) gegen zinstragende oder spätestens nach einem Jahre fällige und auf den Inhaber lautende Schuldverschreibungen des Reichs, eines deutschen Staats oder inländischer kommunaler Korporationen, oder gegen zinstragende, auf den Inhaber lautende Schuldverschreibungen, deren Zinsen vom Reiche oder von einem Bundesstaate garantirt sind, gegen voll eingezahlte Stamm- und Stammprioritätsaktien und Prioritätsobligationen deutscher Eisenbahngesellschaften, deren Bahnen in Betrieb befindlich sind, sowie gegen Pfandbriefe landschaftlicher, kommunaler oder anderer unter staatlicher Aufsicht stehender Bodenkreditinstitute Deutschlands und deutscher Hypothekenbanken auf Aktien, zu höchstens drei Viertel des Kurswerthes,

c) gegen zinstragende, auf den Inhaber lautende Schuldverschreibungen nicht deutscher Staaten, sowie gegen staatlich garantirte ausländische Eisenbahn-Prioritätsobligationen, zu höchstens 50 Prozent des Kurswerthes,

d) gegen Wechsel, welche anerkannt solide Verpflichtete aufweisen, mit einem Abschlage von mindestens 5 Prozent ihres Kurswerthes,

e) gegen Verpfändung im Inlande lagernder Kaufmannswaaren, höchstens bis zu zwei Drittheilen ihres Werthes;

4. Schuldverschreibungen der vorstehend unter 3. b. bezeichneten Art zu kaufen und zu verkaufen; die Geschäftsanweisung für das Reichsbank-Direktorium (§. 26) wird feststellen, bis zu welcher Höhe die Betriebsmittel der Bank in solchen Schuldverschreibungen angelegt werden dürfen.

5. für Rechnung von Privatpersonen, Anstalten und Behörden Inkassos zu besorgen und nach vorheriger Deckung Zahlungen zu leisten und Anweisungen oder Ueberweisungen auf ihre Zweiganstalten oder Korrespondenten auszustellen;

6. für fremde Rechnung Effekten aller Art, sowie Edelmetalle nach vorheriger Deckung zu kaufen und nach vorheriger Ueberlieferung zu verkaufen;

7. verzinsliche und unverzinsliche Gelder im Depositengeschäft und im Giroverkehr anzunehmen; die Summe der verzinslichen Depositen darf diejenige des Grundkapitals und des Reservefonds der Bank nicht übersteigen;

8. Werthgegenstände in Verwahrung und in Verwaltung zu nehmen.

§. 14. Die Reichsbank ist verpflichtet, Barrengold

zum festen Satze von 1392 Mark für das Pfund fein gegen ihre Noten umzutauschen.

Die Bank ist berechtigt, auf Kosten des Abgebers solches Gold durch die von ihr zu bezeichnenden Techniker prüfen und scheiden zu lassen.

§. 15. Die Reichsbank hat jeweilig den Prozentsatz öffentlich bekannt zu machen, zu welchem sie diskontirt (§. 13, 2) oder zinsbare Darlehne ertheilt (§. 13, 3). Die Aufstellung ihrer Wochen-Uebersichten erfolgt auf Grundlage der Bücher des Reichsbank-Direktoriums und der demselben unmittelbar untergeordneten Zweiganstalten.

§. 16. Die Reichsbank hat das Recht, nach Bedürfniß ihres Verkehrs Banknoten auszugeben[1]).

Die An- und Ausfertigung, Einziehung und Vernichtung derselben erfolgt unter Kontrole der Reichsschulden-Kommission, welcher zu diesem Zwecke ein vom Kaiser ernanntes Mitglied hinzutritt.

[1]) Dieselben sind nicht Geld, sondern Inhaberpapiere, R. V 17. Okt. 88 E. 22, 266.

§. 17. Die Reichsbank ist verpflichtet, für den Betrag ihrer im Umlauf befindlichen Banknoten jederzeit mindestens ein Drittheil in kursfähigem deutschen Gelde, Reichs-Kassenscheinen oder in Gold in Barren oder ausländischen Münzen, das Pfund fein zu 1392 Mark gerechnet, und den Rest in diskontirten Wechseln, welche eine Verfallzeit von höchstens drei Monaten haben, und aus welchen in der Regel drei, mindestens aber zwei als zahlungsfähig bekannte Verpflichtete haften, in ihren Kassen als Deckung bereit zu halten.

§. 18. Die Reichsbank ist verpflichtet, ihre Noten:

a) bei ihrer Hauptkasse in Berlin sofort auf Präsentation,

b) bei ihren Zweiganstalten, soweit es deren Baarbestände und Geldbedürfnisse gestatten,

dem Inhaber gegen kursfähiges deutsches Geld einzulösen.

§. 19. Die Reichsbank ist verpflichtet, die Noten der, vom Reichskanzler nach der Bestimmung im §. 45 dieses Gesetzes bekannt gemachten Banken sowohl in Berlin, als auch bei ihren Zweiganstalten in Städten von mehr als 80000 Einwohnern oder am Sitze der Bank, welche die Noten ausgegeben hat, zum vollen Nennwerthe in Zahlung zu nehmen, so lange die ausgebende Bank ihrer Noteneinlösungspflicht pünktlich nachkommt. Die auf diesem Wege angenommenen Banknoten dürfen nur entweder zur Einlösung präsentirt oder zu Zahlungen an diejenige Bank, welche dieselben ausgegeben hat, oder zu Zahlungen an dem Orte, wo letztere ihren Hauptsitz hat, verwendet werden.

Die Reichsbank ist ermächtigt, mit anderen deutschen Banken Vereinbarungen über Verzichtleistung der letzteren auf das Recht zur Notenausgabe abzuschließen.

§. 20. Wenn der Schuldner eines im Lombardverkehr (§. 13 Ziffer 3) gewährten Darlehns im Verzuge ist, ist die Reichsbank berechtigt, ohne gerichtliche Ermächtigung oder Mitwirkung das bestellte Faustpfand durch einen ihrer Beamten oder durch einen zu Versteigerungen befugten Beamten öffentlich verkaufen, oder, wenn der verpfändete Gegenstand einen Börsenpreis oder Marktpreis hat, den Verkauf auch nicht öffentlich durch einen ihrer Beamten, oder durch einen Handelsmakler, oder, in Ermangelung eines solchen, durch einen zu Versteigerungen befugten Beamten zum laufenden Preise bewirken zu lassen, und sich aus dem Erlöse wegen Kapital, Zinsen und Kosten bezahlt zu machen. Dieses Recht behält die Bank auch gegenüber anderen Gläubigern und gegenüber der Konkursmasse des Schuldners.

§. 21. Die Reichsbank und ihre Zweiganstalten sind im gesammten Reichsgebiete frei von staatlichen Einkommen- und Gewerbesteuern.

§. 22. Die Reichsbank ist verpflichtet, ohne Entgelt für Rechnung des Reichs Zahlungen anzunehmen und bis auf Höhe des Reichsguthabens zu leisten.

Sie ist berechtigt, die nämlichen Geschäfte für die Bundesstaaten zu übernehmen.

§. 23. Das Grundkapital der Reichsbank besteht aus einhundertundzwanzig Millionen Mark, getheilt in vierzigtausend auf Namen lautende Antheile von je dreitausend Mark.

Die Antheilseigner haften persönlich für die Verbindlichkeiten der Reichsbank nicht.[1])

[1]) Vgl. unter § 40 in Anm. 1 dazu.

§. 24.[1]) Aus dem beim Jahresabschlusse sich ergebenden Reingewinn der Reichsbank wird:

1. zunächst den Antheilseignern eine ordentliche Dividende von drei und einhalb Prozent des Grundkapitals berechnet, sodann

2. von dem Mehrbetrage eine Quote von zwanzig Prozent dem Reservefonds zugeschrieben, so lange derselbe nicht ein Viertel des Grundkapitals beträgt,
3. der alsdann verbleibende Ueberrest zur Hälfte an die Antheilseigner und zur Hälfte an die Reichskasse gezahlt, soweit die Gesammtdividende der Antheilseigner nicht sechs Prozent übersteigt. Von dem weiter verbleibenden Reste erhalten die Antheilseigner ein Viertel, die Reichskasse drei Viertel.

Erreicht der Reingewinn nicht volle drei und einhalb Prozent des Grundkapitals, so ist das Fehlende aus dem Reservefonds zu ergänzen.

Das bei Begebung von Antheilsscheinen der Reichsbank etwa zu gewinnende Aufgeld fließt dem Reservefonds zu.

Dividendenrückstände verjähren binnen vier Jahren, von dem Tage ihrer Fälligkeit an gerechnet, zum Vortheil der Bank.

¹) Fassung des am 1. Jan. 1891 in Kraft tretenden Gesetzes, betreffend die Abänderung des Bankgesetzes v. 14. März 1875, vom 18. Dez. 1889 (RGBl. S. 201).

§. 25. Die dem Reiche zustehende Aufsicht über die Reichsbank wird von einem Bank-Kuratorium ausgeübt, welches aus dem Reichskanzler als Vorsitzenden und vier Mitgliedern besteht. Eines dieser Mitglieder ernennt der Kaiser, die drei anderen der Bundesrath.

Das Kuratorium versammelt sich vierteljährlich einmal. In diesen Versammlungen wird ihm über den

Zustand der Bank und alle darauf Bezug habenden Gegenstände Bericht erstattet und eine allgemeine Rechenschaft von allen Operationen und Geschäftseinrichtungen der Bank ertheilt.

§. 26. Die dem Reiche zustehende Leitung der Bank wird vom Reichskanzler, und unter diesem von dem Reichsbank-Direktorium ausgeübt; in Behinderungsfällen des Reichskanzlers wird die Leitung durch einen vom Kaiser hierfür ernannten Stellvertreter wahrgenommen.

Der Reichskanzler leitet die gesammte Bankverwaltung innerhalb der Bestimmungen dieses Gesetzes und des zu erlassenden Statuts (§. 40). Er erläßt die Geschäftsanweisungen für das Reichsbank-Direktorium und für die Zweiganstalten, sowie die Dienstinstruktionen für die Beamten der Bank, und verfügt die erforderlichen Abänderungen der bestehenden Geschäftsanweisungen (Reglements) und Dienstinstruktionen.

§. 27. Das Reichsbank-Direktorium ist die verwaltende und ausführende, sowie die, die Reichsbank nach außen vertretende Behörde.

Es besteht aus einem Präsidenten und der erforderlichen Anzahl von Mitgliedern, und faßt seine Beschlüsse nach Stimmenmehrheit, hat jedoch bei seiner Verwaltung überall den Vorschriften und Weisungen des Reichskanzlers Folge zu leisten.

Präsident und Mitglieder des Reichsbank-Direktoriums werden auf den Vorschlag des Bundesraths vom Kaiser auf Lebenszeit ernannt.

§. 28. Die Beamten der Reichsbank haben die Rechte und Pflichten der Reichsbeamten[1]).

Ihre Besoldungen, Pensionen und sonstigen Dienstbezüge, sowie die Pensionen und Unterstützungen für ihre Hinterbliebenen, trägt die Reichsbank. Der Besoldungs- und Pensionsetat des Reichsbank-Direktoriums wird jährlich durch den Reichshaushalts-Etat, der der übrigen Beamten jährlich vom Kaiser im Einvernehmen mit dem Bundesrathe auf den Antrag des Reichskanzlers festgesetzt.

Kein Beamter der Reichsbank darf Antheilscheine derselben besitzen.

[1]) S. die über die Verhältnisse der Reichsbankbeamten ergangenen besonderen Verordnungen in Einzelausg. Nr. 26 S. 144 bis 154.

§. 29. Die Rechnungen der Reichsbank unterliegen der Revision durch den Rechnungshof des Deutschen Reichs.

Die Form, in welcher die jährliche Rechnungslegung zu erfolgen hat, wird durch den Reichskanzler bestimmt. Die hierüber ergehenden Bestimmungen sind dem Rechnungshof mitzutheilen.

§. 30. Die Antheilseigner üben die ihnen zustehende Betheiligung an der Verwaltung der Reichsbank durch die Generalversammlung, außerdem durch einen aus ihrer Mitte gewählten ständigen Zentralausschuß nach Maßgabe der nachfolgenden Bestimmungen aus.

§. 31. Der Zentralausschuß ist die ständige Vertretung der Antheilseigner gegenüber der Verwaltung.

Er besteht aus fünfzehn Mitgliedern, neben welchen fünfzehn Stellvertreter zu wählen sind. Die Mitglieder und die Stellvertreter werden von der Generalversammlung aus der Zahl der im Besitze von mindestens je drei auf ihren Namen lautenden Antheilscheinen befindlichen Antheilseigner gewählt. Sämmtliche Mitglieder und Stellvertreter müssen im Reichsgebiete und wenigstens neun Mitglieder und neun Stellvertreter in Berlin ihren Wohnsitz haben. Ein Drittel der Mitglieder scheidet jährlich aus. Die Ausscheidenden sind wieder wählbar.

Der Zentralausschuß versammelt sich unter Vorsitz des Präsidenten des Reichsbank-Direktoriums wenigstens einmal monatlich, kann von demselben aber auch außerordentlich berufen werden. Er ist beschlußfähig bei Anwesenheit von wenigstens sieben Mitgliedern; die Geschäftsanweisung wird festsetzen, in welchen Fällen und in welcher Reihenfolge die Einberufung von Stellvertretern zu bewirken ist

§. 32. Dem Zentralausschuß werden in jedem Monat die wöchentlichen Nachweisungen über die Diskonto-, Wechsel- und Lombardbestände, den Notenumlauf, die Baarfonds, die Depositen, über den An- und Verkauf von Gold, Wechseln und Effekten, über die Vertheilung der Fonds auf die Zweiganstalten zur Einsicht vorgelegt, und zugleich die Ergebnisse der ordentlichen und der außerordentlichen Kassenrevisionen, sowie die Ansichten und Vorschläge des Reichsbank-Direktoriums über den Gang der Geschäfte im Allgemeinen und über die etwa erforderlichen Maßregeln mitgetheilt.

Insbesondere ist der Zentralausschuß gutachtlich zu hören:

a) über die Bilanz und die Gewinnberechnung, welche nach Ablauf des Geschäftsjahres vom Reichsbank-Direktorium aufgestellt, mit dessen Gutachten dem Reichskanzler zur definitiven Festsetzung überreicht, und demnächst den Antheilseignern in deren ordentlicher Generalversammlung mitgetheilt wird;

b) über Abänderungen des Besoldungs- und Pensionsetats (§. 28);

c) über die Besetzung erledigter Stellen im Reichsbank-Direktorium, mit Ausnahme der Stelle des Präsidenten, vor der Beschlußfassung des Bundesraths (§. 27.);

d) über den Höchstbetrag, bis zu welchem die Fonds der Bank zu Lombarddarlehen verwendet werden können.

Der Ankauf von Effekten für Rechnung der Bank kann nur erfolgen, nachdem die Höhe des Betrages, bis zu welcher die Fonds der Bank zu diesem Zwecke verwendet werden können, zuvor mit Zustimmung des Zentralausschusses festgesetzt ist;

e) über die Höhe des Diskontosatzes und des Lombard-Zinsfußes, sowie über Veränderungen in den Grundsätzen und Fristen der Kreditertheilung;

f) über Vereinbarungen mit anderen deutschen Banken (§. 19), sowie über die in den Geschäftsbeziehungen zu denselben zu beobachtenden Grundsätze.

Allgemeine Geschäftsanweisungen und Dienstinstruktionen sind dem Zentralausschusse alsbald nach ihrem Erlasse (§. 20) zur Kenntnißnahme mitzutheilen.

§. **33.** Die Mitglieder des Zentralausschusses beziehen keine Besoldung.

Wenn ein Ausschußmitglied das Bankgeheimniß (§. 39) verletzt, die durch sein Amt erlangten Aufschlüsse gemißbraucht oder sonst das öffentliche Vertrauen verloren hat, oder wenn durch dasselbe überhaupt das Interesse des Instituts gefährdet erscheint, so ist die Generalversammlung berechtigt, seine Ausschließung zu beschließen.

Ein Ausschußmitglied, welches in Konkurs geräth, während eines halben Jahres den Versammlungen nicht beigewohnt, oder eine der Voraussetzungen seiner Wählbarkeit (§. 31) verloren hat, wird für ausgeschieden erachtet.

§. **34.** Die fortlaufende spezielle Kontrole über die Verwaltung der Reichsbank üben drei, von dem Zentralausschusse aus der Zahl seiner Mitglieder auf ein Jahr gewählte Deputirte des Zentralausschusses beziehungsweise deren gleichzeitig zu wählende Stellvertreter. Die Geschäftsanweisung wird festsetzen, in welchen Fällen und in welcher Reihenfolge die Einberufung von Stellvertretern zu bewirken ist.

Die Deputirten sind insbesondere berechtigt, allen Sitzungen des Reichsbank-Direktoriums mit berathender Stimme beizuwohnen.

Sie sind ferner berechtigt und verpflichtet, in den gewöhnlichen Geschäftsstunden und im Beisein eines Mitgliedes des Reichsbank-Direktoriums von dem Gange der Geschäfte Kenntniß zu nehmen, die Bücher und Portefeuilles der Bank einzusehen und den ordentlichen, wie außerordentlichen Kassenrevisionen beizuwohnen. Ueber ihre Wirksamkeit erstatten sie in den monatlichen Versammlungen des Zentralausschusses Bericht.

Im Fall des §. 33 Absatz 2 kann ein Deputirter bereits vor der Entscheidung der Generalversammlung durch den Zentralausschuß suspendirt werden.

§. 35. Geschäfte mit den Finanzverwaltungen des Reichs oder deutscher Bundesstaaten dürfen nur innerhalb der Bestimmungen dieses Gesetzes und des Bankstatuts gemacht und müssen, wenn andere als die allgemein geltenden Bedingungen des Bankverkehrs in Anwendung kommen sollen, zuvor zur Kenntniß der Deputirten gebracht, und, wenn auch nur Einer derselben darauf anträgt, dem Zentralausschuß vorgelegt werden. Sie müssen unterbleiben, wenn der letztere nicht in einer beschlußfähigen Versammlung mit Stimmenmehrheit für die Zulässigkeit sich ausspricht.

§. 36. Außerhalb des Hauptsitzes der Bank sind an, vom Bundesrathe zu bestimmenden, größeren Plätzen Reichsbankhauptstellen zu errichten,[1]) welche unter Leitung eines aus wenigstens zwei Mitgliedern bestehenden Vorstandes, und unter Aufsicht eines vom Kaiser ernannten Bank-Kommissarius stehen.

Bei jeder Reichsbankhauptstelle soll, wenn sich daselbst eine hinreichende Zahl geeigneter Antheilseigner vorfindet, ein Bezirksausschuß bestehen, dessen Mitglieder vom Reichskanzler aus den vom Bank-Kommissar und vom Zentralausschuß aufgestellten Vorschlagslisten der am Sitz der Bankhauptstelle oder in dessen unmittelbarer Nähe wohnhaften Antheilseigner ausgewählt werden. Dem Ausschuß werden in seinen monatlich abzuhaltenden Sitzungen die Uebersichten über die Geschäfte der Bankhauptstelle und die von der Zentralverwaltung ergangenen allgemeinen Anordnungen mitgetheilt. Anträge und Vorschläge des Bezirksausschusses, welchen vom Vorstande der Bankhauptstelle nicht in eigener Zuständigkeit entsprochen wird, werden von letzterem dem Reichskanzler mittelst Berichts eingereicht.

Eine fortlaufende spezielle Kontrole über den Geschäftsgang bei den Bankhauptstellen nach Maßgabe der Bestimmungen im §. 34 üben, soweit es ohne Störung der täglichen laufenden Geschäfte geschehen kann, 2 bis 3 Beigeordnete, welche vom Bezirksausschuß aus seiner Mitte gewählt, oder, wo ein Bezirksausschuß nicht besteht, vom Reichskanzler nach Absatz 2 ernannt werden.

[1]) S. Bekanntm. d. Reichskanzlers v. 17. Dezember 1875 (CBl. S. 802) u. v. 24. April 1879 (CBl. S. 325). Vgl. Einzelausg. Nr. 26 S. 155, 156; Gesetzg. III S. 523 Anm. 79.

§. 37. Die Errichtung sonstiger Zweiganstalten erfolgt, sofern dieselben dem Reichsbank-Direktoium unmittelbar untergeordnet werden (Reichsbankstellen), durch den Reichskanzler,[1]) sofern sie einer anderen Zweiganstalt untergeordnet werden, durch das Reichsbank-Direktorium.[2])

[1] Vgl. Anm. 1 zu § 36 und weiter Einzelausg. Nr. 26 S. 86 Anm. 114; Gesetzg. III S. 524 Anm. 82.

[2] Ein Verzeichniß aller Zweiganstalten der Reichsbank s. Einzelausg. Nr. 26 S. 198 ff.

§. 38. Die Reichsbank wird in allen Fällen, und zwar auch wo die Gesetze eine Spezialvollmacht erfordern, durch die Unterschrift des Reichsbank-Direktoriums oder einer Reichsbankhauptstelle verpflichtet, sofern diese Unterschriften von zwei Mitgliedern des Reichsbank-Direktoriums beziehungsweise von zwei Mitgliedern des Vorstandes der Reichsbankhauptstelle oder den als Stellvertretern der letzteren bezeichneten Beamten vollzogen sind.

Unter welchen Voraussetzungen und in welcher Form die Unterschriften der Bankstellen eine Verpflichtung für die Reichsbank begründen, wird vom Reichskanzler bestimmt und besonders bekannt gemacht.[1]

Gegen die Reichsbankhauptstellen und Bankstellen können alle Klagen, welche auf den Geschäftsbetrieb derselben Bezug haben, bei dem Gerichte des Orts erhoben werden, wo die Zweiganstalt errichtet ist.[2]

[1] S. Bekanntm. v. 27. Dez. 1885 (CBl. S. 820), Einzelausg. Nr. 26 S. 87 Anm. 118; Gesetzg. III S. 524 Anm. 84.

§. 39. Sämmtliche bei der Verwaltung der Bank als Beamte, Ausschußmitglieder, Beigeordnete betheiligte Personen sind verpflichtet, über alle einzelne Geschäfte der Bank, besonders über die mit Privatpersonen und über den Umfang des den letzteren gewährten Kredits, Schweigen zu beobachten. Die Deputirten des Zentralausschusses und deren Stellvertreter, sowie die Beigeordneten bei den Reichsbankhauptstellen sind hierzu vor Antritt ihrer Funktionen mittelst Handschlags an Eidesstatt besonders zu verpflichten.

§. **40.** Das Statut der Reichsbank wird nach Maßgabe der vorstehend in den §§. 12 bis 39 enthaltenen Vorschriften vom Kaiser im Einvernehmen mit dem Bundesrath erlassen. [1])

Dasselbe muß insbesondere Bestimmungen enthalten:

1. über die Form der Antheilscheine der Reichsbank und der dazu gehörigen Dividendenscheine und Talons;
2. über die bei Uebertragung und Verpfändung von Antheilscheinen zu beachtenden Formen;
3. über die Mortifikation verlorener oder vernichteter Antheilscheine, sowie über das Verfahren in Betreff abhanden gekommener Dividendenscheine und Talons;
4. über die Grundsätze, nach denen die Jahresbilanz der Reichsbank aufzunehmen ist;
5. über Termine und Modalitäten der Erhebung der Dividende;
6. über die Form, in welcher die Zusammenberufung der Generalversammlungen geschieht, sowie über die Bedingungen und die Art der Ausübung des Stimmrechts der Antheilseigner; die Ausübung des Stimmrechts darf jedoch nicht durch den Besitz von mehr als einem Antheilsscheine bedingt, noch dürfen mehr als hundert Stimmen in einer Hand vereinigt werden;

7. über die Modalitäten der Wahl des Zentralausschusses und der Deputirten desselben, der Bezirksausschüsse und der Beigeordneten bei den Reichsbankhauptstellen;
8. über die Form, in welcher die von der Gesellschaft ausgehenden Bekanntmachungen erfolgen, sowie über die öffentlichen Blätter, in welche dieselben aufzunehmen sind;
9. über die im Fall der Aufhebung der Reichsbank (§. 41) eintretende Liquidation;
10. über die Form, in welcher die Mitwirkung der Antheilseigner oder deren Vertreter zu einer durch Reichsgesetz festzustellenden Erhöhung des Grundkapitals herbeigeführt werden soll;
11. über die Voraussetzungen der Sicherstellung, unter denen Effekten für fremde Rechnung gekauft oder verkauft werden dürfen.

[1] S. Statut der Reichsbank v. 21. Mai 1875 (RGBl. S. 203); dazu R. VI 20. Dez. 88 E. 22, 183 (Indossament der Antheilscheine fällt nicht unter Art. 306 HGB., Art. 36, 74 WO.).

§. 41. Das Reich behält sich das Recht vor, zuerst zum 1. Januar 1891,[1] alsdann aber von zehn zu zehn Jahren nach vorausgegangener einjähriger Ankündigung, welche auf Kaiserliche Anordnung, im Einvernehmen mit dem Bundesrath, vom Reichskanzler an das Reichsbank-Direktorium zu erlassen und von letzterem zu veröffentlichen ist, entweder

a) die auf Grund dieses Gesetzes errichtete Reichsbank aufzuheben und die Grundstücke derselben gegen Erstattung des Buchwerthes zu erwerben, oder

b) die sämmtlichen Antheile der Reichsbank zum Nennwerthe zu erwerben.

In beiden Fällen geht der bilanzmäßige Reservefonds, soweit derselbe nicht zur Deckung von Verlusten in Anspruch zu nehmen ist, zur einen Hälfte an die Antheilseigner, zur andern Hälfte an das Reich über.

Zur Verlängerung der Frist nach Inhalt des ersten Absatzes ist die Zustimmung des Reichstags erforderlich.

[1]) Ist nicht geschehen. S. statt dessen Ges. v. 18. Dez. 1889 (RGBl. S. 201); vgl. oben § 24.

Titel III.

Privat-Notenbanken.

§. 42. Banken, welche sich bei Erlaß dieses Gesetzes im Besitze der Befugniß zur Notenausgabe befinden, dürfen außerhalb desjenigen Staates, welcher ihnen diese Befugniß ertheilt hat, Bankgeschäfte durch Zweiganstalten weder betreiben noch durch Agenten für ihre Rechnung betreiben lassen, noch als Gesellschafter an Bankhäusern sich betheiligen.

§. 43. Die Noten einer Bank, welche sich bei Erlaß dieses Gesetzes im Besitze der Befugniß zur Notenausgabe befindet, dürfen außerhalb desjenigen Staates, welcher derselben diese Befugniß ertheilt hat, zu Zahlungen nicht gebraucht werden.

Der Umtausch solcher Noten gegen andere Banknoten, Papiergeld oder Münzen unterliegt diesem Verbote nicht.

§. 44. Die beschränkenden Bestimmungen des §. 43 finden auf diejenigen Banken keine Anwendung, welche bis zum 1. Januar 1876 folgende Voraussetzungen erfüllen:

1. Die Bank darf ihre Betriebsmittel nur in den im §. 13 unter 1 bis 4 bezeichneten Geschäften, und zwar zu 4 höchstens bis zur Höhe der Hälfte des Grundkapitals der Bank und der Reserven, anlegen.

   Bezüglich des Darlehnsgeschäfts ist der Bank eine Frist bis zum 1. Januar 1877 eingeräumt, innerhalb welcher sie ihre Darlehne den Bestimmungen des §. 13 Nr. 3 zu konformiren hat.

   Sie hat jeweilig den Prozentsatz öffentlich bekannt zu machen, zu welchem sie diskontirt oder zinsbare Darlehne gewährt.

2. Die Bank legt von dem sich jährlich über das Maß von $4^1/_2$ Prozent des Grundkapitals hinaus ergebenden Reingewinn jährlich mindestens 20 Prozent so lange zur Ansammlung eines Reservefonds zurück, als der letztere nicht ein Viertheil des Grundkapitals beträgt.

3. Die Bank verpflichtet sich, für den Betrag ihrer im Umlauf befindlichen Banknoten jederzeit mindestens ein Drittheil in kursfähigem deutschem Gelde, Reichs-Kassenscheinen oder in Gold in Barren oder ausländischen Münzen, das Pfund fein zu 1392 Mark gerechnet, und den Rest in diskontirten Wechseln, welche eine Verfallzeit von höchstens drei Monaten haben und aus welchen in der Regel drei, mindestens aber zwei als

zahlungsfähig bekannte Verpflichtete haften, in ihren Kassen als Deckung bereit zu halten.

4. Die Bank verpflichtet sich, ihre Noten bei einer von ihr zu bezeichnenden Stelle in Berlin oder Frankfurt, deren Wahl der Genehmigung des Bundesraths unterliegt, dem Inhaber gegen kursfähiges deutsches Geld einzulösen.

Die Einlösung hat spätestens vor Ablauf des auf den Tag der Präsentation folgenden Tages zu erfolgen.

5. Die Bank verpflichtet sich, alle deutschen Banknoten, deren Umlauf im gesammten Reichsgebiete gestattet ist, an ihrem Sitze, sowie bei denjenigen ihrer Zweiganstalten, welche in Städten von mehr als 80,000 Einwohnern ihren Sitz haben, zu ihrem vollen Nennwerthe in Zahlung zu nehmen, so lange die Bank, welche solche Noten ausgegeben hat, ihrer Noteneinlösungspflicht pünktlich nachkommt. Alle bei einer Bank eingegangenen Noten einer anderen Bank dürfen, soweit es nicht Noten der Reichsbank sind, nur entweder zur Einlösung präsentirt, oder zu Zahlungen an diejenige Bank, welche dieselben ausgegeben hat, oder zu Zahlungen an dem Orte, wo letztere ihren Hauptsitz hat, verwendet werden.

6. Die Bank verzichtet auf jedes Widerspruchsrecht, welches ihr entweder gegen die Ertheilung der Befugniß zur Ausgabe von Banknoten an andere Banken, oder gegen die Aufhebung einer etwa

bestehenden Verpflichtung der Landesregierung, ihre Noten in den öffentlichen Kassen statt baaren Geldes in Zahlung nehmen zu lassen, zustehen möchte.

7. Die Bank willigt ein, daß ihre Befugniß zur Ausgabe von Banknoten zu den in §. 41 bezeichneten Terminen durch Beschluß der Landesregierung oder des Bundesraths mit einjähriger Kündigungsfrist aufgehoben werden könne, ohne daß ihr ein Anspruch auf irgend welche Entschädigung zustände.

Von Seiten des Bundesraths wird eine Kündigung nur eintreten zum Zwecke weiterer einheitlicher Regelung des Notenbankwesens oder wenn eine Notenbank den Anordnungen gegenwärtigen Gesetzes zuwidergehandelt hat. Ob diese Voraussetzungen vorliegen, entscheidet der Bundesrath.

Einer Bank, welche die vorstehend unter 1 bis 7 bezeichneten Voraussetzungen erfüllt hat, kann der Betrieb von Bankgeschäften durch Zweiganstalten oder Agenturen außerhalb des im §. 42 bezeichneten Gebietes auf Antrag der für den Ort, wo dies geschehen soll, zuständigen Landesregierung durch den Bundesrath gestattet werden.

Banken, welche bis zum 1. Januar 1876 nachweisen, daß der Betrag der nach ihrem Statut oder Privileg ihnen gestatteten Notenausgabe auf den Betrag des Grundkapitals eingeschränkt ist, welcher am 1. Januar 1874 eingezahlt war, sind von der Erfüllung der unter 2 bezeichneten Voraussetzung entbunden und erlangen mit der Gestattung des Umlaufs ihrer Noten im gesammten Reichsgebiete zugleich die Befugniß, im gesammten Reichsgebiete durch Zweiganstalten oder Agenturen Bankgeschäfte zu betreiben. Dem Bundesrath bleibt vorbehalten, diesen Banken einzelne der durch die Bestimmungen unter 1 ausgeschlossenen Formen der Krediterttheilung, in deren Ausübung dieselben sich bisher befunden haben, auf Grund des nachgewiesenen besonderen Bedürfnisses zeitweilig oder widerruflich auch ferner zu gestatten und die hierfür etwa nothwendigen Bedingungen festzusetzen.

§. 45. Banken, welche von den Bestimmungen im §. 44 zu ihren Gunsten Gebrauch machen wollen, haben dem Reichskanzler nachzuweisen:

1. daß ihre Statuten den durch den §. 44 aufgestellten Voraussetzungen entsprechen;
2. daß die erforderliche Einlösungsstelle eingerichtet ist.

Sobald dieser Nachweis geführt ist, erläßt der Reichskanzler eine durch das Reichs-Gesetzblatt zu veröffentlichende Bekanntmachung,[1]) in welcher:

1. die beschränkenden Bestimmungen der §§. 42 und 43 oder des §. 43 dieses Gesetzes zu Gunsten der zu bezeichnenden Bank als nicht anwendbar erklärt,
2. die Stelle, an welcher die Noten der Bank eingelöst werden, bezeichnet wird.

[1]) Zusammenstellung dieser Bekanntmachungen s. Einzelausg. Nr. 26 S. 156 bis 160, Gesetzg. III S. 528 Anm. 108.

§. 46. Kann die Dauer einer bereits erworbenen Befugniß zur Ausgabe von Banknoten durch eine vom Staate oder einer öffentlichen Behörde ausgehende, an einen bestimmten Termin gebundene Kündigung auf eine bestimmte Zeit beschränkt werden, so tritt diese Kündigung zu dem frühesten zulässigen Termine kraft gegenwärtigen Gesetzes ein, es sei denn, daß die Bank den zulässigen Betrag ihrer Notenausgabe auf den am 1. Januar 1874 eingezahlten Betrag ihres Grundkapitals beschränkt und sich den Bestimmungen im §. 44 unter 1 und 3 bis 7 unterworfen hat.

Statutarische Bestimmungen, durch welche die Dauer einer Bank oder der derselben ertheilten Befugniß zur Notenausgabe von der unveränderten Fortdauer des Notenprivilegiums der Preußischen Bank abhängig gemacht ist, treten außer Kraft.

§. 47. Jede Abänderung der Bestimmungen des Grundgesetzes, Statuts oder Privilegiums einer Bank, welche die Befugniß zur Ausgabe von Banknoten bereits erworben hat, bedarf, so lange der Bank diese Befugniß zusteht, zu ihrer Gültigkeit der Genehmigung des Bundesraths, sofern sie das Grundkapital, den Reservefonds, den Geschäftskreis oder die Deckung der auszugebenden Noten, oder die Dauer der Befugniß zur Notenausgabe zum Gegenstande hat. Landesgesetzliche Vorschriften und Konzessionsbedingungen, durch welche eine Bank bezüglich des Betriebs des Diskonto-, des Lombard-, des Effekten- und des Depositengeschäfts Beschränkungen unterworfen ist, welche das gegenwärtige Gesetz nicht enthält, stehen einer solchen Aenderung nicht entgegen.

Die Genehmigung wird, nach Erfüllung der sonstigen gesetzlichen Erfordernisse, durch die betheiligte Landesregierung beantragt und muß versagt werden, wenn die Bank nicht von den Bestimmungen des §. 44 Gebrauch macht.

Die bayerische Regierung ist berechtigt, bis zum Höchstbetrage von 70 Millionen Mark die Befugniß zur Ausgabe von Banknoten für die in Bayern bestehende Notenbank zu erweitern, oder diese Befugniß einer anderen Bank zu ertheilen, sofern die Bank sich den Bestimmungen des §. 44 unterwirft.

§. 48. Der Reichskanzler ist jederzeit befugt, sich nöthigenfalls durch kommissarische Einsichtnahme von den Büchern, Geschäftslokalen und Kassenbeständen der Noten ausgebenden Banken die Ueberzeugung zu verschaffen, daß dieselben die durch Gesetz oder Statut festgestellten Bedingungen und Beschränkungen der Notenausgabe innehalten, oder die Voraussetzungen der zu ihren Gunsten etwa ausgesprochenen Nichtanwendbarkeit der §§. 42 und 43 oder des §. 43 dieses Gesetzes erfüllen und daß die von ihnen veröffentlichten Wochen- und Jahresübersichten (§. 8), sowie die behufs der Steuerberechnung abgegebenen Nachweise (§. 10) der wirklichen Sachlage entsprechen.

Das Aufsichtsrecht der Landesregierungen wird durch diese Bestimmung nicht berührt.

§. 49. Die Befugniß zur Ausgabe von Banknoten geht verloren:

1. durch Ablauf der Zeitdauer, für welche sie ertheilt ist,
2. durch Verzicht,[1])
3. im Falle des Konkurses durch Eröffnung des Verfahrens gegen die Bank,
4. durch Entziehung kraft richterlichen Urtheils,
5. durch Verfügung der Landesregierung nach Maßgabe der Statuten oder Privilegien.

[1]) Vgl. S. 247 Anm. 1.

§. 50. Die Entziehung der Befugniß zur Notenausgabe wird auf Klage des Reichskanzlers oder der Regierung des Bundesstaates, in welchem die Bank ihren Sitz hat, durch gerichtliches Urtheil ausgesprochen:

1. wenn die Vorschriften der Statuten, des Privilegiums oder des gegenwärtigen Gesetzes über die Deckung für die umlaufenden Noten verletzt worden sind oder der Notenumlauf die durch Statut, Privilegium oder Gesetz bestimmte Grenze überschritten hat;
2. wenn die Bank vor Erlaß der in §. 45 erwähnten Bekanntmachung des Reichskanzlers außerhalb des durch §. 42 ihr angewiesenen Gebiets die in §. 42 ihr untersagten Geschäfte betreibt, oder außerhalb des durch §. 43 ihr angewiesenen Gebiets ihre Noten vertreibt oder vertreiben läßt;
3. wenn die Bank die Einlösung präsentirter Noten nicht bewirkt

a) an ihrem Sitze am Tage der Präsentation,
b) an ihrer Einlösungsstelle (§. 44 Nr. 4) bis zum Ablaufe des auf den Tag der Präsentation folgenden Tages,
c) an sonstigen durch die Statuten bestimmten Einlösungsstellen bis zum Ablaufe des dritten Tages nach dem Tage der Präsentation;

4. sobald das Grundkapital sich durch Verluste um ein Drittheil vermindert hat.

Die Klage ist im ordentlichen Verfahren zu verhandeln. Der Rechtsstreit gilt im Sinne der Reichs- und Landesgesetze als Handelssache.[1])

In dem Urtheile ist zugleich die Verpflichtung zur Einziehung der Noten auszusprechen.[2])

[1]) Die Vorschrift hat nur noch Bedeutung insofern, als demnach § 12 des Ges., betr. die Errichtung eines obersten Gerichtshofes für Handelssachen, v. 12. Juni 1869, und § 8 Einf.-G. z. GVG. (s. oben S. 19) auf die fraglichen Streitigkeiten Anwendung finden. Die Zuständigkeit der Kammer für Handelssachen ist in § 101 GVG. auf die hier fraglichen Streitigkeiten nicht ausgedehnt.

[2]) Durch § 13 Einf.-Ges. z. CPO. aufrecht erhaltene prozeßrechtliche Vorschrift.

§. 51.[1]) Das Urtheil ist erst nach Eintritt der Rechtskraft vollstreckbar. Die Vollstreckung wird auf Antrag durch das Prozeßgericht verfügt. Das Gericht bestimmt zu diesem Zwecke die Frist, innerhalb welcher von der Bankverwaltung die Bekanntmachung über die Einziehung der Noten zu erlassen ist.

Sofern nicht der Konkurs über die Bank ausgebrochen ist, setzt das Gericht einen Kurator ein, welcher die Einziehung der Noten zu überwachen und, wenn die Bank den für diesen Fall vorgesehenen Verpflichtungen nicht nachkommt, die Liquidation der Bank beim Gerichte zu beantragen verpflichtet ist.

Eingehende Noten sind von der Bank an eine vom Reichskanzler zu bezeichnende, am Sitze der Bank gelegene Kasse abzuliefern.

[1]) Durch § 13 Abs. 1 Einf.-Ges. z. CPO. aufrecht erhaltene prozeßrechtliche Vorschriften.

§. 52. Sechs Monate, nachdem das Urtheil (§. 50) die Rechtskraft erlangt hat, zahlt die Bank an die vom Reichskanzler bezeichnete Kasse einen Betrag in baarem Gelde ein, welcher dem bis dahin nicht abgelieferten Betrage ihrer Noten gleichkommt. Dieser Baarbetrag wird ihr nach Maßgabe der weiter von ihr abgelieferten Noten und der verbleibende Rest nach Ablauf der letzten vom Bundesrathe für die Einlösung festgesetzten Frist zurückgezahlt.

§. 53. Die an die Kasse abgelieferten Noten (§. 51 und §. 52) werden in Gegenwart des Kurators der Kasse und des für die Einziehung der Noten bestellten Kurators vernichtet. Ueber die Vernichtung wird ein gerichtliches oder notarielles Protokoll aufgenommen. Die Verwaltung der Bank ist befugt, an der Vernichtung durch zwei Abgeordnete Theil zu nehmen. Der für die Vernichtung bestimmte Termin ist ihr jedesmal spätestens acht Tage vorher von der der Kasse vorgesetzten Behörde anzuzeigen. Die Vernichtung kann in einem oder in mehreren Terminen erfolgen.

§. 54. Für diejenigen Korporationen, welche, ohne Zettelbanken zu sein, sich beim Erlaß dieses Gesetzes im Besitz der Befugniß zur Ausgabe von Noten, Kassenscheinen oder sonstigen auf den Inhaber ausgestellten unverzinslichen Schuldverschreibungen befinden, und für das von ihnen ausgegebene Papiergeld gelten insolange, als sie von der Befugniß, Papiergeld in Umlauf zu erhalten, Gebrauch machen, die Bestimmungen der §§. 2 bis einschließlich 6, dann des §. 43 und des §. 47 Absatz 1 dieses Gesetzes, soweit sich derselbe auf die Befugniß zur Ausgabe von Papiergeld, auf deren Dauer, oder auf die Deckung des Papiergeldes bezieht.

Titel IV.

Strafbestimmungen.

§. 55. Wer unbefugt Banknoten oder sonstige auf den Inhaber lautende unverzinsliche Schuldverschreibungen ausgiebt, wird mit einer Geldstrafe bestraft, welche dem Zehnfachen des Betrages der von ihm ausgegebenen Werthzeichen gleichkommt, mindestens aber fünftausend Mark beträgt.

§. 56. Mit Geldstrafe bis zu einhundertfünfzig Mark wird bestraft, wer der Verbotsbestimmung des §. 43 zuwider, Noten inländischer Banken, oder Noten oder sonstige Geldzeichen inländischer Korporationen außerhalb desjenigen Landesgebiets, für welches dieselben zugelassen sind, zur Leistung von Zahlungen verwendet.

§. 57. Mit Geldstrafe von fünfzig Mark bis zu fünftausend Mark wird bestraft, wer der Verbotsbestimmung in §. 11 zuwider, ausländische Banknoten oder sonstige auf den Inhaber lautende unverzinsliche Schuldverschreibungen ausländischer Korporationen, Gesellschaften oder Privaten, welche ausschließlich oder neben anderen Werthbestimmungen in Reichswährung oder einer deutschen Landeswährung ausgestellt sind, zur Leistung von Zahlungen verwendet.

Geschieht die Verwendung gewerbsmäßig, so tritt neben der Geldstrafe Gefängniß bis zu einem Jahre ein. Der Versuch ist strafbar.

§. 58. Mit Geldstrafe bis zu fünftausend Mark wird bestraft, wer den Bestimmungen im §. 42 zuwider, für Rechnung von Banken als Vorsteher von Zweiganstalten oder als Agent Bankgeschäfte betreibt oder mit Banken als Gesellschafter in Verbindung tritt.

Die gleiche Strafe trifft die Mitglieder des Vorstandes einer Bank, welche den Bestimmungen des §. 7 entgegenhandeln, oder welche dem Verbote des §. 42 zuwider

a) Zweiganstalten oder Agenturen bestellen, oder
b) die von ihnen vertretene Bank als Gesellschafter an Bankhäusern betheiligen.

§. 59. Die Mitglieder des Vorstandes einer Bank werden:

1. wenn sie in den durch die Bestimmungen des §. 8 vorgeschriebenen Veröffentlichungen wissentlich den Stand der Verhältnisse der Bank unwahr darstellen oder verschleiern, mit Gefängniß bis zu drei Monaten bestraft;

2. wenn sie durch unrichtige Aufstellung der im §. 10 vorgeschriebenen Nachweisungen den steuerpflichtigen Notenumlauf zu gering angeben, mit einer Geldstrafe bestraft, welche dem Zehnfachen der hinterzogenen Steuer gleichsteht, mindestens aber fünfhundert Mark beträgt;
3. wenn die Bank mehr Noten ausgiebt, als sie auszugeben befugt ist, mit einer Geldstrafe bestraft, welche dem Zehnfachen des zuviel ausgegebenen Betrages gleichkommt, mindestens aber fünftausend Mark beträgt.

Die Strafe zu 3. trifft auch die Mitglieder des Vorstandes solcher Korporationen, welche zur Ausgabe von auf den Inhaber lautenden unverzinslichen Schuldverschreibungen befugt sind, wenn sie mehr solche Geldzeichen ausgeben, als die Korporation auszugeben bebefugt ist.

Titel V.
Schlußbestimmungen.

§. 60. Die §§. 6, 42 und 43, sowie die auf die letzteren bezüglichen Strafbestimmungen in den §§. 56 und 58 gegenwärtigen Gesetzes treten am 1. Januar 1876 in Kraft.

§. 61. Der Reichskanzler wird ermächtigt, mit der Königlich preußischen Regierung wegen Abtretung der Preußischen Bank an das Reich auf folgenden Grundlagen einen Vertrag abzuschließen:[1])

1. Preußen tritt nach Zurückziehung seines Einschußkapitals von 1,906,800 Thalern, sowie der ihm

zustehenden Hälfte des Reservefonds die Preußische Bank mit allen ihren Rechten und Verpflichtungen mit dem 1. Januar 1876 unter den nachstehend Ziffer 2 bis 6 bezeichneten Bedingungen an das Reich ab. Das Reich wird diese Bank an die nach Maßgabe der Bestimmungen dieses Gesetzes zu errichtende Reichsbank übertragen.

2. Preußen empfängt für Abtretung der Bank eine Entschädigung von fünfzehn Millionen Mark, welche aus den Mitteln der Reichsbank zu decken ist.

3. Den bisherigen Antheilseignern der Preußischen Bank wird die Befugniß vorbehalten, gegen Verzicht auf alle ihnen durch ihre Bankantheilsscheine verbrieften Rechte zu Gunsten der Reichsbank den Umtausch dieser Urkunden gegen Antheilsscheine der Reichsbank von gleichem Nominalbetrage zu verlangen.

4. Die Reichsbank hat denjenigen Antheilseignern, welche nach den Bestimmungen der §§. 16 und 19 der Bankordnung vom 5. Oktober 1846 (Preuß. Gesetz-Samml. S. 435) die Herauszahlung des eingeschossenen Kapitals und ihres Antheils an dem Reservefonds der Preußischen Bank verlangen, diese Zahlung zu leisten.

5. Die Reichsbank wird zur Erfüllung der von der Preußischen Bank durch Vertrag vom 28./31. Januar 1856 hinsichtlich der Staatsanleihe von

sechszehn Millionen fünfhundertachtundneunzigtausend Thalern übernommenen Verbindlichkeiten an Preußen für die Jahre 1876 bis einschließlich 1925 jährlich 621,910 Thaler in halbjährlichen Raten zahlen. Wird die Konzession der Reichsbank nicht verlängert, so wird das Reich dafür sorgen, daß, so lange keine andere Bank in diese Verpflichtung eintritt, die Rente bis zu dem ebengedachten Zeitpunkte der preußischen Staatskasse unverkürzt zufließe.

6. Eine Auseinandersetzung zwischen Preußen und der Reichsbank wegen der Grundstücke der Preußischen Bank bleibt vorbehalten.

[1]) Ist geschehen durch Vertrag v. 17./18. Mai 1875 (RGBl. S. 216); s. auch Einzelausg. Nr. 26 S. 134 ff.

§. 62. Der Reichskanzler wird ermächtigt:

1. diejenigen Antheilsscheine der Reichsbank zu begeben, welche nicht nach §. 61 Nr. 3 gegen Antheilsscheine der Preußischen Bank umzutauschen sind,
2. auf Höhe der nicht begebenen Antheilsscheine zur Beschaffung des nach §. 23 erforderlichen Grundkapitals der Reichsbank verzinsliche, spätestens am 1. Mai 1876 fällig werdende Schatzanweisungen auszugeben.

§. 63. Die Ausfertigung der Schatzanweisungen (§. 62 Nr. 2) wird der Preußischen Hauptverwaltung der Staatsschulden übertragen. Den Zinssatz bestimmt der Reichskanzler. Bis zum 1. Mai 1876 kann, nach

Anordnung des Reichskanzlers, der Betrag der Schatzanweisungen wiederholt, jedoch nur zur Deckung der in Verkehr gesetzten Schatzanweisungen ausgegeben werden.

§. 64. Die zur Verzinsung und Einlösung der Schatzanweisungen erforderlichen Beträge müssen der Reichsschulden-Verwaltung aus den bereitesten Einkünften des Reichs zur Verfallzeit zur Verfügung gestellt werden.

§. 65. Die Ausgabe der Schatzanweisungen ist durch die Reichskasse zu bewirken.

Die Zinsen der Schatzanweisungen verjähren binnen vier Jahren, die verschriebenen Kapitalbeträge binnen 30 Jahren nach Eintritt des in jeder Schatzanweisung auszudrückenden Fälligkeitstermins.

§. 66. Die Bestimmungen des Handelsgesetzbuchs über die Eintragung in das Handelsregister und die rechtlichen Folgen derselben finden auf die Reichsbank keine Anwendung.

Anlage zum § 9.

Laufende №	Bezeichnung der Bank.	Ungedeckter Notenumlauf. Mark.
1.	Reichsbank	250,000,000[1])
2.	Ritterschaftliche Privatbank in Pommern (Stettin)[2])	1,222,000
3.	Städtische Bank in Breslau . .	1,283,000
	[Zu übertragen:	252,505,000]

Laufende №	Bezeichnung der Bank.	Ungedeckter Notenumlauf. Mark.
	[Uebertragen:	252,505,000]
4.	Bank des Berliner Kassenvereins[2])	963,000
5.	Kölnische Bank[3])	1,251,000
6.	Magdeburger Privatbank . . .	1,173,000
7.	Danziger Privat-Aktienbank . .	1,272,000
8.	Provinzial-Aktienbank des Großherzogthums Posen	1,206,000
9.	Kommunalständische Bank für die preußische Oberlausitz (Görlitz)[2])	1,307,000
10.	Hannoversche Bank[2])	6,000,000
11.	Landgräflich hessische konzessionirte Landesbank[2])	159,000
12.	Frankfurter Bank	10,000,000
13.	Bayerische Banken	32,000,000
14.	Sächsische Bank zu Dresden . .	16,771,000
15.	Leipziger Bank[2])	5,348,000
16.	Leipziger Kassenverein	1,440,000
17.	Chemnitzer Stadtbank	441,000
18.	Württembergische Notenbank . .	10,000,000
19.	Badische Bank	10,000,000
20.	Bank für Süddeutschland . . .	10,000,000
21.	Rostocker Bank[2])	1,155,000
22	Weimarsche Bank[2])	1,971,000
	[Zu übertragen:	364,962,000]

Laufende №	Bezeichnung die Bank.	Ungedeckter Notenumlauf. Mark.
	[Uebertragen:	365,962,000]
23.	Oldenburgische Landesbank . . .	1,881,000
24.	Braunschweigische Bank	2,829,000
25.	Mitteldeutsche Kreditbank in Meiningen[2])	3,187,000
26.	Privatbank zu Gotha[2])	1,344,000
27.	Anhalt-Dessauische Landesbank[2]) .	935,000
28.	Thüringische Bank (Sondershausen)[2])	1,658,000
29.	Geraer Bank[2])	1,651,009
30.	Niedersächsische Bank (Bückeburg)[3])	594,000
31.	Lübecker Privatbank[2])	500,000
32.	Kommerzbank in Lübeck[2]) . . .	959,000
33.	Bremer Bank[3])	4,500,000
	Zusammen	385,000,000

[1]) jetzt 286 585 000 M.

[2]) Diese Banken haben auf das Recht der Notenausgabe verzichtet.

[3]) Diese Bank hat liquidirt.

Verordnung, betreffend die Einführung der Reichswährung. Vom 22. September 1875. (RGBl. S. 303.)[1])

[1]) S. Anm. 1 zu Art. 1 des Münzges. v. 9. Juli 1873 (oben S. 142).

Gesetz, betreffend die Umwandlung von Aktien in Reichswährung. Vom 16. Dezember 1875. (RGBl. S. 317.)[1])

[1]) Dieses mit dem Aktienrecht zusammenhängende Gesetz hatte nur vorübergehende Bedeutung für neue Aktiengesellschaften, vgl. jetzt Art. 173a, 207a HGB. in der Fassung des Ges. v. 18. Juli 1884.

Gesetz, betreffend die Abänderung des §. 4 des Gesetzes über das Postwesen des Deutschen Reichs vom 28. Oktober 1871. Vom 20. Dezember 1875. (RGBl. S. 318.)[1])

[1]) Das Gesetz betrifft die Leistungen der Eisenbahnen für Postzwecke und hat daher wesentlich öffentlich-rechtlichen Inhalt, s. Einzelausg. Nr. 7 S. 68 ff.

Gesetz, betreffend die Abänderung des Art. 15 des Münzgesetzes vom 9. Juli 1873. Vom 6. Januar 1876. (RGBl. S. 3.)[1])

[1]) S. oben S. 152 f.

Gesetz, betreffend das Urheberrecht an Werken der bildenden Künste. Vom 9. Januar 1876. (RGBl. S. 4.)[1])

[1]) Aelteres Recht in RH. I 12. Jan. 75 S. 16, 247.

A. Ausschließliches Recht des Urhebers.

§. 1. Das Recht, ein Werk der bildenden Künste ganz oder theilweise nachzubilden,[1]) steht dem Urheber desselben ausschließlich zu.

[1]) Nachbildung auch durch Uebermalen einer im Wege rechtmäßiger Nachbildung eines Kunstwerks angefertigten Photographie, R. I 9. Nov. 82 E. 7, 284; R. II 9. Jan. 85 E. 11, 360.

§. 2. Das Recht des Urhebers geht auf dessen Erben über. Dieses Recht kann beschränkt oder unbeschränkt durch Vertrag oder durch Verfügung von Todeswegen auf Andere übertragen werden.[1])

[1]) Ob die Weiterveräußerung eines Vervielfältigungs- und Nachbildungsrechts ohne die Zustimmung des Urhebers des Kunstwerks zulässig ist, bestimmt sich lediglich nach dem Uebertragungsvertrage des letzteren mit dem ersten Erwerber des Nachbildungsrechts, R. II 6. April 86 E. 17,206 (zugleich über Auslegungsmomente). — Bedeutung älterer Uebertragungsverträge, R. II 28. Okt. 81 und 1. Mai 83 E. 5,78 u. 8,281 (beide denselben Fall betreffend).

§. 3. Auf die Baukunst findet das gegenwärtige Gesetz keine Anwendung.

§. 4. Als Nachbildung ist nicht anzusehen die freie Benutzung eines Werkes der bildenden Künste zur Hervorbringung eines neuen Werkes.

§. 5. Jede Nachbildung eines Werkes der bildenden Künste, welche in der Absicht, dieselbe zu verbreiten, ohne Genehmigung des Berechtigten (§§. 1, 2) hergestellt wird, ist verboten. Als verbotene Nachbildung ist es auch anzusehen:

1. wenn bei Hervorbringung derselben ein anderes Verfahren angewendet worden ist, als bei dem Originalwerk;[1])
2. wenn die Nachbildung nicht unmittelbar nach dem Originalwerke, sondern mittelbar nach einer Nachbildung desselben geschaffen ist;[2])
3. wenn die Nachbildung eines Werkes der bildenden Künste sich an einem Werke der Baukunst, der Industrie, der Fabriken, Handwerke oder Manufakturen befindet;
4. wenn der Urheber oder Verleger dem unter ihnen bestehenden Vertrage zuwider eine neue Vervielfältigung des Werkes veranstalten;

5. wenn der Verleger eine größere Anzahl von Exemplaren eines Werkes anfertigen läßt, als ihm vertragsmäßig oder gesetzlich gestattet ist.

[1]) Klagerecht des Inhabers eines beschränkten Nachbildungsrechts (durch Photographie) gegen den, welcher das Originalwerk in einer anderen Kunstform (Oelfarbendruck) nachbildet, R. I 7. Juni 86 E. 14,217.

[2]) Vgl. Anm. 1 zu § 1. — S. auch R. II 15. Febr. 81 E. 3,351 (354).

§. 6. Als verbotene Nachbildung ist nicht anzusehen:

1. die Einzelkopie eines Werkes der bildenden Künste, sofern dieselbe ohne die Absicht der Verwerthung angefertigt wird.[1]) Es ist jedoch verboten, den Namen oder das Monogramm des Urhebers des Werkes in irgend einer Weise auf der Einzelkopie anzubringen, widrigenfalls eine Geldstrafe bis zu fünfhundert Mark verwirkt ist;
2. die Nachbildung eines Werkes der zeichnenden oder malenden Kunst durch die plastische Kunst, oder umgekehrt;[2])
3. die Nachbildung von Werken der bildenden Künste, welche auf oder an Straßen oder öffentlichen Plätzen bleibend sich befinden.[3]) Die Nachbildung darf jedoch nicht in derselben Kunstform erfolgen;[4])
4. die Aufnahme von Nachbildungen einzelner Werke der bildenden Künste in ein Schriftwerk, vorausgesetzt, daß das letztere als die Hauptsache erscheint, und die Abbildungen nur zur Erläuterung des Textes dienen. Jedoch muß der Urheber des

Originals oder die benutzte Quelle angegeben werden, widrigenfalls die Strafbestimmung im §. 24 des Gesetzes vom 11. Juni 1870, betreffend das Urheberrecht an Schriftwerken 2c., (Bundes-Gesetzbl. 1870 S. 339) Platz greift.

¹) Beispiel einer verbotenen Einzelkopie, R. II 9. Jan. 85 E. 11,360.

²) Lithophanien und Diaphanien gehören der malenden Kunst an; Nachbildungen von Werken der letzteren durch Lith. u. Diaph. sind also verboten, R. I 24. Nov. 86 E. 18,102; R. II 18. Mai 88 E. 17,365. — Die rein mechanische Nachbildung der Photographie eines plastischen Kunstwerks durch ein Flächenbild verletzt das Urheberrecht an dem Kunstwerk, R. I 23. Mai 87 E. 18,150.

³) Nach bleibender Aufstellung eines plastischen Kunstwerks an Straßen 2c. hat auch das Modell, nach welchem jenes geschaffen wurde, keinen Schutz mehr; unter Nr. 3 fällt auch ein mit einem Bauwerk verbundenes plastisches Kunstwerk, R. I 20. Juni 88, E. 18,30.

⁴) d. h. nur so, daß der im Originalkunstwerke enthaltene künstlerische Gedanke in wesentlich verschiedener Weise seiner äußeren Erscheinung nach zum Ausdruck gebracht wird, angef. R. E. 18,30.

§. 7. Wer ein von einem Anderen herrührendes Werk der bildenden Künste auf rechtmäßige Weise, aber mittelst eines anderen Kunstverfahrens nachbildet, hat in Beziehung auf das von ihm hervorgebrachte Werk das Recht eines Urhebers (§. 1), auch wenn das Original bereits Gemeingut geworden ist.

§. 8. Wenn der Urheber eines Werkes der bildenden Künste das Eigenthum am Werke einem Anderen überläßt, so ist darin die Uebertragung des Nachbildungsrechts fortan nicht enthalten; bei Portraits und

Portraitbüsten geht dieses Recht jedoch auf den Besteller über.

Der Eigenthümer des Werkes ist nicht verpflichtet, dasselbe zum Zweck der Veranstaltung von Nachbildungen an den Urheber oder dessen Rechtsnachfolger herauszugeben.

B. Dauer des Urheberrechts.

§. 9. Der Schutz des gegenwärtigen Gesetzes gegen Nachbildung wird für die Lebensdauer des Urhebers und dreißig Jahre nach dem Tode desselben gewährt.

Bei Werken, welche veröffentlicht sind, ist diese Dauer des Schutzes an die Bedingung geknüpft, daß der wahre Name des Urhebers auf dem Werke vollständig genannt oder durch kenntliche Zeichen ausgedrückt ist.

Werke, welche entweder unter einem anderen, als dem wahren Namen des Urhebers veröffentlicht, oder bei welchen ein Urheber gar nicht angegeben ist, werden dreißig Jahre lang, von der Veröffentlichung an, gegen Nachbildung geschützt. Wird innerhalb dieser dreißig Jahre der wahre Name des Urhebers von ihm selbst oder seinen hierzu legitimirten Rechtsnachfolgern zur Eintragung in die Eintragsrolle (§. 39 des Gesetzes vom 11. Juni 1870, betreffend das Urheberrecht an Schriftwerken zc., — Bundes-Gesetzbl. 1870 S. 339) angemeldet, so wird dadurch dem Werke die im Absatz 1 bestimmte längere Dauer des Schutzes erworben.[1])

[1]) S. Bestimmungen über die Führung der Eintragsrolle v. 29. Febr. 76 (C.Bl. S. 119). Vgl. Gesetzg. III S. 785.

§. 10. Bei Werken, die in mehreren Bänden oder

Abtheilungen erscheinen, wird die Schutzfrist von dem ersten Erscheinen eines jeden Bandes oder einer jeden Abtheilung an berechnet.

Bei Werken jedoch, die in einem oder mehreren Bänden eine einzige Aufgabe behandeln und mithin als in sich zusammenhängend zu betrachten sind, beginnt die Schutzfrist erst nach dem Erscheinen des letzten Bandes oder der letzten Abtheilung.

Wenn indessen zwischen der Herausgabe einzelner Bände oder Abtheilungen ein Zeitraum von mehr als drei Jahren verflossen ist, so sind die vorher erschienenen Bände, Abtheilungen rc. als ein für sich bestehendes Werk und ebenso die nach Ablauf der drei Jahre erscheinenden weiteren Fortsetzungen als ein neues Werk zu behandeln.

§. 11. Die erst nach dem Tode des Urhebers veröffentlichten Werke werden dreißig Jahre lang, vom Tode des Urhebers an gerechnet, gegen Nachbildung geschützt.

§. 12. Einzelne Werke der bildenden Künste, welche in periodischen Werken, als Zeitschriften, Taschenbüchern, Kalendern rc. erschienen sind, darf der Urheber, falls nichts anderes verabredet ist, auch ohne Einwilligung des Herausgebers oder Verlegers des Werkes, in welches dieselben aufgenommen sind, nach zwei Jahren, vom Ablaufe des Jahres des Erscheinens an gerechnet, anderweitig abdrucken.

§. 13. In den Zeitraum der gesetzlichen Schutzfrist wird das Todesjahr des Verfassers beziehungsweise das

Kalenderjahr der ersten Veröffentlichung oder des ersten Erscheinens des Werkes nicht eingerechnet.

§. 14. Wenn der Urheber eines Werkes der bildenden Künste gestattet,[1]) daß dasselbe an einem Werke der Industrie, der Fabriken, Handwerke oder Manufakturen[2]) nachgebildet wird, so genießt er den Schutz gegen weitere Nachbildungen an Werken der Industrie ꝛc. nicht nach Maßgabe des gegenwärtigen Gesetzes, sondern nur nach Maßgabe des Gesetzes, betreffend das Urheberrecht an Mustern und Modellen.[3])

[1]) d. h. nach Inkrafttreten dieses Gesetzes, R. II 15. Febr. 81 E. 3,351 (356). Beispiel stillschweigender Genehmigung: R. I 5. Juni 82 E. 6,348 (andererseits angef. R. E. 3,351).

[2]) d. h. so daß es einen integrirenden Theil des letzteren Werks bildet, angef. R. E. 3,351. — Ein selbständiges Plakat zu Reklamezwecken ist nicht geschützt, R. I 18. Mai 89 E. 23,116.

[3]) d. h. wenn er dies Muster dem angef. Gesetze entsprechend anmeldet; angef. R. E. 3,351 (355).

§. 15. Ein Heimfallsrecht des Fiskus oder anderer zu herrenlosen Verlassenschaften berechtigter Personen findet auf das ausschließliche Recht des Urhebers und seiner Rechtsnachfolger nicht statt.

C. Sicherstellung des Urheberrechts.

§. 16. Die Bestimmungen in den §§. 18—42 des Gesetzes vom 11. Juni 1870, betreffend das Urheberrecht an Schriftwerken ꝛc., (Bundes-Gesetzbl. 1870 S. 339) finden auch auf die Nachbildung von Werken der bildenden Künste entsprechende Anwendung.

Die Sachverständigen-Vereine, welche nach Maßgabe des §. 31 des genannten Gesetzes Gutachten über die

Nachbildung von Werken der bildenden Künste abzugeben haben, sollen aus Künstlern verschiedener Kunstzweige, aus Kunsthändlern, Kunstgewerbtreibenden und aus anderen Kunstverständigen bestehen.[1])

[1]) S. Bestimmungen v. 29. Febr. 1876 (CBl. S. 117), abg. durch Bekanntm. v. 16. Juli 1879 (CBl. S. 490) u. v. 25. Okt. 1888 (CBl. S. 417). Vgl. Gesetzg. III S. 745.

D. Allgemeine Bestimmungen.

§. 17. Das gegenwärtige Gesetz tritt mit dem 1. Juli 1876 in Kraft. Alle früheren in den einzelnen Staaten des Deutschen Reichs geltenden Bestimmungen in Beziehung auf das Urheberrecht an Werken der bildenden Künste treten von demselben Tage ab außer Wirksamkeit.

§. 18. Das gegenwärtige Gesetz findet auch auf alle vor dem Inkrafttreten desselben erschienenen Werke der bildenden Künste Anwendung, selbst wenn dieselben nach den bisherigen Landesgesetzgebungen keinen Schutz gegen Nachbildung genossen haben.

Die bei dem Inkrafttreten dieses Gesetzes vorhandenen Exemplare, deren Herstellung nach der bisherigen Gesetzgebung gestattet war, sollen auch fernerhin verbreitet werden dürfen, selbst wenn ihre Herstellung nach dem gegenwärtigen Gesetze untersagt ist.

Ebenso sollen die bei dem Inkrafttreten dieses Gesetzes vorhandenen, bisher rechtmäßig angefertigten Vorrichtungen, wie Formen, Platten, Steine, Stereotypabgüsse u. s. w. auch fernerhin zur Anfertigung von Exemplaren benutzt werden dürfen.

Auch dürfen die beim Inkrafttreten des Gesetzes bereits begonnenen, bisher gestatteten Vervielfältigungen noch vollendet werden.

Die Regierungen der Staaten des Deutschen Reichs werden ein Inventarium über die Vorrichtungen, deren fernere Benutzung hiernach gestattet ist, amtlich aufstellen und diese Vorrichtungen mit einem gleichförmigen Stempel bedrucken lassen.

Nach Ablauf der für die Legalisirung angegebenen Frist unterliegen alle mit dem Stempel nicht versehenen Vorrichtungen der bezeichneten Werke, auf Antrag des Verletzten, der Einziehung. Die nähere Instruktion über das bei der Aufstellung des Inventariums und bei der Stempelung zu beobachtende Verfahren wird vom Reichskanzler-Amt erlassen.[1])

[1]) S. Bestimmungen v. 20. Febr. 1876 (CBl. S. 118). Vgl. Gesetzg. III S. 736.

§. 19. Die Ertheilung von Privilegien zum Schutze des Urheberrechts ist nicht mehr zulässig.

Dem Inhaber eines vor dem Inkrafttreten des gegenwärtigen Gesetzes von den Regierungen einzelner deutscher Staaten ertheilten Privilegiums steht es frei, ob er von diesem Privilegium Gebrauch machen oder den Schutz des gegenwärtigen Gesetzes anrufen will.

Der Privilegienschutz kann indeß nur für den Umfang derjenigen Staaten geltend gemacht werden, von welchen derselbe ertheilt worden ist.

Die Berufung auf den Privilegienschutz ist dadurch bedingt, daß das Privilegium entweder ganz oder dem wesentlichen Inhalte nach dem Werke vorgedruckt oder auf oder hinter dem Titelblatt desselben bemerkt ist. Wo dieses nach der Natur des Gegenstandes nicht stattfinden kann oder bisher nicht geschehen ist, muß das Privilegium, bei Vermeidung des Erlöschens, binnen drei Monaten nach dem Inkrafttreten dieses Gesetzes zur Eintragung in die Eintragsrolle angemeldet werden. Das Kuratorium der Eintragsrolle hat das Privilegium öffentlich bekannt zu machen.

§. 20. Das gegenwärtige Gesetz findet Anwendung auf alle Werke inländischer Urheber, gleichviel ob die Werke im Inlande oder Auslande erschienen oder überhaupt noch nicht veröffentlicht sind.

Wenn Werke ausländischer Urheber bei inländischen Verlegern erscheinen, so stehen diese Werke unter dem Schutze des gegenwärtigen Gesetzes.[1])

[1]) Die Staatsverträge zum Schutz des Urheberrechts an Werken der bildenden Künste sind aufgezählt Gesetzg. III S. 734 Anm. 9. S. jetzt auch Art. 4 der Berner Konvention vom 9. Sept. 1886 (RGBl. 1887 S. 493 — vgl. hierüber oben S. 68), nach welchem geschützt sind „Werke der zeichnenden Künste, der Malerei, der Bildhauerei . . . überhaupt jedes Erzeugniß der . . . Kunst, welches im Wege des Drucks oder sonstigen Vervielfältigung veröffentlicht werden kann“.

§. 21. Diejenigen Werke ausländischer Urheber, welche in einem Orte erschienen sind, der zum ehemaligen Deutschen Bunde, nicht aber zum Deutschen Reich gehört, genießen den Schutz dieses Gesetzes unter der Voraussetzung, daß das Recht des betreffenden Staates den innerhalb des Deutschen Reichs erschienenen

Werken einen den einheimischen Werken gleichen Schutz gewährt; jedoch dauert der Schutz nicht länger, als in dem betreffenden Staate selbst. Dasselbe gilt von nicht veröffentlichten Werken solcher Urheber, welche zwar nicht im Deutschen Reich, wohl aber im ehemaligen deutschen Bundesgebiete staatsangehörig sind.[4])

[4]) Von Bedeutung für Oesterreich, Luxemburg, Limburg und Liechtenstein.

Gesetz, betreffend den Schutz der Photographieen gegen unbefugte Nachbildung. Vom 10. Januar 1876. (RGBl. S. 8.)

§. 1. Das Recht, ein durch Photographie hergestelltes Werk ganz oder theilweise auf mechanischem Wege nachzubilden, steht dem Verfertiger der photographischen Aufnahme ausschließlich zu.

Auf Photographieen von solchen Werken, welche gesetzlich gegen Nachdruck und Nachbildung noch geschützt sind, findet das gegenwärtige Gesetz keine Anwendung.

§. 2. Als Nachbildung ist nicht anzusehen die freie Benutzung[1]) eines durch Photographie hergestellten Werkes zur Hervorbringung eines neuen Werkes.

[1]) S. hierzu R. III 29. März 86 E. 14,51 (in Anwendung auf Herstellung von Gruppenbildern durch Zusammensetzung von Einzelphotographien).

§. 3. Die mechanische Nachbildung eines photographischen Werkes, welche in der Absicht, dieselbe zu verbreiten, ohne Genehmigung der Berechtigten (§§. 1 und 7) hergestellt wird, ist verboten.

§. 4. Die Nachbildung eines photographischen Werkes,

wenn sie sich an einem Werke der Industrie, der Fabriken, Handwerke oder Manufakturen befindet, ist als eine verbotene nicht anzusehen.[1])

[1]) Unanwendbar auf die im § 1 Abs. 2 bezeichneten Photographien, R. II 15. Febr. 81 E. 3,351 (353 f.).

§. 5. Jede rechtmäßige photographische oder sonstige mechanische Abbildung der Originalaufnahme muß auf der Abbildung selbst oder auf dem Karton

a) den Namen beziehungsweise die Firma des Verfertigers der Originalaufnahme oder des Verlegers, und

b) den Wohnort des Verfertigers oder Verlegers,

c) das Kalenderjahr, in welchem die rechtmäßige Abbildung zuerst erschienen ist,

enthalten, widrigenfalls ein Schutz gegen Nachbildung nicht stattfindet.

§. 6. Der Schutz des gegenwärtigen Gesetzes gegen Nachbildung wird dem Verfertiger des photographischen Werkes fünf Jahre gewährt. Diese Frist wird vom Ablaufe desjenigen Kalenderjahres ab gerechnet, in welchem die rechtmäßigen photographischen oder sonstigen mechanischen Abbildungen der Originalaufnahme zuerst erschienen sind.

Wenn solche Abbildungen nicht erscheinen, so wird die fünfjährige Frist von dem Ablauf desjenigen Kalenderjahres ab gerechnet, in welchem das Negativ der photographischen Aufnahme entstanden ist.

Bei Werken, die in mehreren Bänden oder Abtheilungen erscheinen, findet der §. 14 des Gesetzes vom

11. Juni 1870, betreffend das Urheberrecht an Schriftwerken 2c., Anwendung.

§. 7. Das im §. 1 bezeichnete Recht des Verfertigers eines photographischen Werkes geht auf dessen Erben über. Auch kann dieses Recht von dem Verfertiger oder dessen Erben ganz oder theilweise durch Vertrag oder durch Verfügung von Todeswegen auf Andere übertragen werden. Bei photographischen Bildnissen (Portraits) geht das Recht auch ohne Vertrag von selbst auf den Besteller über.[1])

[1]) Das Recht des Bestellers ist ein Urheberrecht und untersteht der Frist des § 6, R. II 4. Febr. 87 E. 15,249. — Auch die Anfertigung eines zweiten Exemplars seitens des Photographen und Aushängung derselben in Schaukasten verletzt das Recht des Bestellers, R. II 21. Sept. 80 E. 2, 246. — Fall entgegengesetzter Abrede, R. III 29. März 86 E. 14,61.

§. 8. Wer eine von einem Anderen verfertigte photographische Aufnahme durch ein Werk der malenden, zeichnenden oder plastischen Kunst nachbildet, genießt in Beziehung auf das von ihm hervorgebrachte Werk das Recht eines Urhebers nach Maßgabe des §. 7 des Gesetzes vom 9. Januar d. J., betreffend das Urheberrecht an Werken der bildenden Künste.

§. 9. Die Bestimmungen in den §§. 18 bis 38, 44, 61 Absatz 1[1]) des Gesetzes vom 11. Juni 1870, betreffend das Urheberrecht an Schriftwerken 2c., finden auch Anwendung auf das ausschließliche Nachbildungs- und Vervielfältigungsrecht des Verfertigers photographischer Werke.

[1]) Staatsverträge s. Gesetzg. III S. 738 Anm. 4. — Die Berner Konvention v. 9. Sept. 1886 (RGBl. 1887 S. 493 — s. hierüber oben

S. 68) bestimmt in Nr. 1 des Schlußprotokolls: „daß diejenigen Verbandsländer, welche den photographischen Erzeugnissen den Karakter von Werken der Kunst nicht versagen, die Verpflichtung übernehmen, denselben die Vortheile der in der Uebereinkunft enthaltenen Bestimmungen zu Theil werden zu lassen" — eine Verpflichtung, welche in bestimmten Richtungen näher beschränkt wird.

§. 10. Die Sachverständigen-Vereine, welche Gutachten über die Nachbildung photographischer Aufnahmen abzugeben haben, sollen aus Künstlern verschiedener Kunstzweige, aus Kunsthändlern, aus anderen Kunstverständigen und aus Photographen bestehen.[1])

[1]) S. die in Anm. 1 zu § 16 des Ges. v. 9. Jan. 1876 (S. 255) angeführten Bestimmungen.

§. 11. Die Bestimmungen des gegenwärtigen Gesetzes finden auch Anwendung auf solche Werke, welche durch ein der Photographie ähnliches Verfahren hergestellt werden.

§. 12. Das gegenwärtige Gesetz tritt mit dem 1. Juli 1876 in Kraft. Auf photographische Aufnahmen, welche vor diesem Tage angefertigt sind, findet dasselbe nur dann Anwendung, wenn die erste rechtmäßige photographische oder sonstige mechanische Abbildung der Originalaufnahme nach dem Inkrafttreten des gegenwärtigen Gesetzes erschienen ist.

Photographische Aufnahmen, welche schon bisher landesgesetzlich gegen Nachbildung geschützt waren, behalten diesen Schutz; jedoch kann derselbe nur für denjenigen räumlichen Umfang geltend gemacht werden, für welchen er durch die Landesgesetzgebung ertheilt war.

Gesetz, betreffend das Urheberrecht an Mustern und Modellen. Vom 11. Januar 1876. (RGBl. S. 11.)[1]

[1]) S. Einzelausg. Nr. 22 S. 48 ff.

§. 1. Das Recht, ein gewerbliches Muster oder Modell[1]) ganz oder theilweise nachzubilden, steht dem Urheber[2]) desselben ausschließlich zu.

Als Muster oder Modelle im Sinne dieses Gesetzes werden nur neue und eigenthümliche Erzeugnisse angesehen.

[1]) Der Musterschutz hat nur die äußere Erscheinung der Industrieerzeugnisse nach Zeichnung, Farbe und plastischer Form im Auge (Geschmacksmuster), während der Patentschutz die materielle Gebrauchsfähigkeit betrifft (Gebrauchsmuster), RH. I 3. Sept. 78 E. 24, 119. — Neue Buchstabenformen fallen unter das Gesetz; je nachdem sie nur als plastisches Erzeugniß oder nur als Flächenmuster angemeldet sind, genießen sie den Schutz nur gegen plastische Nachbildung, oder nur gegen Nachbildungen in der Fläche, R. I 8. Juni 85 E. 14, 46. S. jedoch auch Anm. 2 zu § 6. — Mustereigenschaft ist nicht dadurch ausgeschlossen, daß das Muster nach den mit ihm verbundenen Zeichen, Buchstaben u. dgl. erkennbar nur für den Gebrauch eines Abnehmers bestimmt ist, R. III 30. April 85 E. 12, 173.

[2]) d. h. demjenigen, der das Muster durch seine geistige Thätigkeit hervorgebracht hat, R. III 11. Jan. 82 E. 5, 347.

[3]) Vermuthung für die Neuheit, RH. III 10. Febr. 79 E. 24, 401.

§. 2. Bei solchen Mustern und Modellen, welche von den in einer inländischen gewerblichen Anstalt beschäftigten[1]) Zeichnern, Malern, Bildhauern &c. im Auftrage oder für Rechnung des Eigenthümers der gewerblichen Anstalt angefertigt werden, gilt der letztere, wenn durch Vertrag nichts anderes bestimmt ist, als der Urheber der Muster und Modelle.

¹) Andere Zeichner ꝛc. gelten als Urheber der von ihnen für den Eigenthümer einer gewerblichen Anlage angefertigten Muster, R. II 5. Jan. 88 E. 13, 219.

§. 3. Das Recht des Urhebers geht auf dessen Erben über. Dieses Recht kann beschränkt oder unbeschränkt durch Vertrag oder durch Verfügung von Todeswegen auf Andere übertragen werden.

§. 4. Die freie Benutzung einzelner Motive eines Musters oder Modells zur Herstellung eines neuen Musters oder Modells ist als Nachbildung nicht anzusehen.

§. 5. Jede Nachbildung eines Musters oder Modells, welche in der Absicht, dieselbe zu verbreiten,[1]) ohne Genehmigung des Berechtigten (§§. 1—3) hergestellt wird, ist verboten. Als verbotene Nachbildung ist es auch anzusehen:

1. wenn bei Hervorbringung derselben ein anderes Verfahren angewendet worden ist, als bei dem Originalwerke, oder wenn die Nachbildung für einen anderen Gewerbszweig bestimmt ist, als das Original;
2. wenn die Nachbildung in anderen räumlichen Abmessungen oder Farben hergestellt wird, als das Original, oder wenn sie sich vom Original nur durch solche Abänderungen unterscheidet, welche nur bei Anwendung besonderer Aufmerksamkeit wahrgenommen werden können;
3. wenn die Nachbildung nicht unmittelbar nach dem Originalwerke, sondern mittelbar nach einer Nachbildung desselben geschaffen ist.

[1]) Fall der Nachbildung eines (nach den mit ihm verbundenen Buchstaben und Zeichen) nur für einen Abnehmer bestimmten Musters als in Verbreitungsabsicht erfolgt, R. III 30. April 85 E. 12, 173.

§. 6. Als verbotene Nachbildung ist nicht anzusehen:

1. die Einzelkopie[1]) eines Musters oder Modells, sofern dieselbe ohne die Absicht der gewerbsmäßigen Verbreitung und Verwerthung angefertigt wird;
2. die Nachbildung von Mustern, welche für Flächenerzeugnisse bestimmt sind, durch plastische Erzeugnisse und umgekehrt;[2])
3. die Aufnahme von Nachbildungen einzelner Muster oder Modelle in ein Schriftwerk.

[1]) Liegt nicht vor, wenn die generelle Herstellung eines Waarenpostens auf einmal durch einen zusammenhängenden Fabrikationsakt geschehen ist, R. III 30. April 1885 E. 12, 173.

[2]) Muster des Schriftgießers für Matrizen und Typen sind für Flächenerzeugnisse bestimmt; unrichtige Anmeldung hindert den Eintritt des Schutzes nicht, R. II 10. März 81 E. 4, 108 (abweichend das in Anm. 1 zu § 1 angef. Urtheil R. E. 14, 46).

§. 7. Der Urheber eines Musters oder Modells genießt den Schutz gegen Nachbildung nur dann, wenn er dasselbe zur Eintragung in das Musterregister angemeldet und ein Exemplar oder eine Abbildung des Musters rc. bei der mit Führung des Musterregisters beauftragten Behörde niedergelegt hat.

Die Anmeldung und Niederlegung muß erfolgen, bevor ein nach dem Muster oder Modelle gefertigtes Erzeugniß verbreitet wird.[1])

[1]) Es muß das Erzeugniß (nicht bloß eine Abbildung) veräußert oder auch nur zum Zweck der Gebrauchsgestattung oder allgemeinen Einsichtnahme mitgetheilt oder zugänglich gemacht sein; Versendung an einen einzelnen Geschäftsfreund schließt den Schutz nicht aus, R. II 19. März 81 E. 4, 108; R. III 11. Jan. 82 E. 5, 347.

§. 8. Der Schutz des gegenwärtigen Gesetzes gegen Nachbildung wird dem Urheber des Musters oder Modells nach seiner Wahl ein bis drei Jahre lang, vom Tage der Anmeldung (§. 7) ab, gewährt.

Der Urheber ist berechtigt, gegen Zahlung der im §. 12 Absatz 3 bestimmten Gebühr, eine Ausdehnung der Schutzfrist bis auf höchstens fünfzehn Jahre zu verlangen. Die Verlängerung der Schutzfrist wird in dem Musterregister eingetragen.

Der Urheber kann das ihm nach Absatz 2 zustehende Recht außer bei der Anmeldung auch bei Ablauf der dreijährigen und der zehnjährigen Schutzfrist ausüben.

§. 9. Das Musterregister wird von den mit der Führung der Handelsregister beauftragten Gerichtsbehörden geführt.

Der Urheber ha die Anmeldung und Niederlegung des Musters oder Modells bei der Gerichtsbehörde seiner Hauptniederlassung, und falls er eine eingetragene Firma nicht besitzt, bei der betreffenden Gerichtsbehörde seines Wohnortes zu bewirken.

Urheber, welche im Inlande weder eine Niederlassung, noch einen Wohnsitz haben, müssen die Anmeldung und Niederlegung bei dem Handelsgericht[1]) in Leipzig bewirken.

Die Muster oder Modelle können offen oder versiegelt, einzeln oder in Packeten niedergelegt werden. Die Packete dürfen jedoch nicht mehr als 50 Muster oder Modelle enthalten und nicht mehr als 10 Kilogramm wiegen. Die näheren Vorschriften über die Führung des Musterregisters erläßt das Reichskanzler-Amt.[2])

Die Eröffnung der versiegelt niedergelegten Muster erfolgt drei Jahre nach der Anmeldung (§. 7) beziehentlich, wenn die Schutzfrist eine kürzere ist, nach dem Ablaufe derselben.

Die Eintragung und die Verlängerung der Schutzfrist (§. 8 Alinea 2) wird monatlich im Deutschen Reichsanzeiger bekannt gemacht. Die Kosten der Bekanntmachung hat der Anmeldende zu tragen.

[1]) Jetzt: dem Amtsgericht.

[2]) Jetzt: der Reichskanzler. — Vgl. Bestimmungen vom 29. Februar 1876 (CBl. S. 123) und Bekanntm. v. 28. Dez. 1886 (CBl S. 418). S. Einzelausg. Nr. 22 S. 116 ff., Gesetzg. III S. 742 ff.

§. 10. Die Eintragungen in das Musterregister werden bewirkt, ohne daß eine zuvorige Prüfung über die Berechtigung des Antragstellers oder über die Richtigkeit der zur Eintragung angemeldeten Thatsachen stattfindet.

§. 11. Es ist Jedermann gestattet, von dem Musterregister und den nicht versiegelten Mustern und Modellen Einsicht zu nehmen und sich beglaubigte Auszüge aus dem Musterregister ertheilen zu lassen. In Streitfällen darüber, ob ein Muster oder Modell gegen Nachbildung geschützt ist, können zur Herbeiführung der Entscheidung auch die versiegelten Packete von der mit der

Führung des Musterregisters beauftragten Behörde geöffnet werden.

§. 12. Alle Eingaben, Verhandlungen, Atteste, Beglaubigungen, Zeugnisse, Auszüge &c., welche die Eintragung in das Musterregister betreffen, sind stempelfrei.

Für jede Eintragung und Niederlegung eines einzelnen Musters oder eines Packets mit Mustern &c. (§. 9) wird, insofern die Schutzfrist auf nicht länger als drei Jahre beansprucht wird (§. 8 Absatz 1), eine Gebühr von 1 Mark für jedes Jahr erhoben.

Nimmt der Urheber in Gemäßheit des §. 8 Absatz 2 eine längere Schutzfrist in Anspruch, so hat er für jedes weitere Jahr bis zum zehnten Jahre einschließlich eine Gebühr von 2 Mark, von elf bis fünfzehn Jahren eine Gebühr von 3 Mark für jedes einzelne Muster oder Modell zu entrichten. Für jeden Eintragungsschein, sowie für jeden sonstigen Auszug aus dem Musterregister wird eine Gebühr von je 1 Mark erhoben.

§. 13. Derjenige, welcher nach Maßgabe des §. 7 das Muster oder Modell zur Eintragung in das Musterregister angemeldet und niedergelegt hat, gilt bis zum Gegenbeweise als Urheber.

§. 14. Die Bestimmungen in den §§. 18[1])—36, 38 des Gesetzes vom 11. Juni 1870, betreffend das Urheberrecht an Schriftwerken &c., (Bundes-Gesetzbl. 1870 S. 339) finden auch auf das Urheberrecht an Mustern und Modellen mit der Maßgabe entsprechende Anwendung, daß die vorräthigen Nachbildungen und die zur widerrechtlichen Vervielfältigung bestimmten Vorrichtungen nicht vernichtet, sondern auf Kosten des Eigenthümers und nach Wahl desselben entweder ihrer gefährdenden Form entkleidet, oder bis zum Ablauf der Schutzfrist amtlich aufbewahrt werden.[2])

Die Sachverständigen-Vereine, welche nach §. 31 des genannten Gesetzes Gutachten über die Nachbildung von Mustern oder Modellen abzugeben haben, sollen aus Künstlern, aus Gewerbtreibenden verschiedener Gewerbzweige und aus sonstigen Personen, welche mit dem Muster- und Modellwesen vertraut sind, zusammengesetzt werden.[3])

[1]) Eventualdolus zur Begründung wissentlicher Verbreitung genügend, RG. II 22. Nov. 78 E. 24, 278.

[2]) Civilklage des im Strafverfahren Freigesprochenen auf Ersatz der Vertheidigungskosten, gegen denjenigen, welcher Strafantrag gestellt hat, ohne Rücksicht auf ein Verschulden des letzteren, R. III 3. Okt. 82 E. 8, 15.

[3]) Vgl. die in Anm. 1 zu § 16 des Ges. v. 9. Jan. 1876 (S. 255) angef. Bestimmungen. S. auch Einzelausg. Nr. 22 S. 128 ff.

§. 15. Bürgerliche Rechtsstreitigkeiten, in welchen auf Grund der Bestimmungen dieses Gesetzes eine Klage wegen Entschädigung, Bereicherung oder Einziehung angestellt wird, gelten im Sinne der Reichs- und Landesgesetze als Handelssachen.[1])

[1]) Die Zuständigkeit der Kammern für Handelssachen beruht jetzt auf § 101 Z. 3 Buchst. c GVG. — § 15 hat auch noch Bedeutung im Hinblick auf § 12 des Ges. v. 12. Juni 1869 in Verb. mit § 8 Einf.-Ges. z. GVG. S. oben S. 19.

§. 16. Das gegenwärtige Gesetz findet Anwendung auf alle Muster und Modelle inländischer Urheber, sofern die nach den Mustern oder Modellen hergestellten

Erzeugnisse im Inlande verfertigt sind, gleichviel ob dieselben im Inlande oder Auslande verbreitet werden.

Wenn ausländische Urheber im Gebiete des Deutschen Reichs ihre gewerbliche Niederlassung haben, so genießen sie für die im Inlande gefertigten Erzeugnisse den Schutz des gegenwärtigen Gesetzes.

Im Uebrigen richtet sich der Schutz der ausländischen Urheber nach den bestehenden Staatsverträgen.[1])

[1]) Vgl. Einzelausg. Nr. 22 S. 68 f.; Gesetzg. III S. 741 A. 1.

§. 17. Das gegenwärtige Gesetz tritt mit dem 1. April 1876 in Kraft. Es findet Anwendung auf alle Muster und Modelle, welche nach dem Inkrafttreten desselben angefertigt worden sind.

Muster und Modelle, welche vor diesem Tage angefertigt worden sind, genießen den Schutz des Gesetzes nur dann, wenn das erste nach dem Muster 2c. gefertigte Erzeugniß erst nach dem Inkrafttreten des Gesetzes verbreitet worden ist.

Muster und Modelle, welche schon bisher landesgesetzlich gegen Nachbildung geschützt waren, behalten diesen Schutz; jedoch kann derselbe nur für denjenigen räumlichen Umfang geltend gemacht werden, für welchen er durch die Landesgesetzgebung ertheilt war.

Gesetz über die eingeschriebenen Hülfskassen. Vom 7. April 1876. (RGBl. S. 125.)[1])

[1]) Das durch Gesetz vom 1. Juni 1884 (RGBl. S. 54) wesentlich umgestaltete Gesetz steht jetzt in engster Beziehung zu dem in dieser Sammlung nicht aufgenommenen Gesetze, betreffend die Kranken-

versicherung der Arbeiter, vom 15. Juni 1883 (RGBl. S. 73). Der gesonderte Abdruck des ersteren Gesetzes erscheint daher hier nicht angezeigt. S. Einzelausg. Nr. 20 S. 169 ff.

Gerichtsverfassungsgesetz. Vom 27. Januar 1877. (RGBl. S. 41.)[1]

[1]) S. Einzelausg. Nr. 11 S. 11 ff.; Einzelausg. Nr. 12 S. 52 ff.; Einzelausg. Nr. 14.

Einführungsgesetz zum Gerichtsverfassungsgesetze. Vom 27. Januar 1877. (RGBl. S. 77.)[1]

[1]) S. Einzelausg. Nr. 11 S. 1 ff.; Einzelausg. Nr. 12 S. 43 ff.; Einzelausg. No. 14.

Civilprozeßordnung. Vom 30. Januar 1877. (RGBl. S. 83.)[1]

[1]) S. Einzelausg. Nr. 11 S. 137 ff.

Gesetz, betreffend die Einführung der Civilprozeßordnung. Vom 30. Januar 1877. (RGBl S. 244.)[1]

[1]) S. Einzelausg. Nr. 11 S. 120 ff.

Konkursordnung. Vom 10. Februar 1877. (RGBl. S. 351.)[1]

[1]) S. Einzelausg. Nr. 13 S. 11 ff.

Gesetz, betreffend die Einführung der Konkursordnung. Vom 10. Februar 1877. (RGBl. S. 390.)[1]

[1]) S. Einzelausg. Nr. 13 S. 1 ff.

Gesetz über den Sitz des Reichsgerichts. Vom 11. April 1877. (RGBl. S. 415.)[1]

[1]) S. Einzelausg. Nr. 11 S. 74.

Patentgesetz. Vom 25. Mai 1877. (RGBl. S. 501.)[1]

[1]) Vgl. Einzelausg. Nr. 22 S. 1 ff.

Erster Abschnitt.
Patentrecht.

§. 1. Patente werden ertheilt für neue Erfindungen,[1]) welche eine gewerbliche Verwerthung gestatten.[2])

Ausgenommen sind:

1. Erfindungen, deren Verwerthung den Gesetzen oder guten Sitten zuwiderlaufen würde;
2. Erfindungen von Nahrungs-, Genuß- und Arzneimitteln, sowie von Stoffen, welche auf chemischem Wege hergestellt werden, soweit die Erfindungen nicht ein bestimmtes Verfahren zur Herstellung der Gegenstände betreffen.[3])

[1]) Eine erst nachträglich hervorgetretene Eigenschaft des patentirten Gegenstandes vermag den Erfindungskarakter nicht zu begründen, R. I 9. Nov. 87 E. 20,40.

[2]) S. Anm. 1 zu § 1 des Ges. v. 11. Jan. 1876 (oben S. 262).

[3]) S. Anm. 1 zu § 4.

§. 2. Eine Erfindung gilt nicht als neu,[1]) wenn sie zur Zeit der auf Grund dieses Gesetzes erfolgten Anmeldung in öffentlichen Druckschriften bereits derart beschrieben oder im Inlande bereits so offenkundig benutzt ist,[2]) daß danach die Benutzung durch andere Sachverständige möglich erscheint.

[1]) Eine Erfindung liegt auch dann vor, und dieselbe ist auch dann als neu anzusehen, wenn die wissenschaftliche Grundlage, der theoretische Lehrsatz, aus welchem sie hergeleitet werden kann, bereits mitgetheilt oder wenn bereits ein Beispiel der Anwendung dieses Lehrsatzes ausgeführt und die Ausführung in öffentlichen Druckschriften beschrieben ist, R. II 24. Juli 1881 E. 5,106.

²) Begriff: R. I 17. Jan. 80 E. 1,42; R. II 1. Febr. 81 E. 3,85 (nicht: ausgedehntere, sondern nur öffentliche Benutzung; für Sachverständige in allen wesentlichen Theilen, wenn auch erst auf Grund einer Untersuchung, erkennbar).

§. 3. Auf die Ertheilung des Patentes hat derjenige Anspruch, welcher die Erfindung zuerst nach Maßgabe dieses Gesetzes angemeldet hat.[1])

Ein Anspruch des Patentsuchers auf Ertheilung des Patentes findet nicht statt, wenn der wesentliche Inhalt seiner Anmeldung den Beschreibungen, Zeichnungen, Modellen, Geräthschaften oder Einrichtungen eines Anderen oder einem von diesem angewendeten Verfahren ohne Einwilligung desselben entnommen, und von dem letzteren aus diesem Grunde Einspruch erhoben ist.

¹) Vgl. Anm. 2 zu § 10.

§. 4. Das Patent hat die Wirkung, daß niemand befugt ist, ohne Erlaubniß des Patentinhabers den Gegenstand der Erfindung[1]) gewerbsmäßig[2]) herzustellen,[3]) in Verkehr zu bringen[4]) oder feilzuhalten.

Bildet ein Verfahren, eine Maschine oder eine sonstige Betriebsvorrichtung, ein Werkzeug oder ein sonstiges Arbeitsgeräth den Gegenstand der Erfindung,[5]) so hat das Patent außerdem die Wirkung, daß niemand befugt ist, ohne Erlaubniß des Patentinhabers das Verfahren anzuwenden oder den Gegenstand der Erfindung zu gebrauchen.[6])

¹) Bei Stoffen, welche auf chemischem Wege hergestellt werden, bildet den Gegenstand der geschützten Erfindung nicht nur das bestimmte Verfahren zur Herstellung des Stoffes, sondern auch

der Stoff selbst, soweit er mittels dieses Verfahrens hergestellt wird, R. I 14. März 88 E. 22, 8.

[2]) Dazu genügt ein einzelner Verkauf, R. II 5. Nov. 86 E. 15, 34.

[3]) Anfertigung von Zeichnungen patentirter Vorrichtungen und Bestreben, die dadurch erlangten Kenntnisse zu verwerthen, ist keine Patentverletzung, R. I 14. Juli 84 E. 11, 241. Patentschutz bei sog. Kombinationspatenten gegenüber der Herstellung auch nur eines Theiles, R. I 5. Mai 88 E. 22, 105.

[4]) Fall der Patentverletzung, wo im Auslande unter Verletzung eines deutschen Patentes hergestellte Waaren nach Deutschland gesandt und von hier aus in's Ausland verkauft und verschickt waren, R. III 8. April 84 E. 10, 349.

[5]) Kein Patent auf ein Fabrikat unter der Beschränkung, daß dasselbe in bestimmter Weise hergestellt wird, R. I 13. Juni 85 E. 14, 76. — Nebeneinanderbestehen eines Patentes auf ein Fabrikat neben einem solchen auf die Maschine zur Herstellung derselben, R. I 21. Mai 83 E. 9, 128. — Recht des Patentinhabers, die Bezeichnung einer Fabrik gleichen als des patentirten Betriebs als „einziger" zu untersagen, R. I 2. März 81 E. 3, 104.

§. 5. Die Wirkung des Patentes tritt gegen denjenigen nicht ein,[1]) welcher bereits zur Zeit der Anmeldung[2]) des Patentinhabers im Inlande die Erfindung in Benutzung genommen oder die zur Benutzung erforderlichen Veranstaltungen[3]) getroffen hatte.

Die Wirkung des Patentes tritt ferner insoweit nicht ein, als die Erfindung nach Bestimmung des Reichskanzlers für das Heer oder für die Flotte oder sonst im Interesse der öffentlichen Wohlfahrt benutzt werden soll. Doch hat der Patentinhaber in diesem Falle gegenüber dem Reich oder dem Staat, welcher in seinem besonderen Interesse die Beschränkung des Patentes beantragt hat, Anspruch auf angemessene Vergütung, welche in Ermangelung einer Verständigung im Rechtswege festgesetzt wird.

Auf Einrichtungen an Fahrzeugen, welche nur vorübergehend in das Inland gelangen, erstreckt sich die Wirkung des Patentes nicht.

[1]) Die Befugniß zur Anfertigung ꝛc. des patentirten Gegenstandes ist nicht beschränkt auf den Umfang der Benutzung zur Zeit der Anmeldung des nachherigen Patentinhabers, sondern es ist jede Benutzung frei, auch der Weitervertrieb der Waaren durch Dritte, R. III 4. Februar 82 E. 5, 362; R. II 14. März 82 E. 6, 107; R. III 4. Febr. 82 E. 6, 10.

[2]) d. h. der formell korrekten Anmeldung, auf welche hin die Patentertheilung erfolgt ist, R. I 8. Jan. 83 E. 7, 414.

[3]) S. dazu R. I 17./24. Okt. 87 E. 16, 414. — Fertigstellung von Modellen, R. I 28. Nov. 83 E. 10, 94.

§. 6. Der Anspruch auf Ertheilung des Patentes und das Recht aus dem Patente gehen auf die Erben über. Der Anspruch und das Recht können beschränkt oder unbeschränkt durch Vertrag[1]) oder durch Verfügung von Todeswegen auf Andere übertragen werden.[2])

[1]) Sog. Lizenzvertrag; derselbe hat die Natur des Kaufvertrags; Einfluß späterer Nichtigkeitserklärung des Patents, R. II 17. Dez. 86 E. 17, 53; R. I 3. März 88 E. 20, 128.

[2]) Zwangsvollstreckung und Patentrechte, RH. III 20. Sept. 77 E. 22, 333. Veräußerung im Konkurse auch ohne Zustimmung des Patentinhabers oder Erfinders, auch letzterer darf das so veräußerte Patent nicht mehr benutzen, R. I 9. Nov. 82 E. 7, 399.

§. 7. Die Dauer des Patentes ist fünfzehn Jahre; der Lauf dieser Zeit beginnt mit dem auf die Anmeldung der Erfindung folgenden Tage. Bezweckt eine Erfindung die Verbesserung einer anderen, zu Gunsten des Patentsuchers durch ein Patent geschützten Erfindung, so kann dieser die Ertheilung eines Zusatzpatentes nachsuchen, welches mit dem Patente für die ältere Erfindung sein Ende erreicht.

§. 8. Für jedes Patent ist bei der Ertheilung eine Gebühr von 30 Mark zu entrichten.

Mit Ausnahme der Zusatzpatente (§. 7) ist außerdem für jedes Patent mit Beginn des zweiten und jeden folgenden Jahres der Dauer eine Gebühr zu entrichten, welche das erste Mal 50 Mark beträgt und weiterhin jedes Jahr um 50 Mark steigt.

Einem Patentinhaber, welcher seine Bedürftigkeit nachweist, können die Gebühren für das erste und zweite Jahr der Dauer des Patentes bis zum dritten Jahre gestundet und, wenn das Patent im dritten Jahre erlischt, erlassen werden.

§. 9. Das Patent erlischt, wenn der Patentinhaber auf dasselbe verzichtet, oder wenn die Gebühren nicht spätestens drei Monate nach der Fälligkeit gezahlt werden.[1])

[1]) Auch bezüglich eines nach § 9 erloschenen Patentes ist Nichtigkeitserklärung möglich, RG. I 6. Mai 79 E. 25, 109.

§. 10. Das Patent wird für nichtig erklärt,[1]) wenn sich ergiebt:

1. daß die Erfindung nach §§. 1 und 2 nicht patentfähig war,[2])
2. daß der wesentliche Inhalt der Anmeldung den Beschreibungen, Zeichnungen, Modellen, Geräthschaften oder Einrichtungen eines Anderen oder

einem von diesem angewendeten Verfahren ohne Einwilligung desselben entnommen war.[3])

[1]) Unterschiede zwischen Nichtigkeitserklärung (§ 10) und Zurücknahme (§ 11), R. II 24. Okt. 82 E. 7, 146. — Möglichkeit einer theilweisen Nichtigkeitserklärung; Gegensatz derselben zu einer bloßen einschränkenden Auslegung des Patents, RG. I 27. Mai 1879 E. 25, 188; R. I 14. Febr. 80 E. 1, 301.

[2]) Bloße Priorität der Anmeldung giebt kein Recht, Nichtigkeitserklärung zu verlangen, R. II 28. April 82 E. 7, 62.

[3]) Das Patentamt hat im Nichtigkeitsverfahren vielfach ein Patent für „abhängig" von einem andern Patente erklärt; das R. I 9. Juni 84 u. 24. Nov. 84 E. 12, 123 hält dies für unstatthaft. — Die Nichtigkeitserklärung ist nicht ausgeschlossen, weil der Patentinhaber in gutem Glauben war oder weil er die Kenntniß des Inhalts der Erfindung rechtmäßig erlangt hat, oder weil ihm der Gebrauch nicht untersagt ist, R. I 23. Okt. 80 E. 2, 187.

§. 11. Das Patent kann nach Ablauf von drei Jahren zurückgenommen werden:

1. wenn der Patentinhaber es unterläßt, im Inlande die Erfindung in angemessenem Umfange zur Ausführung zu bringen, oder doch Alles zu thun, was erforderlich ist, um diese Ausführung zu sichern;[1])
2. wenn im öffentlichen Interesse die Ertheilung der Erlaubniß zur Benutzung der Erfindung an Andere geboten erscheint, der Patentinhaber aber gleichwohl sich weigert, diese Erlaubniß gegen angemessene Vergütung und genügende Sicherstellung zu ertheilen.

[1]) Auf die Behauptung, der Gegenstand der Erfindung sei überhaupt nicht ausführbar, kann der Antrag auf Zurücknahme nicht gestützt werden, R. I 12. Dez. 88 E. 22, 130. — Unterschiede zwischen Ziff. 1 und Ziff. 2, R. I 27. Juni 83 E. 9, 131.

§. 12. Wer nicht im Inlande wohnt, kann den Anspruch auf die Ertheilung eines Patentes und die Rechte aus dem letzteren nur geltend machen,[1]) wenn er im Inlande einen Vertreter bestellt hat.[2]) Der letztere ist zur Vertretung in dem nach Maßgabe dieses Gesetzes stattfindenden Verfahren, sowie in den das Patent betreffenden bürgerlichen Rechtsstreitigkeiten befugt.[3]) Für die in solchen Rechtsstreitigkeiten gegen den Patentinhaber anzustellenden Klagen ist das Gericht zuständig, in dessen Bezirk der Vertreter seinen Wohnsitz hat, in Ermangelung eines solchen das Gericht, in dessen Bezirk das Patentamt seinen Sitz hat.

[1]) Bezieht sich nur auf Patentverfahren (§§ 20 ff.) und Civilprozesse, nicht auf Strafantrag, R. II 24. März 82 E. 16, 119.

[2]) Bei Wegfall des Vertreters erlischt das Patent nicht, angef. R. E. 16, 119.

[3]) Aber nicht ausschließlich, R. III 4. Febr. 82 E. 6, 10.

Zweiter Abschnitt.
Patentamt.

§. 13. Die Ertheilung, die Erklärung der Nichtigkeit und die Zurücknahme der Patente erfolgt durch das Patentamt.

Das Patentamt hat seinen Sitz in Berlin. Es besteht aus mindestens drei ständigen Mitgliedern, einschließlich des Vorsitzenden,[1]) und aus nicht ständigen Mitgliedern. Die Mitglieder werden vom Kaiser, die übrigen Beamten vom Reichskanzler ernannt. Die Ernennung der ständigen Mitglieder erfolgt auf Vorschlag des Bundesraths, und zwar, wenn sie im Reichs- oder Staatsdienste ein Amt bekleiden, auf die Dauer dieses Amtes, anderen Falls auf Lebenszeit; die Ernennung der nicht ständigen Mitglieder erfolgt auf fünf Jahre. Von den ständigen Mitgliedern müssen mindestens drei die Befähigung zum Richteramte oder zum höheren Verwaltungsdienste besitzen, die nicht ständigen Mitglieder müssen in einem Zweige der Technik sachverständig sein. Auf die nicht ständigen Mitglieder finden die Bestimmungen in §. 16 des Gesetzes, betreffend die Rechtsverhältnisse der Reichsbeamten, vom 31. März 1873 keine Anwendung.

[*] mit dem Titel „Präsident", Allerh. Erl. v. 26. Okt. 1882 (Einzelausg. Nr. 22 S. 18); Gesetzg. IV S. 410 Anm. 7.

§. 14. Das Patentamt besteht aus mehreren Abtheilungen. Dieselben werden im voraus auf mindestens ein Jahr gebildet. Ein Mitglied kann mehreren Abtheilungen angehören.

Die Beschlußfähigkeit der Abtheilungen ist, wenn es sich um die Ertheilung eines Patentes handelt, durch die Anwesenheit von mindestens drei Mitgliedern bedingt, unter welchen sich zwei nicht ständige Mitglieder befinden müssen.

Für die Entscheidungen über die Erklärung der Nichtigkeit und über die Zurücknahme von Patenten wird eine besondere Abtheilung gebildet. Die Entscheidungen derselben erfolgen in der Besetzung von zwei Mitgliedern, einschließlich des Vorsitzenden, welche die Befähigung zum Richteramte oder zum höheren Verwaltungsdienste besitzen, und drei sonstigen Mitgliedern. Zu anderen Beschlüssen genügt die Anwesenheit von drei Mitgliedern.

Die Bestimmungen der Civilprozeßordnung über Ausschließung und Ablehnung der Gerichtspersonen finden entsprechende Anwendung.

Zu den Berathungen können Sachverständige, welche nicht Mitglieder sind, zugezogen werden; dieselben dürfen an den Abstimmungen nicht theilnehmen.

§. 15. Die Beschlüsse und die Entscheidungen der Abtheilungen erfolgen im Namen des Patentamtes; sie sind mit Gründen zu versehen, schriftlich auszufertigen und allen Betheiligten von Amtswegen zuzustellen.

Zustellungen, welche den Lauf von Fristen bedingen, erfolgen durch die Post mittels eingeschriebenen Briefes gegen Empfangschein. Kann eine Zustellung im Inlande nicht erfolgen, so wird sie von den damit beauftragten Beamten des Patentamtes durch Aufgabe zur Post nach Maßgabe der §§. 161, 175 der Civilprozeßordnung bewirkt.

Gegen die Beschlüsse des Patentamtes findet die Beschwerde statt.

§. 16. Wird der Beschluß einer Abtheilung des Patentamtes im Wege der Beschwerde angefochten, so erfolgt die Beschlußfassung über diese Beschwerde durch eine andere Abtheilung oder durch mehrere Abtheilungen gemeinsam.

An der Beschlußfassung darf kein Mitglied theilnehmen, welches bei dem angefochtenen Beschlusse mitgewirkt hat.

§. 17. Die Bildung der Abtheilungen, die Bestimmung ihres Geschäftskreises, die Formen des Verfahrens und der Geschäftsgang des Patentamtes werden, insoweit dieses Gesetz nicht Bestimmungen darüber trifft, durch Kaiserliche Verordnung unter Zustimmung des Bundesraths geregelt.[1])

[1]) S. Verordn. v. 18. Juni 1877, betr. die Einrichtung, das Verfahren und den Geschäftsgang des Patentamts (RGBl. S. 533) — abgedruckt Einzelausg. Nr. 22 S. 97 ff.; Gesetzg. IV S. 429.

§. 18. Das Patentamt ist verpflichtet, auf Ersuchen der Gerichte über Fragen, welche Patente betreffen, Gutachten abzugeben.[1]) Im übrigen ist dasselbe nicht befugt, ohne Genehmigung des Reichskanzlers außerhalb seines gesetzlichen Geschäftskreises Beschlüsse zu fassen oder Gutachten abzugeben.

[1]) Gilt wegen § 18 Abs. 1 Einf.-Ges. z. CPO. neben der CPO., R. I 20. Dez. 81 E. 6, 337.

§. 19. Bei dem Patentamte wird eine Rolle geführt, welche den Gegenstand und die Dauer der ertheilten Patente, sowie den Namen und Wohnort der Patentinhaber und ihrer bei Anmeldung der Erfindung etwa bestellten Vertreter angiebt. Der Anfang, der Ablauf, das Erlöschen, die Erklärung der Nichtigkeit und die Zurücknahme der Patente sind, unter gleichzeitiger Bekanntmachung durch den Reichsanzeiger, in der Rolle zu vermerken.

Tritt in der Person des Patentinhabers oder seines Vertreters eine Aenderung ein, so wird dieselbe, wenn sie in beweisender Form zur Kenntniß des Patentamtes gebracht ist, ebenfalls in der Rolle vermerkt und durch den Reichsanzeiger veröffentlicht. So lange dieses nicht geschehen ist, bleiben der frühere Patentinhaber und sein früherer Vertreter nach Maßgabe dieses Gesetzes berechtigt und verpflichtet.

Die Einsicht der Rolle, der Beschreibungen, Zeichnungen, Modelle und Probestücke, auf Grund deren die Ertheilung der Patente erfolgt ist, steht, soweit es sich nicht um ein im Namen der Reichsverwaltung für die Zwecke des Heeres oder der Flotte genommenes Patent handelt, jedermann frei.

Das Patentamt veröffentlicht die Beschreibungen und Zeichnungen, soweit deren Einsicht jedermann freisteht, in ihren wesentlichen Theilen durch ein amtliches Blatt. In dasselbe sind auch die Bekanntmachungen aufzunehmen, welche durch den Reichsanzeiger nach Maßgabe dieses Gesetzes erfolgen müssen.[1])

[1]) S. über dieses Blatt Einzelausg. Nr. 22 S. 25; Gesetzg. IV S. 472 f. Anm. 11.

Dritter Abschnitt.

Verfahren in Patentsachen.

§. 20. Die Anmeldung einer Erfindung behufs Ertheilung eines Patentes geschieht schriftlich bei dem Patentamte. Für jede Erfindung ist eine besondere Anmeldung erforderlich. Die Anmeldung muß den Antrag auf Ertheilung des Patentes enthalten und in dem Antrage den Gegenstand, welcher durch das Patent geschützt werden soll, genau bezeichnen. In einer Anlage ist die Erfindung dergestalt zu beschreiben, daß danach die Benutzung derselben durch andere Sachverständige möglich erscheint.[1]) Auch sind die erforderlichen Zeichnungen, bildlichen Darstellungen, Modelle und Probestücke beizufügen.

Das Patentamt erläßt Bestimmungen über die sonstigen Erfordernisse der Anmeldung.[2])

Bis zu der Bekanntmachung der Anmeldung sind Abänderungen der darin enthaltenen Angaben zulässig. Gleichzeitig mit der Anmeldung sind für die Kosten des Verfahrens 20 Mark zu zahlen.

[1]) Heranziehung der Patentbeschreibung zur Auslegung des Patentes, RG. I 27. Mai 79 E. 25, 186. — Nicht alle in der Patentschrift beschriebenen Theile des Apparats gelten ohne Weiteres als patentirt, sondern nur diejenigen, bezüglich deren der Patentanspruch erheben und vom Patentamt nicht zurückgewiesen ist, RG. I 6. Mai 79 E. 25, 109.

[2]) Vgl. die Bestimmungen v. 11. Juli 1877 mit späteren Zusätzen in Einzelausg. Nr. 22 S. 111; Gesetzg. IV S. 425.

§. 21. Ist durch die Anmeldung den vorgeschriebenen Anforderungen nicht genügt, so verlangt das Patentamt von dem Patentsucher unter Bezeichnung der Mängel deren Beseitigung innerhalb einer bestimmten Frist. Wird dieser Aufforderung innerhalb der Frist nicht genügt, so ist die Anmeldung zurückzuweisen.

§. 22. Erachtet das Patentamt die Anmeldung für gehörig erfolgt und die Ertheilung eines Patentes nicht für ausgeschlossen, so verfügt es die Bekanntmachung der Anmeldung. Mit der Bekanntmachung treten für den Gegenstand der Anmeldung zu Gunsten des Patentsuchers einstweilen die gesetzlichen Wirkungen des Patentes ein (§§. 4, 5).

Ist das Patentamt der Ansicht, daß eine nach §§. 1

und 2 patentfähige Erfindung nicht vorliegt, so weist es die Anmeldung zurück.

§. 23. Die Bekanntmachung der Anmeldung geschieht in der Weise, daß der Name des Patentsuchers und der wesentliche Inhalt des in seiner Anmeldung enthaltenen Antrages durch den Reichsanzeiger einmal veröffentlicht wird. Gleichzeitig ist die Anmeldung mit sämmtlichen Beilagen bei dem Patentamte zur Einsicht für jedermann auszulegen. Mit der Veröffentlichung ist die Anzeige zu verbinden, daß der Gegenstand der Anmeldung einstweilen gegen unbefugte Benutzung geschützt sei.

Handelt es sich um ein im Namen der Reichsverwaltung für die Zwecke des Heeres oder der Flotte nachgesuchtes Patent, so unterbleibt die Auslegung der Anmeldung und ihrer Beilagen.

§. 24. Nach Ablauf von acht Wochen, seit dem Tage der Veröffentlichung (§. 23), hat das Patentamt über die Ertheilung des Patentes Beschluß zu fassen. Bis dahin kann gegen die Ertheilung bei dem Patentamte Einspruch erhoben werden. Der Einspruch muß schriftlich erfolgen und mit Gründen versehen sein. Er kann nur auf die Behauptung, daß die Erfindung nicht neu sei oder daß die Voraussetzung des §. 3 Absatz 2 vorliege, gestützt werden.

Vor der Beschlußfassung kann das Patentamt die Ladung und Anhörung der Betheiligten, sowie die Begutachtung des Antrages durch geeignete, in einem Zweige der Technik sachverständige Personen und sonstige zur Aufklärung der Sache erforderliche Ermittelungen anordnen.

§. 25. Gegen den Beschluß, durch welchen die Anmeldung zurückgewiesen wird, kann der Patentsucher, und gegen den Beschluß, durch welchen über die Ertheilung des Patentes entschieden wird, der Patentsucher oder der Einsprechende binnen vier Wochen nach der Zustellung Beschwerde einlegen. Mit der Einlegung der Beschwerde sind für die Kosten des Beschwerdeverfahrens 20 Mark zu zahlen; erfolgt die Zahlung nicht, so gilt die Beschwerde als nicht erhoben.

Auf das Verfahren findet §. 24 Absatz 2 Anwendung.

§. 26. Ist die Ertheilung des Patentes endgültig beschlossen, so erläßt das Patentamt darüber durch den Reichsanzeiger eine Bekanntmachung und fertigt demnächst für den Patentinhaber eine Urkunde aus.

Wird das Patent versagt, so ist dies ebenfalls bekannt zu machen. Mit der Versagung gelten die Wirkungen des einstweiligen Schutzes als nicht eingetreten.

§. 27. Die Einleitung des Verfahrens wegen Erklärung der Nichtigkeit oder wegen Zurücknahme des Patentes erfolgt nur auf Antrag. Im Falle des §. 10 Nr. 2[1]) ist nur der Verletzte[2]) zu dem Antrage berechtigt. Der Antrag ist schriftlich an das Patentamt zu richten und hat die Thatsachen anzugeben, auf welche er gestützt wird.

[1]) Im Falle des § 10 Nr. 1 ist jeder Interessent zu dem Antrage berechtigt, RG. I 27. Mai 79 E. 25, 186 (188 f.).

*) d. h. zum Einspruch Befugte (§ 8), also nicht bloß der zur Verfügung über die Erfindung Berechtigte, sondern Jeder, der thatsächlich zu solcher Verfügung im Stande, im „Besitze" der Erfindung ist, R. I 28. Okt. 80 E. 2, 187.

§. 28. Nachdem die Einleitung des Verfahrens verfügt ist, fordert das Patentamt den Patentinhaber unter Mittheilung des Antrages auf, sich über denselben binnen vier Wochen zu erklären.

Erklärt der Patentinhaber binnen der Frist sich nicht, so kann ohne Ladung und Anhörung der Betheiligten sofort nach dem Antrage entschieden und bei dieser Entscheidung jede von dem Antragsteller behauptete Thatsache für erwiesen angenommen werden.

§. 29. Widerspricht der Patentinhaber rechtzeitig, oder wird im Falle des §. 28 Absatz 2 nicht sofort nach dem Antrage entschieden, so trifft das Patentamt, und zwar im ersteren Falle unter Mittheilung des Widerspruchs an den Antragsteller, die zur Aufklärung der Sache erforderlichen Verfügungen. Es kann die Vernehmung von Zeugen und Sachverständigen anordnen. Auf dieselben finden die Vorschriften der Civilprozeßordnung entsprechende Anwendung. Die Beweisverhandlungen sind unter Zuziehung eines beeidigten Protokollführers aufzunehmen.

Die Entscheidung erfolgt nach Ladung und Anhörung der Betheiligten.

Wird die Zurücknahme des Patentes auf Grund des §. 11 Nr. 2 beantragt, so muß der diesem Antrage entsprechenden Entscheidung eine Androhung der Zurücknahme unter Angabe von Gründen und unter Festsetzung einer angemessenen Frist vorausgehen.

§. 30. In der Entscheidung (§§. 28, 29) hat das Patentamt nach freiem Ermessen zu bestimmen, zu welchem Antheile die Kosten des Verfahrens den Betheiligten zur Last fallen.

§. 31. Die Gerichte sind verpflichtet, dem Patentamte Rechtshülfe zu leisten. Die Festsetzung einer Strafe gegen Zeugen und Sachverständige, welche nicht erscheinen oder ihre Aussage oder deren Beeidigung verweigern, sowie die Vorführung eines nicht erschienenen Zeugen, erfolgt auf Ersuchen durch die Gerichte.

§. 32. Gegen die Entscheidungen des Patentamtes (§§. 28, 29) ist die Berufung zulässig.[1]) Die Berufung geht an das Reichs-Oberhandelsgericht.[2]) Sie ist binnen sechs Wochen nach der Zustellung bei dem Patentamte schriftlich anzumelden und zu begründen.

Durch das Urtheil des Gerichtshofes ist nach Maßgabe des §. 30. auch über die Kosten des Verfahrens zu bestimmen.

Im übrigen wird das Verfahren vor dem Gerichtshofe durch ein Regulativ bestimmt, welches von dem Gerichtshofe zu entwerfen ist und durch Kaiserliche Verordnung unter Zustimmung des Bundesraths festgestellt wird.[3])

[1]) Jedoch nicht wegen des Kostenpunktes für sich allein (§ 94 CPO.), R. II 20. Dez. 81 E. 6,340.

[2]) § 1 des Gesetzes, betreffend den Uebergang von Geschäften auf das Reichsgericht, v. 16. Juni 1879 (RGBl. S. 157) bestimmt: „In den Vorschriften . . . des § 32 des Patentgesetzes vom

25. Mai 1877 (Reichs-Gesetzbl. S. 501) ... tritt an Stelle des Reichs-Oberhandelsgerichts das Reichsgericht".

[3]) S. Verordnung, betreffend das Berufsverfahren beim Reichs-Oberhandelsgericht in Patentsachen, vom 1. Mai 1878 (RGBl. S. 90), abgedruckt in Einzelausg. Nr. 22 S. 106; Gesetzg. IV S. 482.

§. 33. In Betreff der Geschäftssprache vor dem Patentamte finden die Bestimmungen des Gerichtsverfassungsgesetzes über die Gerichtssprache entsprechende Anwendung. Eingaben, welche nicht in deutscher Sprache abgefaßt sind, werden nicht berücksichtigt.

Vierter Abschnitt.

Strafen und Entschädigung.

§. 34. Wer[1]) wissentlich[2]) den Bestimmungen der §§. 4 und 5 zuwider eine Erfindung[3]) in Benutzung nimmt, wird mit Geldstrafe bis zu fünftausend Mark oder mit Gefängniß bis zu Einem Jahre bestraft und ist dem Verletzten zur Entschädigung verpflichtet.[4])

Die Strafverfolgung tritt nur auf Antrag ein.

[1]) Haftung einer offenen Handelsgesellschaft für die Patentverletzung durch einen vertretungsberechtigten Sozius, R. I 5. Febr. 86 E. 15,121.

[2]) d. h. in Kenntniß, daß die Erfindung patentirt ist, und daß er, der Benutzende, keine Erlaubniß des Patentinhabers zur Benutzung hat, R. II 1. März 81, E. 4,72; R. I 20. Jan. 82, E. 6,224. Unterstellung der Richtigkeit des Patents schließt die Wissentlichkeit nicht aus, wohl Irrthum über die thatsächlichen Voraussetzungen des § 5, angef. R. E. 6,224. Rechtsirrthum (z. B. daß die Priorität der Erfindung das Benutzungsrecht gebe) schützt nicht, R. III 12. April 1883 E. 8,215; R. III 3. April 84 E. 10,349. — Die bloße öffentliche Bekanntmachung des Patents begründet für sich allein noch nicht die Annahme der Wissentlichkeit, R. III 17. Dez. 81 E. 5,268. Die Klagerhebung macht die Be-

nutzung während des Prozesses noch nicht zu einer wissentlichen Patentverletzung, R. I 9. Juni 88 E. 21,68.

[3]) Ob das Patent zu Recht ertheilt ist und ob es hätte für nichtig erklärt werden können, haben die Gerichte nicht zu prüfen, R. I 17. Jan. 81 E. 3,252; R. II 24. Okt. 82 E. 7,146.

[4]) Zuständig ist (nach § 32 CPO.) dasjenige Gericht, in dessen Bezirk die das Patentrecht verletzenden Handlungen (z. B. das Inverkehrbringen) begangen sind, R. I 21. März 85 E. 13,424.

§. 35. Erfolgt die Verurtheilung im Strafverfahren, so ist dem Verletzten die Befugniß zuzusprechen, die Verurtheilung auf Kosten des Verurtheilten öffentlich bekannt zu machen. Die Art der Bekanntmachung, sowie die Frist zu derselben ist im Urtheil zu bestimmen.

§. 36. Statt jeder aus diesem Gesetze entspringenden Entschädigung kann auf Verlangen des Beschädigten neben der Strafe auf eine an ihn zu erlegende Buße bis zum Betrage von zehntausend Mark erkannt werden. Für diese Buße haften die zu derselben Verurtheilten als Gesammtschuldner.

Eine erkannte Buße schließt die Geltendmachung eines weiteren Entschädigungsanspruchs aus.

§. 37. Die im §. 12 des Gesetzes, betreffend die Errichtung eines obersten Gerichtshofes für Handelssachen, vom 12. Juni 1869[1]) geregelte Zuständigkeit des Reichs-Oberhandelsgerichts wird auf diejenigen bürgerlichen Rechtsstreitigkeiten ausgedehnt, in welchen durch die Klage ein Anspruch auf Grund der Bestimmungen dieses Gesetzes geltend gemacht wird.

[1]) S. oben S. 19. — An Stelle des Reichsoberhandelsgerichts ist jetzt das Reichsgericht getreten; allein die Vorschrift hat noch jetzt Bedeutung im Hinblick auf den a. a. O. abgedruckten § 8 Einf.-Ges. z. GVG.

§. 38. Die Klagen wegen Verletzung des Patentrechts verjähren rücksichtlich jeder einzelnen dieselbe begründenden Handlung in drei Jahren.[1])

[1]) Bezieht sich nur auf bürgerliche Rechtsstreitigkeiten; die Verjährung beginnt mit der Vollendung der Handlung, ohne Rücksicht auf die Kenntniß des Verletzten; Antrag auf eine Buße (§ 36) unterbricht die Civilverjährung nicht. R. I 8. Mai 86 E. 16, 6.

§. 39. Darüber, ob ein Schaden entstanden ist und wie hoch sich derselbe beläuft, entscheidet das Gericht unter Würdigung aller Umstände nach freier Ueberzeugung.[1])

[1]) Aufrecht erhalten durch § 13 Abs. 1 Einf.-Ges. z. CPO. — Sachlich übereinstimmend §§ 259, 260 CPO.

§. 40. Mit Geldstrafe bis zu einhundertfünfzig Mark oder mit Haft wird bestraft:

1. wer Gegenstände oder deren Verpackung mit einer Bezeichnung versieht, welche geeignet ist, den Irrthum zu erregen, daß die Gegenstände durch ein Patent nach Maßgabe dieses Gesetzes geschützt seien;
2. wer in öffentlichen Anzeigen, auf Aushängeschildern, auf Empfehlungskarten oder in ähnlichen Kundgebungen eine Bezeichnung anwendet, welche geeignet ist, den Irrthum zu erregen, daß die darin erwähnten Gegenstände durch ein Patent nach Maßgabe dieses Gesetzes geschützt seien.

Fünfter Abschnitt.

Uebergangsbestimmungen.

§. 41. Die auf Grund landesgesetzlicher Bestimmungen zur Zeit bestehenden Patente bleiben nach Maßgabe dieser Bestimmungen bis zu ihrem Ablaufe in Kraft; eine Verlängerung ihrer Dauer ist unzulässig.

§. 42. Der Inhaber eines bestehenden Patentes (§. 41) kann für die dadurch geschützte Erfindung die Ertheilung eines Patentes nach Maßgabe dieses Gesetzes beanspruchen. Die Prüfung der Erfindung unterliegt dann dem durch dieses Gesetz vorgeschriebenen Verfahren. Die Ertheilung des Patentes ist zu versagen, wenn vor der Beschlußfassung über die Ertheilung der Inhaber eines anderen, für dieselbe Erfindung bestehenden Patentes (§. 41) die Ertheilung des Patentes beansprucht oder gegen die Ertheilung Einspruch erhebt. Wegen mangelnder Neuheit ist die Ertheilung des Patentes nur dann zu versagen, wenn die Erfindung zur Zeit, als sie im Inlande zuerst einen Schutz erlangte, im Sinne des §. 2 nicht mehr neu war.[1])

Mit der Ertheilung eines Patentes nach Maßgabe dieses Gesetzes erlöschen die für dieselbe Erfindung bestehenden Patente (§. 41), soweit der Inhaber des neuen Patentes deren Inhaber ist. Soweit dieses nicht der Fall ist, treten die gesetzlichen Wirkungen des neuen Patentes in dem Geltungsbereiche der bestehenden Patente erst mit dem Ablaufe der letzteren ein.

[1]) Fall, wo außer dem umzuwandelnden noch ein älteres, erloschenes Landespatent bestanden hatte, R. I 16. April 88 E. 9, 124.

§. 43. Auf die gesetzliche Dauer eines nach Maßgabe des §. 42 ertheilten Patentes wird die Zeit in Anrechnung gebracht, während deren die Erfindung nach dem ältesten der bestehenden Patente im Inlande bereits geschützt gewesen ist. Der Patentinhaber ist für die noch übrige Dauer des Patentes zur Zahlung der gesetzlichen Gebühren (§. 8) verpflichtet; der Fälligkeitstag und der Jahresbetrag der Gebühren wird nach dem Zeitpunkte bestimmt, mit welchem die Erfindung im Inlande zuerst einen Schutz erlangt hat.

§. 44. Durch die Ertheilung eines Patentes nach Maßgabe des §. 42 werden diejenigen, welche die Erfindung zur Zeit der Anmeldung derselben ohne Verletzung eines Patentrechts bereits in Benutzung genommen oder die zur Benutzung erforderlichen Veranstaltungen getroffen hatten, in dieser Benutzung[1]) nicht beschränkt.

[1]) Also (im Gegensatz zu § 5 Abs. 1) nur in ihrem Besitzstand; wohl aber ist eine Steigerung der Fabrikation und des Absatzes zulässig. R. III 25. April 82 E. 7, 52 (59).

§. 45. Dieses Gesetz tritt mit dem 1. Juli 1877 in Kraft.

Gesetz, betreffend die Untersuchung von Seeunfällen Vom 27. Juli 1877. (RGBl. S. 549.)[1])

[1]) Das Gesetz ist öffentlichrechtlichen Inhalts. S. Einzelausg. Nr. 19 S. 291 ff.

Gesetz, betreffend die Beglaubigung öffentlicher Urkunden. Vom 1. Mai 1878. (RGBl. S. 89; ausgeg. am 8. Mai 1878.)

§. 1. Urkunden, die von einer inländischen öffentlichen Behörde oder von einer mit öffentlichem Glauben versehenen Person des Inlandes aufgenommen oder ausgestellt sind, bedürfen zum Gebrauch im Inlande einer Beglaubigung (Legalisation) nicht.

§. 2. Zur Annahme der Echtheit einer Urkunde, welche als von einer ausländischen öffentlichen Behörde oder von einer mit öffentlichem Glauben versehenen Person des Auslandes ausgestellt oder aufgenommen sich darstellt, genügt die Legalisation durch einen Konsul oder Gesandten des Reichs.[1])

[1]) Vgl. § 407 Abs. 2 CPO. — Staatsvertrag mit Oesterreich-Ungarn wegen Beglaubigung der von öffentlichen Behörden und Beamten ausgestellten oder beglaubigten Urkunden vom 25. Febr. 1880 (RGBl. 1881 S. 4) mit Bekanntmachung vom 2. Febr. 1881 (RGBl. S. 8). — Ausgedehnt auf Bosnien und die Herzegowina durch Vertrag vom 13. Juni 1881 (RGBl. S. 253).

Gerichtskostengesetz. Vom 18. Juni 1878. (RGBl. S. 141.)[1])

[1]) S. dies durch Ges. v. 29. Juni 1881 (RGBl. S. 178) abgeänderte Gesetz in Einzelausg. Nr. 15 S. 3 ff.

Gebührenordnung für Gerichtsvollzieher. Vom 24. Juni 1878. (RGBl. S. 166.)[1])

[1]) S. dies durch Ges. v. 29. Juni 1881 (RGBl. S. 178) abgeänderte Gesetz in Einzelausg. Nr. 15 S. 68 ff.

Gebührenordnung für Zeugen und Sachverständige. Vom 30. Juni 1878. (RGBl. S. 173.)[1])

[1]) S. Einzelausg. Nr. 15 S. 83 ff.

Rechtsanwaltsordnung. Vom 1. Juli 1878. (RGBl. S. 177.)[1])

[1]) S. Einzelausg. Nr. 16.

Gesetz, betreffend den Uebergang von Geschäften auf das Reichsgericht. Vom 16. Juni 1879. (RGBl. S. 157)[1])

[1]) S. Einzelausg. Nr. 11 S. 107. — Für die in diesem Bändchen abgedruckten Gesetze ist nur die in Anm. 2 zu § 82 des Patentgesetzes v. 25. Mai 1877 (oben S. 286) erwähnte Bestimmung von Bedeutung.

Gebührenordnung für Rechtsanwälte. Vom 7. Juli 1879. (RGBl. S. 176.)[1])

[1]) S. Einzelausg. Nr. 17.

Gesetz über die Konsulargerichtsbarkeit. Vom 10. Juli 1879. (RGBl. S. 197.)[1])

[1]) Von diesem Gesetze (s. Einzelausg. Nr. 21 S. 265 ff.) sind hier nur die civilrechtlichen Bestimmungen abgedruckt.

I. Allgemeine Bestimmungen.

§. 1. Die Konsulargerichtsbarkeit wird in den Ländern ausgeübt, in welchen ihre Ausübung durch Herkommen oder durch Staatsvertrag gestattet ist.[1])

Der Konsulargerichtsbarkeit sind die in den Konsulargerichtsbezirken wohnenden oder sich aufhaltenden Reichsangehörigen und Schutzgenossen unterworfen.

[1]) S. das jährlich veröffentlichte Verzeichniß der Reichskonsuln. — Im einzelnen vgl. Einzelausg. Nr. 21 S. 279; Gesetzg. IV S. 818 Anm. 2. Hinzuzufügen ist noch Zanzibar (Verordn. v. 20. Dez. 1885, RGBl. 1886, S. 261).

§. 2. Die Konsulargerichtsbezirke werden von dem Reichskanzler nach Vernehmung des Ausschusses des Bundesraths für Handel und Verkehr bestimmt.[1])

[1]) S. das in Anm. 1 zu § 1 erwähnte Verzeichniß.

§. 3. In Betreff des bürgerlichen Rechts ist anzunehmen, daß in den Konsulargerichtsbezirken die Reichsgesetze, das preußische Allgemeine Landrecht und die das bürgerliche Recht betreffenden allgemeinen Gesetze derjenigen preußischen Landestheile, in welchen das Allgemeine Landrecht Gesetzeskraft hat, gelten.

In Handelssachen kommt zunächst das in dem Konsulargerichtsbezirke geltende Handelsgewohnheitsrecht zur Anwendung.[1])

[1]) Dies geht aber nicht der in § 14 eingeführten Konkursordnung und deren Einführungsgesetze vor, R. I. 8. Juni 85 S. 14, 143.

§. 4.[1]) — — —

[1]) Betrifft das Strafrecht.

§. 5. Die Konsulargerichtsbarkeit wird durch den Konsul (§. 2 des Gesetzes, betreffend die Organisation der Bundeskonsulate, vom 8. November 1867 — Bundes-Gesetzbl. S. 137 —) und durch das Konsulargericht ausgeübt.

Der Konsul ist zur Ausübung der Gerichtsbarkeit befugt, wenn er dazu von dem Reichskanzler ermächtigt ist.

Der Reichskanzler kann neben dem Konsul, sowie an Stelle desselben einem anderen Beamten die Befugnisse des Konsuls bei Ausübung der Gerichtsbarkeit übertragen.

§. 6. Das Konsulargericht besteht aus dem Konsul als Vorsitzenden und zwei Beisitzern, insoweit dieses Gesetz nicht die Zuziehung von vier Beisitzern vorschreibt.

Den Beisitzern steht ein unbeschränktes Stimmrecht zu.

§. 7. Der Konsul ernennt für die Dauer eines jeden Jahres aus den achtbaren Gerichtseingesessenen oder in Ermangelung solcher aus sonstigen achtbaren Einwohnern seines Bezirks vier Beisitzer und mindestens zwei Stellvertreter.

§. 8. Die Beeidigung der Beisitzer erfolgt bei ihrer ersten Dienstleistung in öffentlicher Sitzung. Sie gilt für die Dauer des Geschäftsjahres. Der Vorsitzende richtet an die zu Beeidigenden die Worte: „Sie schwören bei Gott dem Allmächtigen und Allwissenden, die Pflichten eines Beisitzers des deutschen Konsulargerichts getreulich zu erfüllen und Ihre Stimme nach bestem Wissen und Gewissen abzugeben."

Die Beisitzer leisten den Eid, indem Jeder einzeln, unter Erhebung der rechten Hand, die Worte spricht: „Ich schwöre es, so wahr mir Gott helfe." Ist ein Beisitzer Mitglied einer Religionsgesellschaft, welcher das Gesetz den Gebrauch gewisser Betheuerungsformeln an Stelle des Eides gestattet, so wird die Abgabe einer Erklärung unter der Betheuerungsformel dieser Religionsgesellschaft der Eidesleistung gleich geachtet. Ueber die Beeidigung wird ein Protokoll aufgenommen.

§ 9. Ist die Zuziehung von vier Beisitzern in den Fällen, in welchen sie durch dieses Gesetz vorgeschrieben ist, nicht ausführbar, so genügt die Zuziehung von zwei Beisitzern.

Ist in bürgerlichen Rechtsstreitigkeiten die Zuziehung von zwei Beisitzern nicht ausführbar, so tritt an die Stelle des Konsulargerichts der Konsul.

Die Gründe, aus welchen die Zuziehung von Beisitzern nicht ausführbar war, müssen in dem Sitzungsprotokoll bemerkt werden.

§. 10. Der Konsul hat die Personen zu bestimmen, welche die Verrichtungen der Gerichtsschreiber und der Gerichtsvollzieher (Zustellungs- und Vollstreckungsbeamten) auszuüben haben. Sofern diese Personen nicht bereits den Diensteid als Konsulatsbeamte abgelegt haben, sind sie vor ihrem Amtsantritte auf die Erfüllung der Obliegenheiten des ihnen übertragenen Amtes eidlich zu verpflichten.

Das Verzeichniß der Gerichtsvollzieher ist in der für konsularische Bekanntmachungen ortsüblichen Weise, jedenfalls durch Anheftung an die Gerichtstafel bekannt zu machen.

§. 11. Der Konsul hat die Personen, welche zur Ausübung der Rechtsanwaltschaft zuzulassen sind, zu bestimmen. Die Zulassung ist widerruflich.

Gegen die Verfügung des Konsuls, durch welche der Antrag einer Person auf Zulassung zur Ausübung der Rechtsanwaltschaft abgelehnt oder die Zulassung zurückgenommen wird, findet Beschwerde an den Reichskanzler statt.

Das Verzeichniß der zur Ausübung der Rechtsanwaltschaft zugelassenen Personen ist in der für konsularische Bekanntmachungen ortsüblichen Weise, jedenfalls durch Anheftung an die Gerichtstafel bekannt zu machen.

§. 12. Soweit dieses Gesetz nicht abweichende Vorschriften enthält, ist für die durch das Gerichtsverfassungsgesetz und die Konkursordnung den Amtsgerichten zugewiesenen Sachen der Konsul, für die den Schöffengerichten, sowie für die den Landgerichten in erster Instanz zugewiesenen Sachen das Konsulargericht zuständig.

In den zu der streitigen Gerichtsbarkeit nicht gehörenden Angelegenheiten, welche in den im §. 3 Absatz 1 bezeichneten preußischen Landestheilen in erster Instanz zur Zuständigkeit der Amtsgerichte oder der Landgerichte gehören, ist der Konsul zuständig.

§. 13. Die Vorschriften der Titel 13 bis 16 des Gerichtsverfassungsgesetzes finden auf die Ausübung der streitigen Gerichtsbarkeit mit der Maßgabe entsprechende Anwendung, daß die im §. 183 vorgesehene Frist zwei Wochen beträgt.

II. Verfahren in bürgerlichen Rechtsstreitigkeiten und in Konkurssachen.

§. 14. Auf bürgerliche Rechtsstreitigkeiten und auf Konkurssachen finden die Civilprozeßordnung und die Konkursordnung nebst ihren Einführungsgesetzen, sowie die landesgesetzlichen Vorschriften, welche für die im §. 3 Absatz 1 bezeichneten preußischen Landestheile zur Ausführung jener Reichsgesetze erlassen oder neben denselben in Geltung sind, nach Maßgabe der folgenden Bestimmungen entsprechende Anwendung.

§. 15. Das Verfahren in bürgerlichen Rechtsstreitigkeiten vor dem Konsul sowie vor dem Konsulargerichte regelt sich nach den Bestimmungen der Civilprozeßordnung über das Verfahren vor den Amtsgerichten mit der Maßgabe, daß auch die Vorschriften der §§. 313 bis 319 der Civilprozeßordnung Anwendung finden.

§. 16. In den vor das Konsulargericht gehörenden Sachen nehmen die Beisitzer nur an der mündlichen Verhandlung sowie an den im Laufe oder auf Grund derselben ergehenden Entscheidungen Theil.

§. 17. Die Verrichtungen der Staatsanwaltschaft werden in Ehesachen im Falle des §. 585, sowie in Entmündigungssachen in den Fällen der §§. 607, 620 Absatz 4, 624 Absatz 3, 626 Absatz 3 der Civilprozeßordnung vom Konsul einer der zur Ausübung der Rechtsanwaltschaft zugelassenen Personen oder in Ermangelung solcher einem anderen achtbaren Gerichtseingesessenen übertragen.

Im Uebrigen findet eine Mitwirkung der Staatsanwaltschaft nicht statt.

§. 18. In den zur Zuständigkeit des Konsuls gehörenden bürgerlichen Rechtsstreitigkeiten (§. 12 Absatz 1) finden, sofern der Werth des Streitgegenstandes die Summe von dreihundert Mark nicht übersteigt, Rechtsmittel nicht statt.[1])

Im Uebrigen ist in den vor dem Konsul oder dem Konsulargerichte verhandelten bürgerlichen Rechtsstreitigkeiten sowie in Konkurssachen zur Verhandlung und Entscheidung über die Rechtsmittel der Beschwerde und der Berufung das Reichsgericht zuständig.

Gegen die Entscheidungen des Reichsgerichts findet ein weiteres Rechtsmittel nicht statt.

[1]) Wohl aber gegen ein Urtheil über einen höheren Streitgegenstand wegen eines 300 Mark nicht übersteigenden Theilbetrages desselben, R. I 26. Jan. 85 E. 13, 409.

§. 19. Die Vorschrift des §. 540 Absatz 3 der Civilprozeßordnung findet keine Anwendung, wenn die angegriffene Verfügung vom Konsul erlassen ist.

§. 20. Das Rechtsmittel der Berufung wird bei dem Konsul eingelegt. Die Einlegung erfolgt durch Einreichung der Berufungsschrift. Auf die Einlegung findet die Vorschrift des §. 74 Absatz 1 der Civilprozeßordnung keine Anwendung. Der Konsul hat eine Abschrift der Berufungsschrift der Gegenpartei von Amtswegen in Gemäßheit des §. 164 der Civilprozeßordnung zustellen zu lassen und die Prozeßakten dem Berufungsgerichte zu übersenden.

Das letztere hat den Termin zur mündlichen Verhandlung von Amtswegen zu bestimmen und den Parteien bekannt zu machen.

Die Bekanntmachung des Termins erfolgt an den für die Berufungsinstanz bestellten und dem Reichsgerichte durch Vermittelung des Konsuls oder durch die Partei selbst rechtzeitig benannten Prozeßbevollmächtigten oder Zustellungsbevollmächtigten, in Ermangelung eines solchen an die Partei selbst.

Die Fristbestimmungen in den §§. 481, 484 der Civilprozeßordnung bemessen sich nach dem Zeitpunkte der Bekanntmachung des Termins an den Berufungsbeklagten.

III. Verfahren in Strafsachen.

– – – – – – – – – – – – – – – – – –

IV. Verfahren in den Angelegenheiten, welche zu der streitigen Gerichtsbarkeit nicht gehören.

§. 43. In den durch §. 12 Absatz 2 der Zuständigkeit des Konsuls zugewiesenen Angelegenheiten bestimmt sich das Verfahren nach den für die im §. 3 Absatz 1 bezeichneten preußischen Landestheile geltenden Vorschriften, insoweit diese Vorschriften nicht Einrichtungen und Verhältnisse voraussetzen, welche in den Konsulargerichtsbezirken fehlen.

Für die Verhandlung und Entscheidung über die nach Maßgabe der bezeichneten Vorschriften gegen die Entscheidungen des Konsuls zulässigen Rechtsmittel ist das Reichsgericht zuständig.

V. Schlußbestimmungen.

§. 44. In den Rechtssachen, auf welche die Civilprozeßordnung, die Strafprozeßordnung oder die Konkursordnung Anwendung findet, gelten das Gerichtskostengesetz und die Gebührenordnungen für Gerichtsvollzieher, für Zeugen und Sachverständige, sowie für Rechtsanwälte. In den Angelegenheiten, welche zu der streitigen Gerichtsbarkeit nicht gehören, sind in Betreff des Gebührenwesens, soweit reichsgesetzliche Vorschriften nicht bestehen, die Bestimmungen der in den im §. 3 Absatz 1 bezeichneten preußischen Landestheilen geltenden Landesgesetze maßgebend.

Soweit die Gebühren der Rechtsanwälte durch Ortsgebrauch geregelt sind, kommt dieser zunächst zur Anwendung.

§. 45. Die Einrückung einer öffentlichen Bekanntmachung in den Reichs-Anzeiger ist nicht erforderlich.

§. 46. Geldstrafen fließen zur Reichskasse.

§. 47. Neue Gesetze erlangen, soweit nicht reichsgesetzlich etwas Anderes bestimmt wird, in den Konsulargerichtsbezirken nach Ablauf von vier Monaten, von dem Tage gerechnet, an welchem das betreffende Stück des Reichs-Gesetzblatts oder der preußischen Gesetzsammlung in Berlin ausgegeben worden ist, verbindliche Kraft.

§. 48. Dieses Gesetz tritt für alle Konsulargerichtsbezirke gleichzeitig mit dem Gerichtsverfassungsgesetz in Kraft. Mit demselben Zeitpunkte werden die Bestimmungen der §§. 22 bis 24 des Konsulargesetzes vom 8. November 1867 (Bundes-Gesetzbl. S. 137) und die Zusatzbestimmung des §. 3 des Gesetzes vom 22. April 1871 (Bundes-Gesetzbl. S. 87) aufgehoben.

§. 49. Die Militärgerichtsbarkeit wird durch dieses Gesetz nicht berührt.

§. 50. Soweit die am Tage des Inkrafttretens des Gesetzes anhängigen Rechtssachen nach den bisherigen Gesetzen zu erledigen sind, tritt an die Stelle des Appellationsgerichts in Stettin das Reichsgericht. Die an dem bezeichneten Tage bei dem Appellationsgericht in Stettin anhängigen Sachen gehen in der prozessualischen Lage, in welcher sie sich befinden, auf das Reichsgericht über. Auf die Entscheidungen des Reichsgerichts findet die Bestimmung des §. 18 Absatz 3 und des §. 36 Absatz 2 Anwendung.

§. 51. Der Reichskanzler hat die zur Ausführung des Gesetzes erforderlichen Anordnungen zu erlassen.[1])

[1]) Instruktion v. 10. September 1879 (Centralbl. S. 575) mit Nachtrag v. 4. Februar 1882 (Centralbl. S. 111). S. Einzelausg. Nr. 21 S. 300 ff.; Gesetzg. IV S. 826 ff.

Gesetz, betreffend die Anfechtung von Rechtshandlungen eines Schuldners außerhalb des Konkursverfahrens. Vom 21. Juli 1879. (RGBl S. 277.)[1])

[1]) Dieses rein privatrechtliche Gesetz steht in engstem Zusammenhang mit der Konkursordnung und ist daher in die diese enthaltende Einzelausgabe mit aufgenommen (Einzelausg. Nr. 18 S. 119 ff).

Verordnung, betreffend die Begründung der Revision in bürgerlichen Rechtsstreitigkeiten. Vom 28. September 1879. (RGBl. S. 299.)[1])

[1]) S. diese mit Gesetzeskraft ausgestattete Verordnung nebst der auf dieselbe bezüglichen Bekanntm. v. 11. April 1880 (RGBl. S. 102) in Einzelausg. Nr. 11 S. 587.

Gesetz, betreffend Ergänzungen und Aenderungen des Reichs-Militärgesetzes vom 2. Mai 1874. Vom 6. Mai 1880. (RGBl. S. 103.)[1])

[1]) S. oben S. 157.

Gesetz, betreffend den Wucher. Vom 24. Mai 1880. (RGBl. S. 109; ausgeg. am 31. Mai 1880.)[1])

[1]) Dies Gesetz enthält in Art. 1 und 2 nur Strafbestimmungen, welche indessen wegen der in der privatrechtlichen Vorschrift des Art. 3 sich findenden Bezugnahme auf einige derselben hier mit abdruckt sind. Vgl. auch Einzelausg. Nr. 2 S. 134 ff.

Art. 1. Hinter den §. 302 des Strafgesetzbuchs für das Deutsche Reich werden die folgenden neuen §§. 302a, 302b, 302c, 302d eingestellt:

§. 302 a. Wer unter Ausbeutung[1]) der Nothlage,[2]) des Leichtsinns oder der Unerfahrenheit eines Anderen für ein Darlehen[3]) oder im Falle der Stundung einer Geldforderung[4]) sich oder einem Dritten Vermögensvortheile versprechen oder gewähren läßt,[5]) welche den üblichen Zinsfuß dergestalt überschreiten, daß nach den Umständen des Falles die Vermögensvortheile in auffälligem Mißverhältnisse zu der Leistung stehen,[6]) wird wegen Wuchers mit Gefängniß bis zu sechs Monaten und zugleich mit Geldstrafe bis zu dreitausend Mark bestraft. Auch kann auf Verlust der bürgerlichen Ehrenrechte erkannt werden.

[1]) d. h. in bewußter Ausnutzung des Darlehnssuchenden zur Erlangung übermäßigen Gewinns von dem in Nothlage befindlichen Schuldner; aggressives Vorgehen ist nicht erforderlich, R. I 10. Jan. 81 E. 3, 218.

[2]) Nothlage ist im Falle der Stundung schon dann gegeben, wenn der Schuldner auf keine Weise die zur Zahlung seiner Schuld erforderlichen Geldsummen hat aufbringen können; auch bei Aufnahme eines Anlehns zu produktivem Zwecke ist Nothlage nicht ausgeschlossen, R. III 18. Juli 81 E. 4, 390. — Nothlage setzt nicht objektiv eine ungünstige Vermögenslage voraus, R. II 20. Sept. 81 E. 5, 9. Auch die Ausbeutung einer objektiv nicht vorhandenen Nothlage ist Wucher, wenn der Kreditsuchende von dem Vorhandensein ihm zu Gebote stehender Vermögenswerthe Nichts wußte, nicht dagegen, wenn die Nothlage eine blos eingebildete war, R. III 18. Juni 85, E. 12, 303.

[3]) Wenn auch nicht aus eigenen Mitteln, R. II 20. Sept. 81 E. 5, 9; III 25. Jan. 83 E. 8, 17. — Auch wenn statt Geld dem Darlehnssucher Waaren gegeben sind, R. II 17. Juni 84 E. 10, 432. — Nur für Gewährung, nicht für Verschaffung eines Darlehns R. 19. Jan. 81 E. 5, 366 — nicht für Wiederaufhebung eines Darlehnsvertrags und Löschung, R. III 13. April 81 E. 4, 104. — Unan-

wendbar auch, wenn ein nicht verpflichteter Dritter die wucherische Darlehnsschuld übernimmt, R. III 5. Jan. 85 E. 11,388.

[4]) auch Rückkaufsgeschäfte, R. III 25. Mai 1881 E. 4,202.

[5]) Unanwendbar, wenn der Gläubiger sich erst bei Rückempfang des Darlehns nicht versprochene unverhältnißmäßige Vortheile gewähren bezw. zusichern läßt, R. III 25. Mai 81 E. 4,202.

[6]) Dabei sind auch die dem Schuldner aus der Darlehnsgewährung oder Stundung erwachsenden Vortheile zu berücksichtigen, R. III 5. Jan. 85 E. 11,388.

§. **302** b. Wer sich oder einem Dritten die wucherlichen Vermögensvortheile (§. 302a) verschleiert oder wechselmäßig oder unter Verpfändung der Ehre, auf Ehrenwort, eidlich oder unter ähnlichen Versicherungen oder Betheuerungen versprechen läßt, wird mit Gefängniß bis zu Einem Jahre und zugleich mit Geldstrafe bis zu sechstausend Mark bestraft. Auch kann auf Verlust der bürgerlichen Ehrenrechte erkannt werden.

§. **302** c. Dieselben Strafen (§. 302a, §. 302b) treffen denjenigen, welcher mit Kenntniß des Sachverhalts eine Forderung der vorbezeichneten Art erwirbt und entweder dieselbe weiter veräußert oder die wucherlichen Vermögensvortheile geltend macht.

§. **302** d. Wer den Wucher gewerbs- oder gewohnheitsmäßig betreibt, wird mit Gefängniß nicht unter drei Monaten und zugleich mit Geldstrafe von einhundertfünfzig bis zu fünfzehntausend Mark bestraft. Auch ist auf Verlust der bürgerlichen Ehrenrechte zu erkennen.

Art. 2. Der §. 360 Nr. 12 des Strafgesetzbuchs in der durch das Gesetz vom 26. Februar 1876 festgestellten Fassung wird durch nachstehende Bestimmung ersetzt:

§. **360** Nr. 12. Wer als Pfandleiher oder Rückkaufshändler bei Ausübung seines Gewerbes den darüber erlassenen Anordnungen zuwiderhandelt, insbesondere den durch Landesgesetz oder Anordnung der zuständigen Behörde bestimmten Zinsfuß überschreitet.

Art. 3.[1]) Verträge, welche gegen die Vorschriften der §§. 302a, 302b des Strafgesetzbuchs verstoßen, sind ungültig.[2])

Sämmtliche von dem Schuldner oder für ihn geleisteten Vermögensvortheile (§. 302a) müssen zurückgewährt und vom Tage des Empfanges an verzinst werden. Hierfür sind diejenigen, welche sich des Wuchers schuldig gemacht haben, solidarisch verhaftet, der nach §. 302c des Strafgesetzbuchs Schuldige jedoch nur in Höhe des von ihm oder einem Rechtsnachfolger Empfangenen. Die Verpflichtung eines Dritten, welcher sich des Wuchers nicht schuldig gemacht hat, bestimmt sich nach den Vorschriften des bürgerlichen Rechts.

Das Recht der Rückforderung verjährt in fünf Jahren seit dem Tage, an welchem die Leistung erfolgt ist.

Der Gläubiger ist berechtigt, das aus dem ungültigen Vertrage Geleistete zurückzufordern; für diesen Anspruch haftet die für die vertragsmäßige Forderung bestellte Sicherheit. Die weiter gehenden Rechte eines Gläubigers, welchem nach den Bestimmungen des bürgerlichen Rechts die Ungültigkeit des Vertrages nicht entgegengesetzt werden kann, werden hierdurch nicht berührt.

[1]) Keine rückwirkende Kraft, R. II 26. April 81 E. 4, 109.

²) Ihrem ganzen Inhalte nach, keine Theilung des wucherischen und des nicht wucherischen Inhalts, R. II 27. Mai 84 E. 11,190 (Verhältniß eines ungültigen Prolongationsgeschäfts zu dem früheren Geschäft). — Einrede des Wuchers auch gegenüber einem Wechsel, R. I 28. März 88 E. 8,96.

Gesetz, betreffend die Abwehr und Unterdrückung von Viehseuchen. Vom 23. Juni 1880. (RGBl. S. 153.)[1])

[1]) Dies am 1. April 1881 in Kraft getretene (§ 68) Gesetz, welches das Verfahren zur Abwehr und Unterdrückung übertragbarer Seuchen der Hausthiere, mit Ausnahme der Rinderpest — s. über diese Ges. v. 7. April 1869 (oben S. 16) — regelt, hat privatrechtliche Bedeutung nur in den die Entschädigung für getödtete Thiere bestimmenden §§ 57 bis 64.

Ueber die Tödtung selbst schreiben §§ 18, 24 vor:

§. 18. Im Falle der Seuchengefahr (§. 14) und für die Dauer derselben können, vorbehaltlich der in diesem Gesetze rücksichtlich einzelner Seuchen ertheilten besonderen Vorschriften, je nach Lage des Falles und nach der Größe der Gefahr, unter Berücksichtigung der betheiligten Verkehrsinteressen die nachfolgenden Schutzmaßregeln (§§. 19 bis 29) polizeilich angeordnet werden.

Beschwerden des Besitzers über die von der Polizeibehörde angeordneten Schutzmaßregeln haben keine aufschiebende Wirkung.

§. 24. 6. Die Tödtung der an der Seuche erkrankten oder verdächtigen Thiere.

Dieselbe darf nur in den Fällen angeordnet werden, welche in diesem Gesetze ausdrücklich vorgesehen sind.

Die Vorschrift unverzüglicher Tödtung der an einer Seuche erkrankten oder verdächtigen Thiere findet, wo sie in diesem Gesetze enthalten ist, keine Anwendung auf solche Thiere, welche einer der Staatsaufsicht unterworfenen höheren Lehranstalt übergeben sind, um dort für die Zwecke derselben verwendet zu werden.

Die §§ 57 bis 64 lauten:

4. Entschädigung für getödtete Thiere.

§. 57. Für die auf polizeiliche Anordnung getödteten oder nach dieser Anordnung an der Seuche gefallenen Thiere muß vorbehaltlich der in diesem Gesetze bezeichneten Ausnahmen eine Entschädigung gewährt werden.

§. 58. Die Bestimmungen darüber:

1. von wem die Entschädigung zu gewähren und wie dieselbe aufzubringen ist,
2. wie die Entschädigung im einzelnen Falle zu ermitteln und festzustellen ist,

sind von den Einzelstaaten zu treffen.

Die in dieser Hinsicht in den Einzelstaaten bereits bestehenden Vorschriften bleiben unberührt. Insoweit solche Vorschriften nicht entgegenstehen, sind die Landesregierungen befugt, zu bestimmen, daß die Entschädigung für getödtete Pferde und Rinder bis zum Eintritt einer anderweiten landesverfassungsmäßigen Regelung durch Beiträge der Besitzer von Pferden und Rindvieh nach Maßgabe der über die Vertheilung und Erhebung der Beiträge von der Landesregierung zu treffenden näheren Anordnung aufgebracht werden.

In allen Fällen sollen jedoch die Vorschriften der §§. 59 bis 64 dieses Gesetzes dabei maßgebend sein.

§. 59. Als Entschädigung soll der gemeine Werth des Thieres gewährt werden, ohne Rücksicht auf den

Minderwerth, welchen das Thier dadurch erleidet, daß es mit der Seuche behaftet ist. Bei den mit der Rotzkrankheit behafteten Thieren hat jedoch die Entschädigung $^3/_4$, bei dem mit der Lungenseuche behafteten Rindvieh $^4/_5$ des so berechneten Werths zu betragen.

Auf die zu leistende Entschädigung werden angerechnet:

1. die aus Privatverträgen zahlbare Versicherungssumme, und zwar bei Rotz zu drei Viertel, bei Lungenseuche zu vier Fünfteln, in allen anderen Fällen zum vollen Betrage;
2. der Werth derjenigen Theile des getödteten Thieres, welche dem Besitzer nach Maßgabe der polizeilichen Anordnungen zur Verfügung bleiben.

§. 60. Die zu leistende Entschädigung wird, sofern ein anderer Berechtigter nicht bekannt ist, demjenigen gezahlt, in dessen Gewahrsam oder Obhut sich das Thier zur Zeit der Tödtung befand.

Mit dieser Zahlung ist jeder Entschädigungsanspruch Dritter erloschen.

§. 61. Keine Entschädigung wird gewährt:

1. für Thiere, welche dem Reich, den Einzelstaaten oder zu den landesherrlichen Gestüten gehören;
2. für Thiere, welche, der Vorschrift des §. 6 zuwider, mit der Krankheit behaftet in das Reichsgebiet eingeführt sind;
3. für Thiere, bei welchen nach ihrer Einführung in das Reichsgebiet innerhalb 90 Tagen die

Rotzkrankheit oder innerhalb 180 Tagen die Lungenseuche festgestellt wird, wenn nicht der Nachweis erbracht wird, daß die Ansteckung der Thiere erst nach Einführung derselben in das Reichsgebiet stattgefunden hat.

§. 62. Die Gewährung einer Entschädigung kann versagt werden:

1. für Thiere, welche mit einer ihrer Art oder dem Grade nach unheilbaren und unbedingt tödtlichen Krankheit, mit Ausnahme jedoch des Rotzes und der Lungenseuche, behaftet waren;
2. für das in Schlachtviehhöfen oder in öffentlichen Schlachthäusern aufgestellte, auf polizeiliche Anordnung geschlachtete oder getödtete Schlachtvieh;
3. für Hunde und Katzen, welche aus Anlaß der Tollwuth getödtet sind (§§. 34, 37 Absatz 1, 38).

§. 63. Der Anspruch auf Entschädigung fällt weg:

1. wenn der Besitzer der Thiere oder der Vorsteher der Wirthschaft, welcher die Thiere angehören, vorsätzlich oder fahrlässig, oder der Begleiter der auf dem Transporte befindlichen Thiere, oder bezüglich der in fremdem Gewahrsam befindlichen Thiere, der Besitzer des Gehöfts, der Stallung, Koppel oder Weide vorsätzlich, den Vorschriften der §§. 9 und 10 zuwider, die Anzeige vom Ausbruche der Seuche oder vom Seuchenverdacht unterläßt, oder länger als 24 Stunden nach erhaltener Kenntniß verzögert;[1])

2. wenn der Besitzer eines der Thiere mit der Seuche behaftet gekauft oder durch ein anderes Rechtsgeschäft unter Lebenden erworben hat und von diesem kranken Zustande beim Erwerbe des Thieres Kenntniß hatte;

3. im Falle des §. 25,[2]) oder wenn dem Besitzer oder dessen Vertreter die Nichtbefolgung oder Uebertretung der polizeilich angeordneten Schutzmaßregeln zur Abwehr der Seuchengefahr zur Last fällt.

[1]) Nur der Seuchenausbruch, nicht spätere Erkrankungsfälle sind anzuzeigen; mündliche Anzeige bei der Ortspolizeibehörde genügt, R. IV 18. Dez. 88 E. 22, 120.

[2]) Derselbe bestimmt:

§. 25. Werden Thiere, welche bestimmten Verkehrs- oder Nutzungsbeschränkungen oder der Absperrung unterworfen sind, in verbotwidriger Benutzung oder außerhalb der ihnen angewiesenen Räumlichkeit, oder an Orten, zu welchen ihr Zutritt verboten ist, betroffen, so kann die Polizeibehörde die sofortige Tödtung derselben anordnen.

§. 64. Wenn zur Bestreitung der Entschädigungen Beiträge nach Maßgabe des vorhandenen Pferde- und Rindviehbestandes erhoben werden, dürfen diese Beiträge für Thiere, welche dem Reich, den Einzelstaaten oder zu den landesherrlichen Gestüten gehören, und im Falle des §. 62 Nr. 2 für das in Schlachtviehhöfen oder in öffentlichen Schlachthäusern aufgestellte Schlachtvieh nicht beansprucht werden.

Gesetz, betreffend die Begründung der Revision in bürgerlichen Rechtsstreitigkeiten. Vom 15. März 1881. (RGBl. S. 38.)[1])

[1]) S. Einzelausg. Nr. 11 S. 544.

Gesetz, betreffend die Fürsorge für die Wittwen und Waisen der Reichsbeamten der Civilverwaltung. Vom 20. April 1881. (RGBl. S. 85.)[1])

[1]) Das Gesetz ist aus demselben Grunde, wie das Reichsbeamtengesetz v. 31. März 1873 nicht aufgenommen (s. oben S. 183) Vgl. Einzelausg. Nr. 10 S. 120 ff.

Gesetz, betreffend die Krankenversicherung der Arbeiter. Vom 15. Juni 1883. (RGBl. S. 73.)[1])

[1]) Das Gesetz enthält zwar zahlreiche privatrechtliche Bestimmungen; dieselben stehen aber in engerem Zusammenhang mit seinem überwiegend öffentlich-rechtlichen Inhalt. S. Einzelausg. Nr. 20.

Gesetz, betreffend die Reichs-Kriegshäfen und die Feststellung eines Nachtrages zum Reichshaushalts-Etat für das Etatsjahr 1883/84. Vom 19. Juni 1883. (RGBl. S. 105).[1])

[1]) Ist wegen seiner örtlich sehr beschränkten Geltung trotz des privatrechtlich bedeutsamen § 3 nicht aufgenommen.

Bekanntmachung, betreffend die Redaktion der Gewerbeordnung für das Deutsche Reich. Vom 1. Juli 1883. (RGBl. S. 177.)[1])

[1]) Das in der Anmerkung zum Ges. v. 15. Juni 1883 Gesagte gilt auch hinsichtlich der Gewerbeordnung. S. Einzelausg. Nr. 6.

Gesetz, betreffend die Abwehr und Unterdrückung der Reblauskrankheit. Vom 3. Juli 1883. (RGBl. S. 149. Ausgegeben den 11. Juli 1883.)

[1]) Aus diesem Gesetze haben nur die auf die Entschädigung bezüglichen Vorschriften civilrechtliche Bedeutung.

§. 1. Alle Rebpflanzungen unterliegen der Beaufsichtigung und Untersuchung durch die von den Landesregierungen ermächtigten Organe. Die letzteren sind befugt, zum Zweck von Nachforschungen nach der Reblaus (Phylloxera vastatrix) die Entwurzelung einer entsprechenden Anzahl von Rebstöcken zu bewirken.

§. 2. Die Landesregierungen werden die Rebpflanzungen überwachen lassen.

Insbesondere sind diejenigen Rebschulen, in welchen Reben zum Verkaufe gezogen werden, einer regelmäßigen, mindestens alljährlichen Untersuchung zu unterwerfen. Die höheren Verwaltungsbehörden können Ausnahmen zu Gunsten derjenigen kleineren Rebschulen gestatten, in welchen ausschließlich in der Gegend übliche Rebsorten gezogen werden.

§. 3. Im Falle der Ermittelung des Insekts liegt den Landesregierungen ob, nach Möglichkeit Verfügungen zu treffen, welche eine Verbreitung desselben zu verhindern geeignet sind.

Zu diesem Behufe können die Landesregierungen namentlich

1. verbieten, daß Reben, Rebtheile, Weinpfähle (Rebstützen) oder Erzeugnisse des Weinstocks, ferner auch, daß andere Pflanzen oder Pflanzentheile von dem betreffenden Grundstücke entfernt werden;
2. die Vernichtung der angesteckten oder dem Verdacht einer Ansteckung unterworfenen Rebpflanzungen und die Unschädlichmachung (Desinfektion) des Bodens anordnen;
3. die Benutzung des Grundstücks zur Kultur von Reben für einen bestimmten Zeitraum untersagen.

Die vorbezeichneten oder sonst erforderlichen Maßregeln können einzeln oder in Verbindung mit einander angeordnet werden; dieselben können auf Theile des Grundstücks beschränkt, aber auch auf mehrere Grundstücke und erforderlichenfalls auf größere Bezirke erstreckt werden.

§. 10. Derjenige, dessen Rebpflanzungen von den in den §§. 1 bis 3 bezeichneten Maßregeln betroffen worden, ist befugt, den Ersatz des Werthes der auf obrigkeitliche Anordnung vernichteten und des Minderwerthes der bei der Untersuchung beschädigten gesunden Reben zu verlangen.

Die Bestimmungen darüber:

1. von wem diese Entschädigung zu gewähren und wie dieselbe aufzubringen ist,
2. nach welchen Normen die Entschädigung zu ermitteln und festzustellen ist,

sind von den einzelnen Bundesstaaten zu treffen.

§. 11. Der Anspruch auf Entschädigung (§. 10) geht verloren, wenn der Eigenthümer oder Nutzungsberechtigte der im §. 8 ihm auferlegten Verpflichtung[1]) wissentlich oder aus einem vertretbaren Versehen nicht nachgekommen ist.

[1]) von dem Auftreten der Reblaus oder dem Vorfinden von Anzeichen für das Vorhandensein des Insekts der Ortspolizeibehörde unverzüglich Anzeige zu machen.

Verordnung, betreffend die Gebührenfreiheit in dem Verfahren vor dem Reichsgericht. Vom 24. Dezember 1883. (RGBl. für 1884 S. 1.)[1])

[1]) Diese gesetzesgleiche Verordnung steht im engsten Zusammenhang mit dem Gerichtskostengesetze. S. Einzelausg. Nr. 15 S. 61.

Gesetz, betreffend die Prisengerichtsbarkeit. Vom 3. Mai 1884. (RGBl. S. 49. Ausgegeben den 17. Mai 1884.)

§. 1. Die Entscheidung über die Rechtmäßigkeit der in einem Kriege gemachten Prisen erfolgt durch besondere Behörden (Prisengerichte).

§. 2. Der Sitz der Prisengerichte, ihre Zusammensetzung, das Verfahren vor denselben, sowie die Verpflichtung anderer Behörden des Reichs oder der Bundesstaaten, in Prisensachen mitzuwirken, werden durch Kaiserliche Verordnung bestimmt.[1])

[1]) Auf Grund dieses Gesetzes ist ergangen die Verordnung, betreffend die Ausübung der Prisengerichtsbarkeit aus Anlaß der ostafrikanischen Blokade, v. 15. Februar 1889 (RGBl. S. 5), welche indessen wegen Aufhörens jener Blokade ihre Bedeutung wieder verloren hat.

Unfallversicherungsgesetz. Vom 6. Juli 1884. (RGBl. S. 69.)[1])

[1]) S. Einzelausg. Nr. 23 S. 1 ff.

Gesetz über den Feingehalt der Gold- und Silberwaaren. Vom 16. Juli 1884. (RGBl. S. 120.)[1])

[1]) Das Gesetz hat privatrechtliche Bedeutung durch seinen § 7.

§. 1. Gold- und Silberwaaren dürfen zu jedem Feingehalte angefertigt und feilgehalten werden. Die Angabe des Feingehalts auf denselben ist nur nach Maßgabe der folgenden Bestimmungen gestattet.

§. 2. Auf goldenen Geräthen darf der Feingehalt nur in 585 oder mehr Tausendtheilen, auf silbernen

Geräthen nur in 800 oder mehr Tausendtheilen angegeben werden.

Der wirkliche Feingehalt darf weder im Ganzen der Waare noch auch in deren einzelnen Bestandtheilen bei goldenen Geräthen mehr als fünf, bei silbernen Geräthen mehr als acht Tausendtheile unter dem angegebenen Feingehalte bleiben. Vorbehaltlich dieser Abweichung muß der Gegenstand im Ganzen und mit der Löthung eingeschmolzen den angegebenen Feingehalt haben.

§. 3. Die Angabe des Feingehalts auf goldenen und silbernen Geräthen geschieht durch ein Stempelzeichen, welches die Zahl der Tausendtheile und die Firma des Geschäfts, für welches die Stempelung bewirkt ist, kenntlich macht. Die Form des Stempelzeichens wird durch den Bundesrath bestimmt.[1])

[1]) S. Bekanntm. v. 7. Jan. 1886 (RGBl. S. 1.)

§. 4. Goldene und silberne Uhrgehäuse unterliegen den Bestimmungen der §§. 2 und 3.

§. 5. Schmucksachen von Gold und Silber dürfen in jedem Feingehalte gestempelt werden und ist in diesem Falle der letztere in Tausendtheilen anzugeben.

Die Fehlergrenze darf zehn Tausendtheile nicht überschreiten, wenn der Gegenstand im Ganzen eingeschmolzen wird.

Das vom Bundesrath gemäß §. 3 bestimmte Stempelzeichen darf auf Schmucksachen von Gold und Silber nicht angebracht werden.

§. 6. Aus dem Auslande eingeführte Gold- und

Silberwaaren, deren Feingehalt durch eine diesem Gesetze nicht entsprechende Bezeichnung angegeben ist, dürfen nur dann feilgehalten werden, wenn sie außerdem mit einem Stempelzeichen nach Maßgabe dieses Gesetzes versehen sind.

§. 7. Für die Richtigkeit des angegebenen Feingehalts haftet der Verkäufer der Waare. Ist deren Stempelung im Inlande erfolgt, so haftet gleich dem Verkäufer der Inhaber des Geschäfts, für welches die Stempelung erfolgt ist.

§. 8. Auf Gold- und Silberwaaren, welche mit anderen metallischen Stoffen ausgefüllt sind, darf der Feingehalt nicht angegeben werden.

Dasselbe gilt von Gold- und Silberwaaren, mit welchen aus anderen Metallen bestehende Verstärkungsvorrichtungen metallisch verbunden sind.

Bei Ermittelung des Feingehalts bleiben alle von dem zu stempelnden Metalle verschiedenen, äußerlich als solche erkennbaren Metalle außer Betracht, welche:

1. zur Verzierung der Waare dienen;
2. zur Herstellung mechanischer Vorrichtungen erforderlich sind;
3. als Verstärkungsvorrichtungen ohne metallische Verbindung sich darstellen.

§. 9. Mit Geldstrafe bis zu eintausend Mark oder mit Gefängniß bis zu sechs Monaten wird bestraft:

1. wer Gold- oder Silberwaaren, welche nach diesem Gesetze mit einer Angabe des Feingehalts nicht

versehen sein dürfen, mit einer solchen Angabe versieht;

2. wer Gold- oder Silberwaaren, welche nach diesem Gesetze mit einer Angabe des Feingehalts versehen sein dürfen, mit einer anderen, als der nach diesem Gesetze zulässigen Feingehaltsangabe versieht;

3. wer gold- oder silberähnliche Waaren mit einem durch dieses Gesetz vorgesehenen Stempelzeichen oder mit einem Stempelzeichen versieht, welches nach diesem Gesetze als Feingehaltsbezeichnung für Gold- und Silberwaaren nicht zulässig ist;

4. wer Waaren feilhält, welche mit einer gegen die Bestimmungen dieses Gesetzes verstoßenden Bezeichnung versehen sind.

Mit der Verurtheilung ist zugleich auf Vernichtung der gesetzwidrigen Bezeichnung oder, wenn diese in anderer Weise nicht möglich ist, auf Zerstörung der Waaren zu erkennen.

§. 10. Dieses Gesetz tritt am 1. Januar 1888 in Kraft. An demselben Tage treten alle landesrechtlichen Bestimmungen über den Feingehalt der Gold- und Silberwaaren außer Geltung.

Gesetz, betreffend die Kommanditgesellschaften auf Aktien und die Aktiengesellschaften. Vom 18. Juli 1884. (RGBl. S. 123.)[1]

[1]) S. Einzelausg. Nr. 24.

Gesetz, betreffend die Einziehung der mit dem Datum vom 11. Juli 1874 ausgefertigten Reichskassenscheine. Vom 21. Juli 1884. (RGBl. S. 172.)[1])

[1]) Nur von vorübergehender Bedeutung. S. Einzelausg. Nr. 26 S. 48 f.

Gesetz, betreffend Aenderungen des Reichs-Militärgesetzes vom 2. Mai 1874. Vom 31. März 1885. (RGBl. S. 81.)[1])

[1]) Vgl. oben S. 157.

Gesetz, betreffend die Befugniß von Seefahrzeugen, welche der Gattung der Kauffahrteischiffe nicht angehören, zur Führung der Reichsflagge. Vom 15. April 1885. (RGBl. S. 89.)[1])

[1]) Vgl. oben S. 2.

Gesetz über die Ausdehnung der Unfall- und Krankenversicherung. Vom 28. Mai 1885. (RGBl. S. 159.)[1])

[1]) S. Einzelausg. Nr. 20 S. 200; Nr. 23 S. 166.

Gesetz, betreffend die Fürsorge für Beamte und Personen des Soldatenstandes in Folge von Betriebsunfällen. Vom 15. März 1886. (RGBl. S. 53. Ausgegeben den 20. März 1886.[1])

[1]) § 4 des Unfallversicherungsgesetzes v. 6. Juli 1884 (RGBl S. 69) bestimmte:

> Auf Beamte, welche in Betriebsverwaltungen des Reichs, eines Bundesstaates oder eines Kommunalverbandes mit festem Gehalt und Pensionsberechtigung angestellt sind, findet dieses Gesetz keine Anwendung.

Ferner schrieb § 4 des sog. Ausdehnungsgesetzes v. 28. Mai 1885 (RGBl. S. 159) vor:

> Personen des Soldatenstandes sind von der Versicherung ausgeschlossen.

Die Erstreckung der Versicherungspflicht auf Betriebsbeamte mit einem zweitausend Mark übersteigenden Jahresarbeitsverdienst (§. 2 Absatz 1 des Unfallversicherungsgesetzes) kann durch die Ausführungsvorschriften erfolgen, soweit diese Beamten nicht nach §. 4 a. a. O. von der Anwendung des Gesetzes ausgeschlossen sind.

Sonach waren Personen des Soldatenstandes gänzlich, Reichs-, Staats- und Kommunalbeamte dann, wenn sie mit festem Gehalt und Pensionsberechtigung angestellt waren, von der Unfallversicherung ausgenommen, andere Beamte dieser Art unterlagen derselben in gleicher Weise, wie sonstige Arbeiter. Dieser Rechtszustand ist durch das obige Gesetz in der doppelten Richtung abgeändert, daß

1) die in § 1 bezeichneten Personen, sowie im Falle des § 12 die dort bezeichneten Personen, soweit sie bisher der Unfallversicherungsgesetzgebung unterstanden, derselben entzogen und den Vorschriften dieses Gesetzes unterstellt sind
2) die von der Unfallversicherung ausgeschlossenen Personen der unter Nr. 1) angegebenen Kategorien nunmehr für den Fall der Dienstunfähigkeit in Folge eines Betriebsunfalls unter Umständen eine günstigere Stellung erlangt haben, als nach den für ihre Pensionirung maßgebenden Vorschriften.

Das Gesetz ist hier aufgenommen, weil es in keiner der Einzelausgaben enthalten ist.

§. 1. Beamte der Reichs-Civilverwaltung, des Reichsheeres und der Kaiserlichen Marine und Personen des Soldatenstandes, welche in reichsgesetzlich der Unfallversicherung unterliegenden Betrieben beschäftigt sind, erhalten, wenn sie in Folge eines im Dienste erlittenen Betriebsunfalls [1]) dauernd dienstunfähig werden, als Pension sechsundsechzigzweidrittel Prozent ihres jährlichen Diensteinkommens, soweit ihnen nicht nach anderweiter reichsgesetzlicher Vorschrift ein höherer Betrag zusteht.

Personen der vorbezeichneten Art erhalten, wenn sie

in Folge eines im Dienste erlittenen Betriebsunfalls nicht dauernd dienstunfähig geworden, aber in ihrer Erwerbsfähigkeit beeinträchtigt worden sind, bei ihrer Entlassung aus dem Dienste als Pension:

1. im Falle völliger Erwerbsunfähigkeit für die Dauer derselben den im ersten Absatze bezeichneten Betrag;
2. im Falle theilweiser Erwerbsunfähigkeit für die Dauer derselben einen Bruchtheil der vorstehend bezeichneten Pension, welcher nach dem Maße der verbliebenen Erwerbsfähigkeit zu bemessen ist.

Steht solchen Personen nach anderweiter reichsgesetzlicher Vorschrift ein höherer Betrag zu, so erhalten sie diesen.

Nach dem Wegfall des Diensteinkommens sind den Verletzten außerdem die noch erwachsenden Kosten des Heilverfahrens zu ersetzen.

[1]) Ein Eisenbahnunfall, durch welchen ein Reichspostbeamter im Eisenbahn-Postdienst beschädigt wird, ist ein „im Dienste erlittener Betriebsunfall“ im Sinne dieses Gesetzes, auf welchen § 1 und § 10 Anwendung finden, R. VI 31. Mai/14. Juni 88 E. 21,51.

§. 2. Die Hinterbliebenen solcher im §. 1 bezeichneten Personen, welche in Folge eines im Dienste erlittenen Betriebsunfalls gestorben sind, erhalten:

1. als Sterbegeld, sofern ihnen nicht nach anderweiter Bestimmung Anspruch auf Gnadenquartal oder Gnadenmonat zusteht, den Betrag des einmonatigen Diensteinkommens beziehungsweise der

einmonatigen Pension des Verstorbenen, jedoch mindestens 30 Mark;

2. eine Rente. Dieselbe beträgt
   a) für die Wittwe bis zu deren Tode oder Wiederverheirathung zwanzig Prozent des jährlichen Diensteinkommens des Verstorbenen, jedoch nicht unter 160 Mark und nicht mehr als 1 600 Mark;
   b) für jedes Kind bis zur Vollendung des achtzehnten Lebensjahres oder bis zur etwaigen früheren Verheirathung, sofern die Mutter lebt, fünfundsiebzig Prozent der Wittwenrente, und sofern die Mutter nicht lebt, die volle Wittwenrente;
   c) für Ascendenten des Verstorbenen, wenn dieser ihr einziger Ernährer war, für die Zeit bis zu ihrem Tode oder bis zum Wegfall der Bedürftigkeit zwanzig Prozent des Diensteinkommens des Verstorbenen, jedoch nicht unter 160 Mark und nicht mehr als 1 600 Mark; sind mehrere derartig Berechtigte vorhanden, so wird die Rente den Eltern vor den Großeltern gewährt.

Die Renten dürfen zusammen sechzig Prozent des Diensteinkommens nicht übersteigen. Ergiebt sich ein höherer Betrag, so haben die Ascendenten nur insoweit einen Anspruch, als durch die Renten der Wittwe und der Kinder der Höchstbetrag der Rente nicht erreicht wird. Soweit die Renten der Wittwe und Kinder den zulässigen Höchstbetrag überschreiten, werden die einzelnen Renten in gleichem Verhältnisse gekürzt.

Steht nach anderweiter reichsgesetzlicher Vorschrift den Hinterbliebenen ein höherer Betrag zu, so erhalten sie diesen.

Der Anspruch der Wittwe ist ausgeschlossen, wenn die Ehe erst nach dem Unfall geschlossen worden ist.

§. 8. Erreicht das Diensteinkommen nicht den von der höheren Verwaltungsbehörde nach Anhörung der Gemeindebehörde für Erwachsene festgesetzten ortsüblichen Tagelohn gewöhnlicher Tagearbeiter (§. 8 des Gesetzes, betreffend die Krankenversicherung der Arbeiter, vom 15. Juni 1883, Reichs-Gesetzbl. S. 73)[1]), so ist der letztere der Berechnung zu Grunde zu legen.

Bleibt bei den nicht mit Pensionsberechtigung angestellten Beamten (§. 1) die nach vorstehenden Bestimmungen der Berechnung zu Grunde zu legende Summe unter dem niedrigsten Diensteinkommen derjenigen Stellen, in welchen solche Beamte nach den bestehenden Grundsätzen zuerst mit Pensionsberechtigung angestellt werden können, so ist der letztere Betrag der Berechnung zu Grunde zu legen.

[1]) Derselbe lautet:

Der Betrag des ortsüblichen Tagelohnes gewöhnlicher Tagearbeiter wird von der höheren Verwaltungsbehörde nach Anhörung der Gemeindebehörde festgesetzt.

Die Festsetzung findet für männliche und weibliche, für jugendliche und erwachsene Arbeiter besonders statt. Für Lehrlinge gilt die für jugendliche Arbeiter getroffene Feststellung.

§. 4. Der Bezug der Pension beginnt mit dem Wegfall des Diensteinkommens, der Bezug der Wittwen- und Waisenrente mit dem Ablauf des Gnadenquartals oder Gnadenmonats, oder, soweit solche nicht gewährt werden, mit dem auf den Todestag des Verunglückten folgenden Tage.

Gehört der Verletzte auf Grund gesetzlicher oder statutarischer Verpflichtung einer Krankenkasse oder der Gemeinde-Krankenversicherung an, so wird bis zum Ablauf der dreizehnten Woche nach dem Eintritt des Unfalls die Pension und der Ersatz der Kosten des Heilverfahrens um den Betrag der von der Krankenkasse oder der Gemeinde-Krankenversicherung geleisteten Krankenunterstützung gekürzt. Der Anspruch auf das Sterbegeld (§. 2 Abs. 1 Ziffer 1), und vom Beginne der vierzehnten Woche ab auch der Anspruch auf die Pension und auf den Ersatz der Kosten des Heilverfahrens (§. 1) geht bis zum Betrage des von der Krankenkasse gezahlten Sterbegeldes beziehungsweise bis zum Betrage der von dieser gewährten weiteren Krankenunterstützung auf die Krankenkasse über. Als Werth der freien ärztlichen Behandlung, der Arznei und der Heilmittel (§. 6 Abs. 1 Ziffer 1 des Krankenversicherungsgesetzes) gilt die Hälfte des gesetzlichen Mindestbetrages des Krankengeldes.

§. 5. Ein Anspruch auf die in den §§. 1 und 2 bezeichneten Bezüge besteht nicht, wenn der Verletzte den Unfall (§. 1) vorsätzlich oder durch ein Verschulden herbeigeführt hat, wegen dessen auf Dienstentlassung oder auf Verlust des Titels und Pensionsanspruchs gegen ihn erkannt oder wegen dessen ihm die Fähigkeit zur Beschäftigung in einem öffentlichen Dienstzweige aberkannt worden ist.

§. 6. Ansprüche auf Grund dieses Gesetzes sind, soweit deren Feststellung nicht von Amtswegen erfolgt, bei Vermeidung des Ausschlusses vor Ablauf von zwei Jahren nach dem Eintritt des Unfalls bei der dem Verletzten unmittelbar vorgesetzten Dienstbehörde anzumelden.

Nach Ablauf dieser Frist ist der Anmeldung nur dann Folge zu geben, wenn zugleich glaubhaft bescheinigt wird, daß die Folgen des Unfalls erst später bemerkbar geworden sind, oder daß der Berechtigte von der Verfolgung seines Anspruchs durch außerhalb seines Willens liegende Verhältnisse abgehalten worden ist.

Jeder Unfall, welcher von Amtswegen oder durch Anmeldung der Betheiligten einer vorgesetzten Dienstbehörde bekannt wird, ist sofort zu untersuchen. Den Betheiligten ist Gelegenheit zu geben, selbst oder durch Vertreter ihre Interessen bei der Untersuchung zu wahren.

§. 7. Soweit vorstehend nichts Anderes bestimmt ist, finden auf die nach §. 1, und hinsichtlich der Berechnung des Diensteinkommens auch auf die nach §. 2 zu gewährenden Bezüge die für die Betheiligten geltenden Bestimmungen über Pension, auf die nach §. 2 zu gewährenden Renten im Uebrigen die Vorschriften über die Fürsorge für die Wittwen und Waisen der Reichsbeamten der Civilverwaltung, Anwendung. Jedoch erfolgt die Bestimmung über die Zahlung der Renten an Hinterbliebene einer zum Reichsheere gehörigen Person durch die oberste Militärverwaltungsbehörde des Kontingents.

§. 8.[1]) Die in den §§. 1 und 2 bezeichneten Personen können einen Anspruch auf Ersatz des durch den Unfall (§. 1) erlittenen Schadens gegen die Betriebsverwaltung, in deren Dienst sie den Unfall erlitten haben, überhaupt nicht, und gegen deren Betriebsleiter, Bevollmächtigte oder Repräsentanten, Betriebs- oder Arbeiteraufseher nur dann geltend machen, wenn durch strafgerichtliches Urtheil festgestellt worden ist, daß diese den Unfall vorsätzlich herbeigeführt haben.

Der hiernach zulässige Anspruch ermäßigt sich um denjenigen Betrag, welcher den Berechtigten nach dem gegenwärtigen Gesetze zusteht.

[1]) Vgl. über §§. 8—12 auch oben S. 72—74.

§. 9. Die in dem §. 8 bezeichneten Ansprüche können, auch ohne daß die daselbst vorgesehene Feststellung durch strafgerichtliches Urtheil stattgefunden hat, geltend gemacht werden, falls diese Feststellung wegen des Todes oder der Abwesenheit des Betreffenden oder aus einem anderen in der Person desselben liegenden Grunde nicht erfolgen kann.

§. 10. Die dem Verletzten oder dessen Hinterbliebenen auf Grund des §. 1 des Gesetzes, betreffend die Verbindlichkeit zum Schadenersatz für die bei dem Betriebe von Eisenbahnen, Bergwerken u. s. w. herbeigeführten Tödtungen und Körperverletzungen, vom 7. Juni 1871 (Reichs-Gesetzbl. S. 207) gegen Eisenbahn-Betriebsunternehmer zustehenden Ansprüche gehen auf die Betriebsverwaltung, welche dem Verletzten oder dessen Hinterbliebenen auf Grund des gegenwärtigen Gesetzes oder anderweiter reichsgesetzlicher Vorschrift (§§. 1 und 2) Pensionen, Kosten des Heilverfahrens, Renten oder Sterbegelder zu zahlen hat, in Höhe dieser Bezüge und vorbehaltlich der Bestimmungen des Artikels 8 des Gesetzes vom 20. Dezember 1875 (Reichs-Gesetzbl. S. 318)[1]) über.

Weitergehende Ansprüche als auf diese Bezüge stehen dem Verletzten und dessen Hinterbliebenen gegen das Reich und die Bundesstaaten nicht zu.

Die Haftung anderer, in dem §. 8 nicht bezeichneten Personen, welche den Unfall vorsätzlich herbeigeführt oder durch Verschulden verursacht haben, bestimmt sich nach den bestehenden gesetzlichen Vorschriften. Jedoch geht die Forderung des Entschädigungsberechtigten an den Dritten auf die Betriebsverwaltung insoweit über, als sie zu den im Absatz 1 gedachten Zahlungen auf Grund dieses Gesetzes verpflichtet ist.

[1]) Derselbe lautet:

„Wenn bei dem Betriebe einer Eisenbahn ein im Dienst befindlicher Postbeamter getödtet oder körperlich verletzt worden ist, und die Eisenbahnverwaltung den nach den Gesetzen ihr obliegenden Schadensersatz dafür geleistet hat, so ist die Postverwaltung verpflichtet, derselben das Geleistete zu ersetzen, falls nicht der Tod oder die Körperverletzung durch ein Verschulden des Eisenbahnbetriebs-Unternehmers oder einer der im Eisenbahnbetrieb verwendeten Personen herbeigeführt worden ist."

§. 11. Auf die in den §§. 1 und 2 bezeichneten Personen finden die reichsgesetzlichen Bestimmungen über Unfallversicherung keine Anwendung.

§. 12. Staats- und Kommunalbeamten und deren Hinterbliebenen, für welche durch die Landesgesetzgebung[1]) oder durch statutarische Festsetzung gegen die Folgen eines im Dienste erlittenen Betriebsunfalls eine den Vorschriften der §§. 1 bis 5 des gegenwärtigen Gesetzes mindestens gleichkommende Fürsorge getroffen ist, steht wegen eines solchen Unfalls ein reichsgesetzlicher Anspruch auf Ersatz des durch denselben erlittenen Schadens nur nach Maßgabe der §§. 8 bis 10 des gegenwärtigen Gesetzes zu. Auf solche Staats- und Kommunalbeamten und deren Hinterbliebene finden die reichsgesetzlichen Bestimmungen über Unfallversicherung keine Anwendung.

[1]) So für Preußen Gesetz, betreffend die Fürsorge für Beamte in Folge von Betriebsunfällen, vom 18. Juni 1887 (Preuß. Ges.-Samml. S. 282).

§. 13. Dies Gesetz tritt mit dem Tage der Verkündung in Kraft. Dasselbe kommt in Bayern nach näherer Bestimmung des Bündnißvertrages vom 23. November 1870 (Bundes-Gesetzbl. 1871 S. 9) unter III §. 5[1]) zur Anwendung.

[1]) Enthält die Sonderbestimmungen über das bayerische Heerwesen.

Gesetz, betreffend die Rechtsverhältnisse der deutschen Schutzgebiete. Vom 17. April 1886. (RGBl. S. 75.)[1])

[1]) Das Gesetz ist in seiner jetzigen Fassung publizirt durch Bekanntmachung vom 19. März 1888. (S. unten S. 331 ff.)

Gesetz, betreffend die Abänderung des Militärpensionsgesetzes vom 27. Juni 1871. Vom 21. April 1886. (RGBl. S. 78.)[1])

[1]) Vgl. darüber oben S. 91.

Gesetz, betreffend die Unzulässigkeit der Pfändung von Eisenbahnfahrbetriebsmitteln. Vom 3. Mai 1886. (RGBl. S. 131.)

Die Fahrbetriebsmittel der Eisenbahnen, welche Personen oder Güter im öffentlichen Verkehr befördern, sind von der ersten Einstellung in den Betrieb bis zur endgültigen Ausscheidung aus den Beständen der Pfändung nicht unterworfen.

Durch diese Bestimmung werden dieselben im Falle des Konkursverfahrens von der Konkursmasse nicht ausgeschlossen.

Auf die Fahrbetriebsmittel ausländischer Eisenbahnen findet die Bestimmung des ersten Absatzes nur insoweit Anwendung, als die Gegenseitigkeit verbürgt ist.[1])

Dieses Gesetz tritt mit dem 1. Juni 1886 in Kraft.

[1]) S. bezüglich Oesterreich-Ungarns die Erklärung vom 17. März 1887 (RGBl. S. 158).

Gesetz, betreffend die Unfall- und Krankenversicherung der in land- und forstwirthschaftlichen Betrieben beschäftigten Personen. Vom 5. Mai 1886. (RGBl. S. 132.)[1])

[1]) Ist, wie die anderen Unfallversicherungsgesetze, von der Aufnahme ausgeschlossen geblieben. Einzelausg. ist noch nicht erschienen.

Gesetz, betreffend die Begründung der Revision in bürgerlichen Rechtsstreitigkeiten. Vom 24. Juni 1886. (RGBl. S. 207.)[1])

[1]) S. Einzelausg. Nr. 11 S. 546.

Gesetz, betreffend die Friedenspräsenzstärke des deutschen Heeres. Vom 11. März 1887. (RGBl. S. 117.)[1])

[1]) Aendert das Reichsmilitärgesetz ab. S. oben S. 157.

Gesetz, betreffend einige auf die Marine bezügliche Abänderungen und Ergänzungen des Gesetzes vom 27. Juni 1871 über die Pensionirung und Versorgung der Militärpersonen. Vom 24. März 1887. (RGBl. S. 149.)[1])

[1]) S. oben S. 91.

Gesetz, betreffend die Rechtsverhältnisse der Kaiserlichen Beamten in den Schutzgebieten. Vom 31. Mai 1887. (RGBl. S. 211.)[1])

[1]) Modifizirt einige Vorschriften des Reichsbeamtengesetzes für die in der Ueberschrift bezeichneten Beamten.

Gesetz, betreffend die Fürsorge für die Wittwen und Waisen von Angehörigen des Reichsheeres und der Kaiserlichen Marine. Vom 17. Juni 1887. (RGBl. S. 237.)[1])

[1]) Dieses im übrigen öffentlich-rechtliche Gesetz (in Kraft getreten am 1. Juli 1887, § 36) hat privatrechtliche Bedeutung in folgenden Bestimmungen:

§. 19. Das Wittwen- und Waisengeld kann mit rechtlicher Wirkung weder abgetreten, noch verpfändet oder sonst übertragen werden.

§. 34. Ueber die auf Grund dieses Gesetzes erhobenen Rechtsansprüche auf Wittwen- und Waisengeld findet der Rechtsweg, und zwar, soweit nicht die Bestimmungen der §§. 149 ff. des Reichsbeamtengesetzes vom 31. März 1873 Platz greifen, mit denselben Maßgaben statt, welche für die gerichtliche Geltendmachung von Pensionsansprüchen des beitragspflichtigen Ehemannes oder Vaters vorgeschrieben sind.

§. 35. Vorstehende Bestimmungen kommen in Bayern

nach Maßgabe des Bündnißvertrages vom 23. November 1870 (Bundes-Gesetzbl. 1871 S. 9) zur Anwendung.

Insoweit in Bayern für einzelne Beamtenkategorien besondere von den reichsgesetzlichen Bestimmungen abweichende Pensionsnormen bestehen, bleibt landesrechtlicher Bestimmung vorbehalten, auch für diese Kategorien eine Bemessung des Wittwen- und Waisengeldes nach Maßgabe des den Grundsätzen des Reichsbeamtengesetzes entsprechenden Pensionsbetrages anzuordnen.

Die Bestimmungen des Militärpensionsgesetzes über den Rechtsweg s. oben S. 91.

Gesetz, betreffend die Abänderung des Gesetzes, betreffend die Rechtsverhältnisse der deutschen Schutzgebiete, vom 17. April 1886 (Reichs-Gesetzbl. S. 75). Vom 7. Juli 1887. (RGBl. S. 307.)[1]

[1]) Ist aufgegangen in der Fassung, welche das abgeänderte Gesetz durch die Bekanntmachung vom 19. März 1888 erfahren hat (S. S. 331 f.).

Gesetz, betreffend die Unfallversicherung der bei Bauten beschäftigten Personen. Vom 11. Juli 1887. (RGBl. S. 287.)[1]

[1]) S. Einzelausg. Nr. 28.

Gesetz, betreffend die Unfallversicherung der Seeleute und anderer bei der Seeschiffahrt betheiligten Personen. Vom 13. Juli 1887. (RGBl. S. 329.)[1]

[1]) Ist, wie die anderen Unfallversicherungsgesetze, von der Aufnahme ausgeschlossen worden. Eine Einzelausg. ist noch nicht erschienen.

Gesetz, betreffend Aenderungen der Wehrpflicht. Vom 11. Februar 1888. (RGBl. S. 11.)[1])

[1]) Aendert das Reichsmilitärgesetz ab. S. oben S. 157.

Gesetz, betreffend den Erlaß der Wittwen- und Waisengeldbeiträge von Angehörigen der Reichs-Civilverwaltung, des Reichsheeres und der Kaiserlichen Marine. Vom 5. März 1888. (RGBl. S. 65.)[1]).

[1]) Aendert die oben erwähnten Gesetze v. 20. April 1881 (vgl. S. 311) und 17. Juni 1887 (vgl. S. 329) ab.

Gesetz wegen Abänderung des Gesetzes, betreffend die Rechtsverhältnisse der deutschen Schutzgebiete, vom 17. April 1886. (Reichs-Gesetzbl. S. 75.) Vom 15. März 1888. (RGBl. S. 71. Ausgegeben den 23. März 1888.)[1])

[1]) Das Gesetz enthält in Art. I u. II Abänderungen des in der Ueberschrift bezeichneten Gesetzes. Art. III lautet:

Das gegenwärtige Gesetz tritt mit dem Tage der Verkündigung in Kraft.

Der Reichskanzler wird ermächtigt, den Text des Gesetzes vom 17. April 1886 (Reichs-Gesetzbl. S. 75), wie er sich aus den in den Artikeln I und II des vorliegenden Gesetzes festgestellten Aenderungen ergiebt, durch das Reichs-Gesetzblatt bekannt zu machen und dabei die im §. 4 enthaltenen Worte, „an Stelle des Bundeskonsuls" durch die Worte „an Stelle des Konsuls" zu ersetzen.

Bekanntmachung wegen Redaktion des Gesetzes, betreffend die Rechtsverhältnisse der deutschen Schutzgebiete. Vom 19. März 1888. (RGBl. S. 75.)

Auf Grund des Artikels III des Gesetzes vom 15. März 1888 wird der Text des Gesetzes, betreffend die Rechtsverhältnisse der deutschen Schutzgebiete, nachstehend bekannt gemacht.

Gesetz, betreffend die Rechtsverhältnisse der deutschen Schutzgebiete.

§. 1. Die Schutzgewalt in den deutschen Schutzgebieten übt der Kaiser im Namen des Reichs aus.

§. 2. Das bürgerliche Recht, das Strafrecht, das gerichtliche Verfahren einschließlich der Gerichtsverfassung bestimmen sich für die Schutzgebiete nach den Vorschriften des Gesetzes über die Konsulargerichtsbarkeit vom 10. Juli 1879 — Reichs-Gesetzbl. S. 197 —,[1]) welches, soweit nicht nachstehend ein Anderes vorgeschrieben ist, mit der Maßgabe Anwendung findet, daß an Stelle des Konsuls der vom Reichskanzler zur Ausübung der Gerichtsbarkeit ermächtigte Beamte und an Stelle des Konsulargerichts das nach Maßgabe der Bestimmungen über das letztere zusammengesetzte Gericht des Schutzgebietes tritt.

Der Zeitpunkt des Inkrafttretens wird durch Kaiserliche Verordnung festgesetzt.[2])

[1]) S. oben S. 298.

[2]) Auf Grund der §§ 2, 3, 4 sind folgende Kaiserlichen Verordnungen erlassen:

I. für Kamerun und Togo: vom 21. April 1886 (RGBl. S. 128), u. v. 2. Juli 1888 (RGBl. S. 211); s. auch Dienstanweisung für die Ausübung der Gerichtsbarkeit vom 7. Juli 1888 (CBl. S. 404) u. die Bekanntm. d. Reichskanzlers v. 1. Juli 1888 (CBl. S. 414)

II. für Südwestafrika: vom 21. Dez. 1887 (RGBl. S. 585) u. v. 15. August 1889 (RGBl. S. 179 — betr. Bergwesen, eine ältere V. v. 25. März 1888, RGBl. S. 115, aufhebend).

III. für Ostafrika: v. 18. Nov. 1887 (RGBl. S. 527).

IV. für Neu-Guinea: vom 5. Juni 1886 (RGBl. S. 187), abgeändert durch V. v. 13. Juli 1888 (RGBl. S. 221); ferner V. v. 20. Juli 1887 (RGBl. S. 379). S. auch Dienstanweisung für die Ausübung der Gerichtsbarkeit v. 1. Nov. 1886 (CBl. S. 371 im Auszug) und Bek. v. 1. Nov. 1886 (CBl. 1887 S. 28).

V. für die Salomonsinseln: vom 11. Jan. 1887 (RGBl. S. 41) u. § 9 der V. v. 20. Juli 1887 (RGBl. S. 379) u. V. v. 1. März 1888 (RGBl. S. 68). Vgl. auch Erlaß des Reichskanzlers v. 24. Jan. 1887 (CBl. S. 28),

VI. für die Marschall-, Brown- u. Providence-Inseln v. 13. Sept. 1886 (RGBl. S. 291) u. v. 22. Juni 1889 (RGBl. S. 145). S. auch Dienstanweisung für die Ausübung der Gerichtsbarkeit v. 2. Dez. 1886 (Auszug CBl. S. 397); für die Marschall-Inseln s. noch V. 7. Febr. 1890 (RGBl. S. 55).

§. 3. Durch Kaiserliche Verordnung [1]) kann:

1. bestimmt werden, daß in den Schutzgebieten auch andere als die im §. 1 Absatz 2 des Gesetzes über die Konsulargerichtsbarkeit bezeichneten Personen der Gerichtsbarkeit unterliegen;
2. eine von den nach §. 2 dieses Gesetzes maßgebenden Vorschriften abweichende Regelung der Rechtsverhältnisse an unbeweglichen Sachen einschließlich des Bergwerkseigenthums erfolgen;
3. in Vorschriften über Materien, welche nicht Gegenstand des Strafgesetzbuchs für das Deutsche Reich sind, Gefängniß bis zu einem Jahre, Haft, Geldstrafe und Einziehung einzelner Gegenstände angedroht werden;
4. vorgeschrieben werden, daß in Strafsachen
   a) die Mitwirkung einer Staatsanwaltschaft eintritt,
   b) eine Voruntersuchung stattfindet, deren Regelung der Verordnung vorbehalten bleibt,

c) der §. 9 Absatz 1 des Gesetzes über die Konsulargerichtsbarkeit keine Anwendung findet;

5. die Bestimmung des §. 232 der Strafprozeßordnung mit der Maßgabe erweitert werden, daß dem Gericht die Ermächtigung, den Angeklagten von der Verpflichtung zum Erscheinen in der Hauptverhandlung zu entbinden, nur für solche Fälle ertheilt werden darf, in welchen nach dem Ermessen des Gerichts voraussichtlich keine andere Strafe als Freiheitsstrafe bis zu sechs Monaten oder Geldstrafe oder Einziehung, allein oder in Verbindung mit einander, zu erwarten steht;

6. angeordnet werden, daß in Strafsachen, wenn der Beschluß über die Eröffnung des Hauptverfahrens eine Handlung zum Gegenstande hat, welche zur Zuständigkeit der Schöffengerichte oder zu den in den §§. 74, 75 des Gerichtsverfassungsgesetzes bezeichneten Vergehen gehört, in der Hauptverhandlung eine Zuziehung von Beisitzern nicht erforderlich ist;

7. die Gerichtsbarkeit in den zur Zuständigkeit der Schwurgerichte gehörenden Sachen den Gerichten der Schutzgebiete in der Weise übertragen werden, daß für diese Sachen, soweit nicht auf Grund der Nr. 3 etwas Anderes bestimmt wird, die Vorschriften Anwendung finden, welche für die im §. 28 des Gesetzes über die Konsulargerichtsbarkeit bezeichneten Strafsachen gelten;

8. an Stelle der Enthauptung eine andere, eine

Schärfung nicht enthaltende Art der Vollstreckung der Todesstrafe angeordnet werden;

9. als Berufungs- und Beschwerdegericht ein Konsulargericht oder ein Gerichtshof im Schutzgebiet bestimmt und über die Zusammensetzung des letzteren Gerichtshofes, sowie über das Verfahren in Berufungs- und Beschwerdesachen, welche vor einem dieser Gerichte zu verhandeln sind, mit der Maßgabe Anordnung getroffen werden, daß das Gericht mindestens aus einem Vorsitzenden und vier Beisitzern bestehen muß;

10. für die Zustellungen, die Zwangsvollstreckung und das Kostenwesen die Anwendung einfacherer Bestimmungen vorgeschrieben werden;

11. insoweit die Kosten der Rechtspflege von einer mit einem Kaiserlichen Schutzbriefe versehenen Kolonialgesellschaft zu bestreiten sind, bestimmt werden, daß die Vorschrift im §. 46 des Gesetzes über die Konsulargerichtsbarkeit außer Anwendung bleibt;

12. die Verlängerung aller zur Geltendmachung von Rechten und zur Erfüllung von Pflichten gesetzlich festgestellten Fristen angeordnet werden.

[1]) S. Anm. 1 zu § 2.

§. 4. Das Gesetz, betreffend die Eheschließung und die Beurkundung des Personenstandes von Reichsangehörigen im Auslande, vom 4. Mai 1870 (Bundes-Gesetzbl. S. 599) findet für die Schutzgebiete mit der Maßgabe Anwendung, daß dasselbe durch Kaiserliche

Verordnung auch auf andere Personen als auf Reichsangehörige ausgedehnt werden kann und an Stelle des Konsuls der von dem Reichskanzler zur Eheschließung und zur Beurkundung des Personenstandes ermächtigte Beamte tritt.

Der Zeitpunkt des Inkrafttretens wird durch Kaiserliche Verordnung[1]) bestimmt.

[1]) S. Anm. 1 zu § 2.

§. 5. Die Befugnisse, welche den deutschen Konsuln im Auslande nach anderen als den beiden im §. 2 und §. 4 bezeichneten Gesetzen zustehen, können durch den Reichskanzler Beamten in den Schutzgebieten übertragen werden.[1])

[1]) S. Bekanntmachungen v. 29. März 1889 (CBl. S. 251, 252.)

§. 6. Ausländern, welche in den Schutzgebieten sich niederlassen, sowie Eingeborenen kann durch Naturalisation die Reichsangehörigkeit von dem Reichskanzler verliehen werden. Der Reichskanzler ist ermächtigt, diese Befugniß einem anderen Kaiserlichen Beamten zu übertragen.

Auf die Naturalisation und das durch dieselbe begründete Verhältniß der Reichsangehörigkeit finden die Bestimmungen des Gesetzes über die Erwerbung und den Verlust der Bundes- und Staatsangehörigkeit vom 1. Juni 1870 (Bundes-Gesetzbl. S. 355), sowie Artikel 3 der Reichsverfassung und §. 4 des Wahlgesetzes für den deutschen Reichstag, vom 31. Mai 1869 (Bundes-Gesetzbl. S. 145) entsprechende Anwendung.

Im Sinne des §. 21 des bezeichneten Gesetzes sowie bei Anwendung des Gesetzes wegen Beseitigung der

Doppelbesteuerung vom 13. Mai 1870 (Bundes-Gesetzbl. S. 119) gelten die Schutzgebiete als Inland.

§. 7. Durch Kaiserliche Verordnung können Eingeborene der Schutzgebiete in Beziehung auf das Recht zur Führung der Reichsflagge (Gesetz, betreffend die Nationalität der Kauffahrteischiffe und ihre Befugniß zur Führung der Bundesflagge, vom 25. Oktober 1867, Bundes-Gesetzbl. S. 35) den Reichsangehörigen gleichgestellt werden.

Die Führung der Reichsflagge in Folge der Verleihung dieses Rechts hat nicht die Wirkung, daß das betreffende Schiff als deutsches Seefahrzeug im Sinne des §. 1 Absatz 1 Nr. 1 und §. 2 Absatz 1 des Gesetzes, betreffend die Unfallversicherung der Seeleute und anderer bei der Seeschiffahrt betheiligter Personen, vom 13. Juli 1887 (Reichs-Gesetzbl. S. 329) gilt.

§. 8. Deutschen Kolonialgesellschaften, welche die Kolonisation der deutschen Schutzgebiete, insbesondere den Erwerb und die Verwerthung von Grundbesitz, den Betrieb von Land- oder Plantagenwirthschaft, den Betrieb von Bergbau, gewerblichen Unternehmungen und Handelsgeschäften in denselben zum ausschließlichen Gegenstand ihres Unternehmens und ihren Sitz entweder im Reichsgebiet oder in den deutschen Schutzgebieten haben, oder denen durch Kaiserliche Schutzbriefe die Ausübung von Hoheitsrechten in den deutschen Schutzgebieten übertragen ist, kann auf Grund eines vom Reichskanzler genehmigten Gesellschaftsvertrages (Statuts) durch Beschluß des Bundesraths die Fähigkeit beigelegt werden, unter ihrem

Namen Rechte, insbesondere Eigenthum und andere dingliche Rechte an Grundstücken zu erwerben, Verbindlichkeiten einzugehen, vor Gericht zu klagen und verklagt zu werden. In solchem Falle haftet den Gläubigern für alle Verbindlichkeiten der Kolonialgesellschaft nur das Vermögen derselben.

Der Beschluß des Bundesraths und im Auszuge der Gesellschaftsvertrag sind durch den Reichsanzeiger zu veröffentlichen.

§. 9. Der Gesellschaftsvertrag hat insbesondere Bestimmungen zu enthalten:

1. über den Erwerb und den Verlust der Mitgliedschaft;
2. über die Vertretung der Gesellschaft Dritten gegenüber;
3. über die Befugnisse der die Gesellschaft leitenden und der die Leitung beaufsichtigenden Organe derselben;
4. über die Rechte und Pflichten der einzelnen Mitglieder;
5. über die Jahresrechnung und Vertheilung des Gewinns;
6. über die Auflösung der Gesellschaft und die nach derselben eintretende Vermögensvertheilung.

§. 10. Deutsche Kolonialgesellschaften, welche die im §. 8 erwähnte Fähigkeit durch Beschluß des Bundesraths erhalten haben, unterstehen der Aufsicht des Reichskanzlers. Die einzelnen Befugnisse desselben sind in den Gesellschaftsvertrag aufzunehmen.

§. 11. Der Reichskanzler hat die zur Ausführung des Gesetzes erforderlichen Anordnungen zu erlassen.

Der Reichskanzler ist befugt, für die Schutzgebiete oder für einzelne Theile derselben polizeiliche und sonstige die Verwaltung betreffende Vorschriften zu erlassen und gegen die Nichtbefolgung derselben Gefängniß bis zu drei Monaten, Haft, Geldstrafe und Einziehung einzelner Gegenstände anzudrohen.

Die Ausübung der Befugniß zum Erlasse von Ausführungsbestimmungen (Absatz 1) und von Verordnungen der im Absatz 2 bezeichneten Art kann vom Reichskanzler der mit einem Kaiserlichen Schutzbriefe für das betreffende Schutzgebiet versehenen Kolonialgesellschaft, sowie den Beamten des Schutzgebietes übertragen werden.[1])

[1]) S. Bek. v. 29. März 1889 (CBl. S. 251).

Gesetz, betreffend die Löschung nicht mehr bestehender Firmen und Prokuren im Handelsregister. Vom 30. März 1888. (RGBl. S. 129. Ausgegeben den 4. April 1888.)

§. 1. Kann im Falle des Erlöschens einer in das Handelsregister eingetragenen Firma die Anmeldung dieser Thatsache durch die hierzu Verpflichteten nicht in Gemäßheit des Artikels 26 des Handelsgesetzbuchs herbeigeführt werden, so hat das Gericht das Erlöschen der Firma von Amtswegen in das Handelsregister einzutragen.

§. 2. Vor der Eintragung sind der eingetragene Inhaber der Firma oder die Rechtsnachfolger desselben aufzufordern, einen etwaigen Widerspruch gegen die Eintragung bis zum Ablauf einer nicht unter drei Monaten zu bestimmenden Frist schriftlich oder zum Protokoll des Gerichtsschreibers geltend zu machen.

Sind die bezeichneten Personen oder der Aufenthalt derselben nicht bekannt, so erfolgt die Aufforderung durch einmalige Bekanntmachung in den für die Veröffentlichungen aus dem Handelsregister bestimmten öffentlichen Blättern (Handelsgesetzbuch Artikel 13, 14). Auch kann die Einrückung der Bekanntmachung noch in andere Blätter angeordnet werden.

Das Gericht entscheidet über den erhobenen Widerspruch. Gegen den einen Widerspruch zurückweisenden Beschluß findet binnen der Nothfrist von zwei Wochen Beschwerde nach Maßgabe der in Sachen der nichtstreitigen Gerichtsbarkeit geltenden landesgesetzlichen Bestimmungen statt. Eine hiernach zulässige Anfechtung der in der Beschwerdeinstanz ergehenden Entscheidung ist an die gleiche Nothfrist gebunden.

§. 3. Im Falle der Löschung einer Firma hat das Gericht zugleich das Erlöschen der für die erloschene Firma eingetragenen Prokuren von Amtswegen in das Handelsregister einzutragen.

Gesetz, betreffend die Ausführung der am 9. September 1886 zu Bern abgeschlossenen Uebereinkunft wegen Bildung eines internationalen Verbandes zum Schutze von Werken der Literatur und Kunst. Vom 4. April 1888. (RGBl. S. 139.)[1]

[1]) Vgl oben S. 60.

Gesetz, betreffend die unter Ausschluß der Oeffentlichkeit stattfindenden Gerichtsverhandlungen. Vom 5. April 1888. (RGBl. S 133.)[1]).

[1]) Die für bürgerliche Rechtsstreitigkeiten wesentlichen Vorschriften des Gesetzes s. in Einzelausg. Nr. 11, 12 u. 14 in den abgeänderten §§. 173 bis 176 u. 195 des GVG.

Gesetz, betreffend die Erwerbs- und Wirthschaftsgenossenschaften. Vom 1. Mai 1889. (RGBl. S. 55.)[1])

[1]) S. Einzelausg. Nr. 29.

Gesetz, betreffend die Geschäftssprache der gerichtlichen Behörden in Elsaß-Lothringen. Vom 12. Juni 1889. (RGBl. S. 95.)[1])

[1]) Reichsgesetzlich hat das Gesetz nur Bedeutung, insofern es § 12 des Einf.-Ges. z. GVG. aufhebt. Die übrigen Vorschriften enthalten elsaß-lothringisches Landesrecht.

Gesetz, betreffend die Invaliditäts- und Altersversicherung. Vom 22. Juni 1889. (RGBl. S. 97.)[1])

[1]) S. Einzelausg. Nr. 30.

Gesetz, betreffend die Abänderung des Bankgesetzes vom 14. März 1875. Vom 18. Dezember 1889. (RGBl. S. 201.)[1])

[1]) Das Gesetz ändert den § 24 des Bankgesetzes ab. S. die neue Fassung oben S. 218.

Nachträge.

Während des Druckes sind der 24. Band der Entscheidungen des Reichsgerichts in Civilsachen, sowie das 1. Heft des 20. Bandes der Entscheidungen des Reichsgerichts in Strafsachen ausgegeben. Aus ihnen ist nachzutragen:

Zu S. **48.** Anm. 8 zu § 7 des **Urheberrechtsgesetzes** v. 11. Juni 1870 a. E.

Ueber den Gegensatz zwischen novellistischen Erzeugnissen und Lebensbeschreibungen s. R. II 10. Dez. 89 E. **20**, 108.

Zu S. **75.** Anm. 1 zu § 1 des **Haftpflichtgesetzes** v. 7. Juni 1871 a. E.

Uebereinstimmend (der Anspruch besteht auch jetzt noch für unfallversicherungspflichtige Personen, wenn die Eisenbahn für sie „ein Dritter" im Sinne des § 96 UVG. ist) R. II 26. Nov. 89 E. **24**, 126. (Vgl. daselbst auch über das Verhältniß der Ansprüche gegen Eisenbahn und gegen Berufsgenossenschaft zu einander; keine Einrede der auf das Ganze belangten Eisenbahn, der Verletzte müsse sich zunächst an die Berufsgenossenschaft halten.)

Zu S. **79.** Anm. 1 zu § 2 desselben Gesetzes a. E.

Entschädigungsansprüche gegen Fabrikunternehmer wegen nicht beim Betriebe erlittener Unfälle (z. B. art. 1384 Code civ.) bleiben unberührt durch § 95 UVG., R. II 29. Okt. 89 E. **24**, 117.

Zu S. 80. Anm. 6 zu § 2 desselben Gesetzes, Z. 8 hinter „E. 4,98“.

Vgl. auch R. II 11. Okt. 1889 E. 24,332.

Zu S. 125. Neue Anm. 2 zu § 35 Absatz 2 des Rayongesetzes v. 21. Dezember 1871.

²) Neue Anlagen dagegen, welche zwischen der Bekanntmachung und der Absteckung des Rayons auf dem Grundstücke errichtet sind, dürfen bei der Werthschätzung berücksichtigt werden, R. II 2. Juli 89 E. 24,29.

Zu S. 187. Anm. 1 zu § 1 des Ges., betr. Reichsdienstgegenstände, v. 25. Mai 1873, Z. 4 hinter „E. 20,148“.

R. III 24. Sept. 89 E. 24,36.

Zu S. 165. Anm. 1 zu § 2 des Markenschutzgesetzes v. 30. Nov. 1874.

Ueber Waarenzeichen, welche aus figürlichen Bestandtheilen und aus Buchstaben zusammengesetzt sind, s. R. III 7. Okt. 89 E. 20,78.

Zu S. 170. Anm. 2 zu § 10 desselben Gesetzes a. E.

Durch einen Gebrauch der Marken im Inlande nach ihrer Anmeldung und Eintragung können die Marken die Eigenschaft eines Freizeichens nicht erlangen, R. I 19. Okt. 89 E. 24,74 (75).

Zu S. 170. Anm. 3 zu § 10 desselben Gesetzes a. E.

Ein Freizeichen liegt nur dann vor, wenn nicht nur der Verfertiger der damit bezeichneten Waaren gutgläubig die Zeichen ohne das Bewußtsein der Nachahmung einer Individualmarke verwendet, sondern auch in dem maßgebenden inländischen und ausländischen Verkehr d. h. bei dem Vertriebe der Waare an das kaufende Publikum das Bewußtsein von der Eigenschaft des Zeichens als einer Individualmarke verloren gegangen war, R. I 19. Okt. 89 E. 24,74 (80).

Zu S. 172. Anm. 4 zu § 13 desselben Gesetzes a. E. R. III 7. Okt. 89 E. 20, 78.

Zu S. 174. Anm. 3 zu § 14 desselben Gesetzes a. E. R. I 12. Dez. 89 E. 20, 112.

Zu S. 188. Neue Anm. 1 zu § 25 des Personenstandsgesetzes v. 6. Februar 1875 hinter dem Worte „Geburtsregisters".

[1] d. h. desjenigen, in welchem die Geburt des Kindes eingetragen ist; daher kann die Erklärung auch nur vor dem dieses Register führenden Standesbeamten abgegeben werden, R. I 28. Okt. 89 E. 20, 15.

Zu S. 272. Neue Anm. 1a zu § 4 Abs. 1 des Patentgesetzes v. 25. Mai 1877 hinter dem Worte „Wirkung".

[1a] Negatorienklage zur Verfolgung des Rechts aus § 4, R. I 19. Okt. 89 E. 24, 394.

Zu S. 288. Anm. 4 zu § 34 desselben Gesetzes a. E.

aber nur für die Entschädigungsklage, nicht für eine einfache Negatorienklage aus § 4, R. I 19. Oktober 89 E. 24, 394.

Außerdem ist nachzutragen zu S. 333 in Anm. 2 zu § 2 des Ges., betr. die Rechtsverhältnisse der deutschen Schutzgebiete, am Schlusse von Nr. VI

und v. 10. März 1890 (CBl. S. 55).

Sachregister.

(Die Zahlen beziehen sich auf die Seiten. — Auf Gesetze, von welchen nur die Ueberschriften abgedruckt sind, auf strafrechtliche Vorschriften in den abgedruckten Gesetzen, sowie auf die Anmerkungen wird in dem Register nicht verwiesen.)

F.

J.

K.

L.

M.

S.

T.

U.

Berichtigungen.

S. 157 ist den das Reichs-Militärgesetz abändernden Gesetzen noch hinzuzufügen das Ges. v. 31. März 1885 (RGBl. S. 81).

S. 218 muß die Anm. 1 zu § 23 lauten:

[1]) Vgl. unten § 40 u. Anm. 1 dazu.

S. 274 in Anm. 2 zu § 6, Z. 1, lies „in“ statt „und“.

Druck von Leonhard Simion, Berlin SW.

www.ingramcontent.com/pod-product-compliance
Lightning Source LLC
LaVergne TN
LVHW092110300926
849161LV00002B/91